国家社会科学基金项目

项目批准号：17BJL066

我国粮食主产区粮食安全 与生态安全的包容性研究

罗海平　胡学英　等著

中国财经出版传媒集团

经济科学出版社

Economic Science Press

图书在版编目（CIP）数据

我国粮食主产区粮食安全与生态安全的包容性研究/
罗海平等著．—北京：经济科学出版社，2021. 11
ISBN 978 - 7 - 5218 - 2951 - 8

Ⅰ．①我… Ⅱ．①罗… Ⅲ．①粮食产区 - 粮食安全 -
研究 - 中国②粮食产区 - 生态安全 - 研究 - 中国 Ⅳ.
①F326. 11

中国版本图书馆 CIP 数据核字（2021）第 206048 号

责任编辑：于 源 冯 蓉
责任校对：王苗苗
责任印制：范 艳 张佳裕

我国粮食主产区粮食安全与生态安全的包容性研究
罗海平 胡学英 等著
经济科学出版社出版、发行 新华书店经销
社址：北京市海淀区阜成路甲 28 号 邮编：100142
总编部电话：010 - 88191217 发行部电话：010 - 88191522
网址：www. esp. com. cn
电子邮箱：esp@ esp. com. cn
天猫网店：经济科学出版社旗舰店
网址：http://jjkxcbs. tmall. com
北京密兴印刷有限公司印装
710 × 1000 16 开 16. 25 印张 250000 字
2021 年 12 月第 1 版 2021 年 12 月第 1 次印刷
ISBN 978 - 7 - 5218 - 2951 - 8 定价：72. 00 元
（图书出现印装问题，本社负责调换。电话：010 - 88191510）
（版权所有 侵权必究 打击盗版 举报热线：010 - 88191661
QQ：2242791300 营销中心电话：010 - 88191537
电子邮箱：dbts@ esp. com. cn）

Contents | **目　录**

绪　　论

　　"仓廪实，天下安。"粮食问题一直是关系人类生存和发展的首要问题。2017 年 4 月，习近平总书记在广西考察时指出："解决好十几亿人口的吃饭问题始终是我们党治国理政的头等大事"。党的十九大报告更是明确提出"确保国家粮食安全，把中国人的饭碗牢牢端在自己手中"。我国农村实行家庭联产承包责任制以来，河南、河北、内蒙古、辽宁、吉林、黑龙江、江苏、山东、湖北、湖南、江西、安徽、四川 13 个粮食主产省份粮食产量基本保持在全国 70% 左右，历年粮食增产贡献率达 95%，是我国粮食安全的重要保障区[①]。2010 年国务院印发《全国主体功能区规划》，明确 13 个粮食主产区同时也是我国最重要的生态屏障区，肩负国家生态安全主体功能，具有粮食和生态安全"双重主体功能"。粮食主产区是决定中国粮食安全走势的核心保障区。2018 年 2 月发布的《乡村振兴战略规划（2018－2022 年）》中提出"建设良好的粮食保障机制和农业绿色发展机制"，要求在确保粮食供应的前提下，进一步促进粮食生产与农业生态环境相互协调，充分挖掘粮食产能潜力。可见，粮食主产区作为粮食供应的核心保障区域，必须统筹把握粮食生产和生态环境两者间的平衡关系，履行好粮食安全与农业生态安全的双职能。

　　生态安全是实现可持续粮食安全的基础和重要支撑。长期以来，粗放掠夺式的粮食生产模式给农业生态环境造成了不良的影响，尤其是石油密

---

　　① 罗海平，潘柳欣，宋焱，王新悦. 基于生态系统服务价值的中国粮食主产区农业——生态协调性实证测算与预警［J］. 江苏农业学报，2020，36（3）：760－768.

集型的粮食生产模式给农业生态环境带来了巨大风险。研究表明,我国单位面积施肥量已超国际标准的 2 倍,而农药施用量更是达到世界平均水平的 2.5 倍以上,农业面源污染程度有加深的风险[①]。此外,由于农业用水超采,华北平原地区的主要粮食产地的地下水漏斗面积仍在扩大,农业生态安全面临严重挑战[②]。可见,国内粮食生产在一定程度上阻碍了农业生态环境的发展。农业生态环境的优劣直接决定粮食安全的发展前景。2018年,中央一号文件提出"提高农业发展质量,促进农村绿色发展",就是为了全面优化生态资源环境,确保农业生态环境与农业生产的协同、可持续发展。但是,中国目前很难改变不断增长的粮食需求与生态、环境制约因素之间的矛盾[③]。农业生态环境问题将给粮食安全可持续发展带来制约,这将对中国未来的粮食安全趋势产生重大影响。因此,实现粮食安全离不开稳定的农业生态环境。

粮食安全与农业生态安全协同发展是我国农业可持续发展的必经之路。我国既是农产品生产大国,也是农产品进口大国。国内粮食供给存在结构性紧缺问题,农产品进口依赖程度大,容易受到复杂的国际形势干扰。因此,我国必须继续巩固和提高粮食生产能力,完成高标准农田建设任务,加快修复农业生态环境,以求粮食生产和农业环境配合得当。为此,2020 年中央一号文件更迫切要求走农业现代化道路,将绿色农业和保护生态的理念贯彻到粮食生产活动当中,进一步强调要建立高效的资源利用、优质的生态环境、安全的粮食生产的新局面。农业可持续发展的核心在于促进粮食安全与农业生态安全良性循环和协同发展。从理论到实践对粮食安全和生态安全包容性进行深入研究,考察我国粮食主产区生态和粮食安全阈值,探寻二者耦合机制及时空演化路径非常必要。

学术界对粮食安全与生态安全包容性研究始于二者关系研究的逐步深入:

---

① 杨锦英,韩晓娜,方行明. 中国粮食生产效率实证研究 [J]. 经济学动态, 2013 (6): 47 - 53.
② 陈飞,侯杰,于丽丽等. 全国地下水超采治理分析 [J]. 水利规划与设计, 2016 (11): 3 - 7.
③ 宋焱. 我国粮食主产区粮食生产与生态环境的协调性研究 [D]. 南昌大学, 2018.

一是粮食安全与生态安全包容关系的认知：概念和内涵。粮食安全是一个全球性话题，1976 年联合国粮农组织（FAO）在第一次世界粮食首脑会议上首次提出了"食物安全"问题。1983 年 4 月联合国粮农组织粮食安全委员会通过了"粮食安全"概念，即"让所有人在任何时候都能获得充足的粮食"，该概念强调"粮食安全"不仅仅是"充足粮食"的目标状态，同时也包含实现过程的可持续性要求。长期以来，粮食安全研究中生态视角研究是不可或缺的重要一环。康芒和佩林斯（Common and Perrings，1992）研究认为，石油农业是导致农业土地贫瘠的根本原因，未来必然转向生态农业。早在 1995 年莱斯特·布朗（Lester Brown）就基于我国耕地资源短缺和农田生态问题发出了"谁来养活中国"的"世纪之问"，使得中国粮食安全成为全球关注焦点。莱斯特·布朗（1996）研究认为，传统农业出路在于改进农田生态系统。富兰克林·H. 金（Frankling·H. King，2011）则提出粮食安全保障不能超出生态生产潜力，不能对整个生态系统构成威胁。FAO 和 OECD 在 *Agricultural Outlook* 2013—2022 中甚至预言，在资源环境约束下生态安全和粮食安全的矛盾将不断加深。粮食生产与生态系统存在相互促进和制约的双重关系。戴格·格雷琴（Daily Gretchen，2000）、伊格·贝尼斯（Egoh Benis，2007）、洛唐巴克·斯文（Lautenbach Sven，2011）等提出并构建了生态系统服务价值（ESV）概念，并将提供粮食和原材料作为生态系统产品的直接价值，纳入 ESV 范畴。

二是粮食安全与生态安全包容性的解释：维度与相关性。相对而言，国内粮食安全研究，侧重于影响因素的多维度考察。生态维度的粮食安全审视逐渐受到关注，主要观点包括：其一，将生态安全视为粮食安全的重要构成。如翟虎渠（2004）将粮食安全解构成"数量安全、质量安全和生态安全"。生态安全被视为粮食安全可持续化的保障。王国敏、张宁（2015）将生态安全纳入广义粮食安全范畴。胡岳岷（2013）则将生态安全纳入与粮食数量安全、品质安全与健康安全同等重要的价值范畴。黎东升、曾靖（2015）构建了生态安全与产品安全、资源安全、贸易安全"四位一体"的粮食安全体系；其二，视生态安全和粮食安全同等重要且相互影响。张士功（2005）认为，粮食安全与生态安全相互促进、相互影响，其中生态安全是粮食安全的基础。倪国华、郑风田（2012）将粮食安全、生态安全与食品安全置于同一分析框架，提出从生态安全与食品安全维度审视粮食安全。王国敏、张宁（2015）则提出"粮食生态安全"概念；其三，将生态作为影响粮食安全的重要因子，侧重于生态中土地资源与气候变化对粮食安全的影响研究。如李腾飞、亢霞（2016）从气候变化、国际形势、城镇化进程和消费结构转变等维度研究了我国粮食安全问题，认为全球气候变化和资源环境约束等给粮食安全带来新矛盾与挑战。关于耕地数量变化与粮食安全的关系，学术界多强调对粮食数量的影响。张祥斌、张凤荣（2018）认为，土地利用通过改变陆地表面形态和土地利用强度对全球粮食安全和生态安全产生着重要影响①。严士清、徐敏（2005）通过实证研究发现，耕地面积与粮食产量正相关，张凤荣、张晋科等（2006）、胡岳岷（2006）等均提出人地矛盾是我国"粮食安全"短板。聂英（2015）进一步拓展到研究耕地质量变化与粮食生产相关性，揭示耕地对粮食生产和粮食安全贡献作用，认为是耕地资源质量已成为我国粮食安全瓶颈。

三是我国粮食安全与生态安全包容态势及测度。鉴于我国粮食生态安全面临的严峻形势，对粮食生态安全进行实证测算与评估成为新的研究热点。田克明、王国强（2005）研究了土地生态安全对粮食安全和经济安全的影响和作用机制，构建了农用地生态安全评价方法。刘渝、张俊飚（2010）研究了水资源生态安全与粮食安全关系，并制定了双重安全评价体系。何玲、贾启建等（2016）以河北省东南部黄骅市为研究区，利用生态系统服务价值和粮食安全标准进行生态安全底线测算。杨建利、雷永阔（2014）以我国粮食安全评价指标体系为研究对象，应用系统综合评价理论和方法，构建粮食安全评价指标体系。姜俊红、金玲（2005）通过各种方法实证评估和测算，认为粮食生产活动对土地生态服务价值存在较强反作用关系。谢高地（2010）等发现我国单位面积土地生态系统服务价值呈现"沼泽＞水域＞林地＞草地＞耕地"的递减趋势，耕地生态服务价值与

---

① 孔祥斌，张凤荣. 中国农户土地利用阶段差异及其对粮食生产和生态的影响［J］. 地理科学进展，2008（2）：112 – 120.

生态效率在陆地生态系统中最低。不仅如此，粮食作物种植和生长会带来耕地以及生态系统服务价值损失[①②]。在粮食生产和生态环境关系的实证研究上，学术界主要集中在耕地变化对粮食生产的影响[③]、粮食生产与生态可持续性问题[④]，以及粮食生产的资源环境成本问题[⑤]等方面研究。

综上，尽管目前学术界对区域粮食产能与生态环境关系的研究越来越重视，但依然存在如下问题或不足：一是在理论研究粮食安全与生态安全时，要么强调生态环境对粮食产能的影响及机制，要么单方面强调粮食种植对生态的影响，缺乏将二者置于粮食安全和生态安全同等重要地位的互耦合与包容机制研究；二是在实证研究中，"生态因素"往往被视为"环境变量"，忽视"生态"的产出及价值，缺乏生态产出（生态价值）和粮食产能时空演化的实证分析模型。从而导致生态安全和粮食安全目标量化指数缺乏，影响二者包容的安全区间、可控区间及阈值的确定，从而研究实践价值不大，操作性不强；三是在现实问题把握上，大量的研究文献要么专注于某县或单一省区的研究，要么以全国为研究对象，在粮食安全与生态安全关系及问题考察上面临特殊性与普遍性难以兼顾的困惑。专注于研究我国 13 个粮食主产区的文献并不多，立足于我国粮食主产区粮食安全与生态安全双重主体功能目标的研究则更少，而针对粮食主产区粮食安全与生态安全包容性测度的研究则近乎"空白"。鉴于此，本书无论在学术理论还是实践应用上都具有重要价值。

本书围绕粮食安全和生态安全包容性展开研究，全书一共分 6 章，分别是粮食主产区粮食安全地位研究、粮食主产区的耕地资源与压力研究、基于生态系统服务价值的包容性研究、基于生态足迹的包容性研究、基于

---

① 宋利娜，张玉铭，胡春胜，等. 华北平原高产农区冬小麦农田土壤温室气体排放及其综合温室效应［J］. 中国生态农业学报，2013，21（3）：297－307.

② 齐月，李俊生，闫冰，等. 化学除草剂对农田生态系统野生植物多样性的影响［J］. 生物多样性，2016，24（2）：228－236.

③ 刘彦随，王介勇，郭丽英. 中国粮食生产与耕地变化的时空动态［J］. 中国农业科学，2009，42（12）：4269－4274.

④ 付恭华，王莹，鄢帮有. 生态农业与中国未来的粮食安全［J］. 江西农业大学学报（社会科学版），2013，12（3）：289－294.

⑤ 李晓，谢永生，李文卓，张应龙. 黄淮海冲积平原区粮食生产生态成本探究［J］. 中国农业科学，2011，44（11）：2294－2302.

指标耦合的包容性研究以及政策建议，研究核心在于从生态系统服务价值、生态足迹以及指标耦合三个维度对粮食主产区粮食安全与生态安全包容性进行理论、实证以及时空演化的研究。

第 1 章构建了基于粮食安全贡献度的 FSP 模型分析框架。从省际粮食供需平衡的角度测算了我国 13 个粮食主产省份对国家粮食安全的贡献程度，并探究了主产区粮食安全地位的动态演化和空间变迁特征。同时基于 2000 ~ 2017 年面板数据对我国粮食主产区、粮食主销区、粮食产销平衡区三大粮食功能区，从粮食产销、要素配置、生产效率三个维度运用 DEA 模型、泰尔指数和基尼系数等多种方法进行粮食安全保障效能的时空演化分析。

第 2 章首先分析了中国的粮食进出口贸易现状、粮食安全现状以及耕地资源现状，测算了 13 个粮食主产省份的耕地压力指数，并引入泰尔（Theil）指数和莫兰指数（Moran's Ⅰ）对主产区耕地压力的空间分布特征进行分析。然后测算了引入粮食贸易数据后的耕地压力指数，并结合随机效应模型实证分析了粮食进口和出口分别对主产区耕地压力指数的影响。引入虚拟耕地贸易模型，利用固定效应模型实证估计虚拟耕地贸易量对耕地压力指数的影响。最后对粮食主产区未来 10 年的每公顷粮食产量和粮食贸易视角下的耕地压力指数进行预测分析。

第 3 章基于生态系统服务价值的视角，首先对主产区的生态系统服务价值进行时空动态评估；然后分别运用单变量、双变量空间自相关模型实证考察了主产区粮食产能与生态价值的空间相关性及其空间协调性；最后基于协调度模型，重点考察了主产区粮食总产量与生态系统服务价值的协调性。

第 4 章基于生态足迹模型测度粮食生产的生态安全状况，运用空间自相关方法分析粮食产能和生态足迹指数的空间自相关，构建灰色系统预测模型预测粮食安全可持续性。

第 5 章首先对 1995 ~ 2017 年粮食主产区两大系统的发展水平进行评估；然后基于耦合协同度模型测算粮食主产区粮食安全与农业生态安全的耦合协同程度；最后实证分析粮食主产区耦合协同水平的区域差距及动态演进。

第6章为结论及对策启示。该章系统全面地归纳总结了第1到5章研究中得出的粮食和生态包容性结论，在此基础上提出了促进粮食主产区粮食和生态安全包容发展的八项对策。

本书的研究具有如下几个方面的特色和创新：

第一，研究内容体系完整、线索清晰、逻辑性强、论证科学。围绕粮食安全和生态安全包容性的主旨，从现状分析，到理论机制构建，再到实证检验，最后落脚于对策建议。整个研究环环相扣，层层深入，将时间维度和空间维度的演化分析融于整个研究中，研究尺度有全国、有省域、更有基于粮食产粮大县的县域尺度的具体分析。不同尺度的研究相互补充、相互印证，从而实现了粮食主产区粮食安全和生态安全"双安全"研究的统一。研究从粮食主产区粮食安全产能和效率地位、耕地资源承载与压力、生态系统服务价值与耕地的粮食产出价值、粮食生产的生态足迹以及生态与粮食安全耦合系数测度等维度展开，着眼于时间动态、空间演化以及未来预期三个层次的剖析，一步步递进式实证剖析粮食主产区粮食安全和生态安全的包容属性及规律。纵观整个研究，环环相扣、层层推进，系统性和逻辑性较强。

第二，研究方法灵活多样、模型构建科学和数理实证研究运用恰当。首先，基于粮食调出构建了粮食安全贡献度模型，运用包络法（DEA）、泰尔指数和基尼系数对粮食主产区粮食生产效能的空间差异进行分析；其次，基于耕地压力模型，进行了对外开放和对外封闭粮食市场下的耕地压力及虚拟耕地压力指数测算，并引入泰尔指数（Theil）和莫兰指数（Moran's Ⅰ）对主产区耕地压力的空间分布特征进行分析；接着，基于生态系统服务价值模型，对主产区的生态系统服务价值进行时空动态评估，并进行空间相关性和协调性测算；再次，基于生态足迹模型，进行了粮食生产生态承载与生态盈亏的分析，进行粮食产能和生态足迹指数的空间自相关分析和预测；最后，基于系统指标耦合模型，对粮食种植和生态支撑两大系统的发展水平、耦合协同度进行测度，运用达格姆（Dagum）基尼系数、非参数核密度估计和马尔可夫（Markov）链模型等进行区域差距及动态演进分析。总体来看，模型的理论构建，实证运用以及拓展分析均紧紧围绕研究主题，从而形成多维度、多体系和多视角的粮食安全与生态包容性的问题与属性解剖。

同时，本书存在如下几个方面的学术价值和社会影响：

第一，研究中的规律和问题发现对确保粮食安全具有较大的创新价值和警示意义。研究发现，从粮食产能来看，粮食主产区粮食安全地位分化严重，保障压力加大。粮食主产区粮食调出压力逐年增加，粮食主销区已经完全依赖于外调，作为传统农业大省的中部地区以及四川的粮食调出逐年减少，甚至完全无粮食调出。粮食主产区粮食供给具有明显向中部、北方地区集聚的态势，南方地区处于粮食产需紧平衡状态，粮食供需错位严重。从生态价值来看，耕地面积缩减、耕地污染加重，耕地质量偏低、优质耕地面积不足，耕地利用率不高，耕地压力问题突出。海外虚拟耕地开发不稳定，渠道单一。农田生态系统供给当量价值与耕地面积存在偏离与失调现象。从粮食—生态协调性来看，粮食生产活动带来的生态服务价值与生态效率损失问题突出。生态产出效率和粮食产能效率损失的问题正逐渐成为粮食主产区粮食安全和生态安全保障的巨大隐患。生态安全和粮食安全的冲突和矛盾较为尖锐，而中东部四省（山东、河南、河北、安徽）区域粮食生产与生态环境协调性较差。黄淮海流域农业与生态发展不均衡，土地产粮能力透支严重。某些省份生态功能较明显而粮食产出相对较低，导致了粮食产出与生态服务功能的空间负相关与空间不协调现象。粮食主产区粮食安全的生态承载力始终小于生态足迹。其中，生态赤字最为严重的地区主要集中在河南、安徽和江苏。

第二，研究为粮食安全和生态安全包容性研究提供了具有较强学术价值的独特视角和理论实证方法。一是成果基于粮食主产区区域"粮食产能"和"生态价值"进行粮食安全与生态安全关系及包容性研究，突破了将"生态"视为"环境变量"的学术惯性，使得"生态安全"意义实现了从基于"生态承载"概念的"生态环境不被破坏"向基于"生态产出"概念的"生态系统服务价值"提升的转变；二是粮食安全与生态安全的包容性测度及耦合机制的理论研究，不仅丰富了粮食安全的内涵，更使得粮食安全研究具有新的视野，突破了狭隘的粮食数量安全和粮食短期安全的目标设置，有利于引导粮食安全的长期性和可持续性研究；三是粮食安全和生态安全包容性、空间相关性以及时空耦合模型的建立，为粮食和生态"双安全"提供了相对稳定和成熟的研究范式和新思路。

第三，研究提出的粮食和生态安全政策建议具有重要参考价值。研究提出，进一步完善全国粮食主体功能分区，提高国家粮食宏观调控能力，逐步改善区域粮食供需错配现象。加快划定重要农产品生产保护区，因地制宜地发展区域特色农业，打造高效、可持续生态农业新示范。优先在粮食主产区建立稳产高产、生态友好的高标准农田，调整主产区种植结构，优化种植生产布局。强化农业生态赤字管理，适度缩减作为生态足迹主要贡献源的玉米的生产，扩大需肥量少的大豆种植面积。合理规划土地生态资源，确立"粮食安全"与"生态安全"双重考核机制。推进生态承载压力大、生态脆弱区的粮食主产区适当退耕还林和休耕，逐步实现粮食安全保障主体力量由北向南转移。建立粮食主产区生态补偿机制，加速培育我国国际化的大型粮食企业海外市场粮食种植的投资与开发。以上基于实证研究提出的研究对策对我国实现粮食与生态"双安全"具有重要意义。

综上所述，本书从"粮食安全地位"到"粮食安全保障压力"，再到"ESV – EF – IC"三位一体的包容性实证研究，形成了较具独特性和创新价值的粮食与生态"双安全"包容性研究范式，产生了较为突出的学术价值和政策服务影响，对我国实现粮食生态安全包容发展具有重要启示和参考价值。

第 1 章 ///

我国粮食主产区的粮食
安全地位与现状

1.1 我国粮食功能区粮食安全保障效能

1.1.1 我国粮食安全现状

党的十八大以来，以习近平同志为核心的党中央把粮食安全作为治国理政的头等大事，提出了"确保谷物基本自给、口粮绝对安全"的新粮食安全观，确立了"以我为主、立足国内、确保产能、适度进口、科技支撑"的国家粮食安全战略，走出了一条中国特色粮食安全之路。

（1）粮食数量安全现状

如图 1-1 和图 1-2 所示，1996～2018 年全国粮食总产量增加了 15 335.7 万吨，年均增长率为 1.21%；2010 年粮食总产量突破 55 000 万吨，此后呈稳步增长态势。2015～2018 年连续 4 年稳定在 65 000 万吨以上水平，但增长速度逐渐趋缓，2018 年甚至略有下降。2018 年全国粮食总产量为 65 789.2 万吨，比 2017 年减少 371.5 万吨，下降 0.56%。其中，小麦产量 13 145 万吨，减少 290 万吨，下降 2.2%；稻谷产量 21 215 万吨，减少 55 万吨，下降 0.3%；玉米产量 25 735 万吨，减少 175 万吨，下降 0.7%；

大豆产量 1 600 万吨, 增加 75 万吨, 增长 4.8%。2018 年全国单位面积粮食产量为 5 621.18 千克/公顷, 相比 1996 年增加了 1 138.34 千克/公顷, 增长 25% 以上。2017 年小麦、稻谷、玉米的单产量分别是 5 481.2 千克/公顷、6 916.9 千克/公顷、6 110.3 千克/公顷, 相比 1996 年分别增长了 46.83%、11.27%、17.43%, 分别超出世界平均水平 55.19%、50.14%、6.16%。2018 年人均粮食占有量达到了 471.48 千克, 超过世界平均水平 100 千克左右。目前, 我国谷物自给率超过 95%, 能够实现谷物的基本自给①。

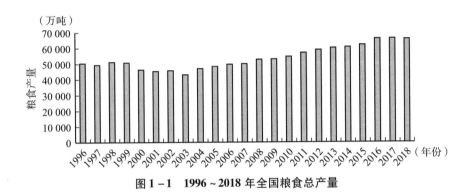

图 1 - 1　1996 ~ 2018 年全国粮食总产量

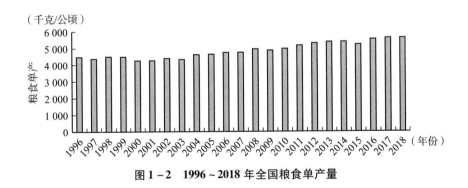

图 1 - 2　1996 ~ 2018 年全国粮食单产量

（2）质量安全现状

2019 年我国国内生产总值接近 100 万亿元人民币, 按年平均汇率折

① 原始数据采集自"中国经济与社会发展统计数据库", http://tongji.cnki.net/。

算，人均国内生产总值突破 1 万美元，粮食质量问题已成为民众关注的焦点，追求粮食品质成为食品消费升级的必然选择①。随着工业化进程的不断加速，粮食生产环节化肥农药和重金属污染等问题逐渐加剧，使得粮食质量安全问题日益突出。近年来，由于工业排放、城市污水、过度使用化肥等导致粮食质量出现问题的事件不断发生，如全国多地曝光出来的"大米镉超标、铅超标"等。我国有 3.6 万公顷耕地土壤重金属超标，每年造成的粮食污染高达 1 200 万吨，直接经济损失超过 200 亿元②。为了改善现阶段粮食质量方面存在的一系列问题，国家粮食和物资储备局在 2017年启动了"优质粮食工程"，包括粮食产后服务体系、粮食质量安全检验监测体系建设和"中国好粮油"三个行动计划。截至 2018 年底，全国已建设完成约 1 600 个产后服务中心，800 多家粮食质量安全检验监测机构和多个优质粮食种植基地③。这些项目的实施将对解决优质农产品供应不足、农产品深加工能力不足等一系列问题起到积极影响。

（3）结构安全现状

我国粮食产量稳步增长，总量基本安全，但品种结构问题却日渐突出：以大米、小麦、玉米三大谷物为主的口粮能够实现自给自足，并呈现阶段性供过于求，但大豆、高粱、大麦等粮食品种却出现供给缺口。如图1－3 所示，2000 年以来大豆严重依赖进口，且进口量增长迅猛，年均增长率为 12.59%，在 2017 年突破了 9 500 万吨。2018 年受中美贸易摩擦影响大豆进口出现下滑。2018 年大豆的进口量为 2018 年全国大豆产量的5.5 倍，占当年粮食进口总量的 76.18%。④ 近几年大麦和高粱的进口数量也不断攀升，2017 年大麦和高粱的进口量之和超过了 1 300 万吨，占 2017年粮食进口总量的 11.1%。2018 年稻米供过于求 1 842 万吨，2017 年小麦自给率为 120%，但大豆、高粱、大麦的自给率分别仅为 7.87%、

---

① 原始数据采集自国家统计局，http：//www. stats. gov. cn/。
② 王敬中. 我国每年因重金属污染的粮食达 1 200 万吨［EB/OL］. 经济参考网，（2006 -07 - 19），http：//www. jjckb. cn/。
③ 优质粮食工程：为粮食安全护航［EB/OL］. 国家粮食和物资储备局，（2019 - 06 - 15），http：//www. lswz. gov. cn/.
④ 中国大豆进口量创 6 年来同期最低值 3 000 多万吨大豆需求缺口如何补？［EB/OL］. 华夏时报网，（2018 - 12 - 11），http：//www. chinatimes. net. cn/.

25.49% 和 12.15%，品种结构失衡问题非常突出①。2015 年年底，中央农村工作会议提出，要着力加强农业供给侧结构性改革，提高农业供给体系质量和效率。经过几年的努力，2017 年全国玉米种植面积相比 2016 年下降 3.6%，大豆种植面积由 2015 年的 0.98 亿亩增加到 2017 年的 1.27 亿亩，产量增长了 4.8%。2017 年 7 月，国务院办公厅印发了《国民营养计划（2017－2030)》，提出了适时出台加工食品中油、盐、糖的控制措施，有助于从消费需求角度缓解我国对大豆的进口需求。

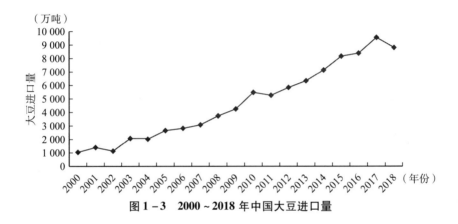

图 1－3　2000～2018 年中国大豆进口量

1.1.2　粮食主产区粮食产能情况

（1）主产区地理区位概况

我国粮食主产区具有天然的地理区位优势，具备农业生产的良好自然条件。13 个粮食主产省份分别集中分布在东北平原、华北平原和长江中下游平原三大平原地带。东北平原位于 118°40′～128°00′E，40°25′～48°40′N，地跨黑、吉、辽和内蒙古四个省份，处于温带和暖温带范围，属温带大陆性气候，区内河流湖泊众多，土质疏松，有机质含量高，耕地生产力较高。华北平原位于 114°～121°E，32°～40°N，分布着冀、鲁、豫、皖、苏五省，属暖温带季风气候，降水季节年际差异大，区内土层深厚，

---

① 钱镇．中美贸易战中谈粮食问题［EB/OL］．乡村发现网，（2018－09－19)，http：//www.zgxcfx.com/.

土质肥沃，主要种植小麦、玉米、棉花和花生等粮食、经济作物。长江中下游平原地处 111° ~ 123°E，27° ~ 34°N，地跨粮食主产区中的鄂、湘、赣、皖、苏五省，大部分属亚热带气候，区内分布着长江、汉江、赣江、鄱阳湖、洞庭湖等江河湖泊，是我国水资源最丰富的地区，还是重要的产棉产粮区，水稻、小麦、棉花等粮食、经济作物产量居全国前列①。

（2）主产区在全国的粮食产能地位

粮食主产区作为我国最重要的粮食产地，一直以来承担着重要的粮食生产任务。如图 1 - 4 所示，1985 ~ 2017 年我国粮食主产区的粮食总产量由 26 458.75 万吨增长到 51 594.32 万吨，占全国粮食总产的比重由 69.8% 上涨到 78.0%②。粮食主产区在全国的粮食产能近年来进一步攀升，目前处于我国粮食产能的主导地位，对我国的粮食供给有举足轻重的作用。从单产水平来看，1985 年粮食主产区的平均粮食单产为 3 614.28 千克/公顷，2017 年增长至 5 859.26 千克/公顷，同时期全国的平均粮食单产由 3 483.01 千克/公顷增加到 5 621.18 千克/公顷，增速略低于主产区的平均单产增速，始终低于主产区的粮食单产水平。

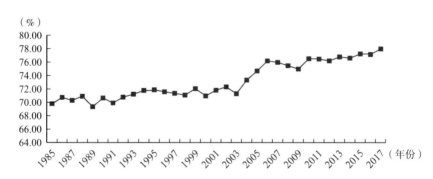

图 1 - 4　1985 ~ 2017 年粮食主产区粮食总产量占全国粮食总产百分比

（3）主产区分省份的产能情况

粮食总产量方面，1985 ~ 2008 年山东省连续 24 年粮食总产量居粮食

---

① 顾莉丽，郭庆海. 中国粮食主产区的演变与发展研究 [J]. 农业经济问题，2011，32（8）：4 - 9.

② 原始数据采集自国家统计局，http：//www.stats.gov.cn/。

主产区第一。2009～2017 年黑龙江省粮食总产量赶超山东成为粮食主产区最高，并于 2016 年达到最高粮食总产 7 416.13 万吨。河南省 1985～2017年年均粮食总产达 4 332.68 万吨，位居粮食主产区首位。山东、黑龙江二省的年均粮食总产分别为 3 993.08 万吨和 3 589.26 万吨，分别位居粮食主产区第二、第三。如图 1－5 所示，1985～2017 年黑龙江、山东、河南三省的粮食总产之和占主产区粮食总产的百分比由 27.4% 上升至 37.4%，

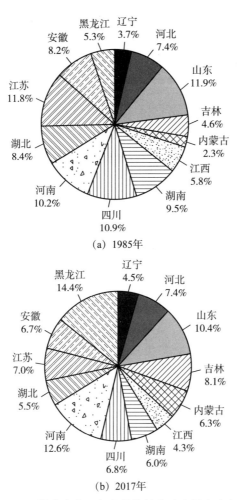

(a) 1985年

(b) 2017年

图 1－5　粮食主产区各省份的粮食总产量占比变化

比重不断增大。辽宁、内蒙古、江西三省份的粮食总产在主产区中一直处于较低水平，1985～2017 年三省年均粮食总产均在 1 700 万吨左右，不及河南省年均粮食总产的 2/5。从粮食总产的增速来看，内蒙古、黑龙江、吉林的年均增长率最高，分别为 5.40%、5.33% 和 3.89%。黑龙江表现尤为突出，粮食总产由 1985 年的 1 405.03 万吨猛增至 2017 年的 7 410.32 万吨，32 年增长了 6 005.3 万吨，增势远超主产区其他省份[1]。

单产方面，1985～2009 年湖南、江苏、吉林三省一直处于主产区粮食单产最高的前三位，2010～2017 年吉林粮食单产迅速飙升至第一位，2016 年达到最高单产 8 265.53 千克/公顷，年均单产 5 911.45 千克/公顷也为主产区最高。江苏、湖南年均单产分别为 5 782.32 千克/公顷和 5 506.31 千克/公顷，为主产区单产水平较高地区。内蒙古、黑龙江每公顷粮食产量处于较低水平，二省份的年均粮食单产分别仅为 3 289.60 千克/公顷和 3 545.85 千克/公顷，远远低于吉林的单产水平。然而，从增长速度来看，内蒙古、黑龙江二省份粮食单产的年均增长率为主产区最大，研究期内均增长了 31% 以上，增幅都达到了 3 000 千克以上。

1.1.3　粮食功能区的粮食产销形势与资源状况

（1）粮食功能区的粮食产销形势与地位

粮食产量体现的是各省份的粮食供给需求状况，各省由于所处的地形地貌不同，存在着粮食产量的差异，因此粮食的溢出流入问题就显现出来。根据 2000 年和 2017 年的粮食产量，常住人口数，人均粮食消费量等数据，计算得出人均粮食生产量、人均粮食消费量、人均粮食产销盈余和粮食溢出率。粮食溢出率反映的是各省份在满足本地区最低粮食需求后的粮食剩余比率，其中最低粮食需求的量即为保障口粮的供应，其中负值反映的是粮食流入情况，通过整理数据得到表 1－1。

---

[1]　原始数据采集自国家统计局，http：//www.stats.gov.cn/。

表 1 - 1　　　　　　　　　我国粮食人均产销情况对比

地区		人均粮食生产量（千克）		人均粮食消费量（千克）		人均粮食产销盈余（千克）		粮食溢出率（％）	
		2000 年	2017 年	2000 年	2017 年	2000 年	2017 年	2000 年	2017 年
粮食主产区	辽宁	272.5	533.5	222.2	145.6	50.3	387.9	18.46	72.71
	黑龙江	668.6	1 955.9	252.3	152.9	416.3	1 803	62.27	92.18
	河北	382.2	509.2	213.8	134.3	168.5	375	44.08	73.64
	山东	426.6	537.1	235.4	136.6	191.2	400.5	44.82	74.57
	河南	432.3	682.5	255.8	128.3	176.5	554.2	40.82	81.20
	湖南	421.8	448.0	287.5	187.0	134.4	261.1	31.85	58.27
	湖北	392.9	482.2	300.6	136.9	92.3	345.4	23.50	71.62
	江西	389.2	480.7	303.6	167.3	85.6	313.4	21.99	65.20
	江苏	424.0	449.7	288.1	134.9	135.9	314.8	32.05	70.01
	安徽	405.7	642.6	270.2	165.5	135.5	477.1	33.39	74.24
	四川	404.9	420.2	249.1	184.5	155.7	235.7	38.47	56.10
	内蒙古	523.6	1 286.9	252.1	168.8	271.5	1 118.1	51.85	86.88
	吉林	610.7	1 528.9	220.3	159.6	390.5	1 369.3	63.93	89.56
产销平衡区	甘肃	283.7	421.1	256.5	172.2	27.2	249.0	9.57	59.11
	宁夏	456.1	542.6	248.6	128.1	207.5	414.4	45.49	76.38
	山西	262.8	366.0	241.6	159.4	21.3	206.7	8.09	56.46
	广西	321.7	280.6	231.8	163.3	89.9	117.3	27.95	41.80
	贵州	309.2	347.1	227.1	134.0	82.0	213.1	26.53	61.39
	云南	346.1	384.0	238.3	141.0	107.9	243.0	31.16	63.29
	西藏	372.9	316.1	280.2	318.0	92.8	- 1.8	24.88	- 0.58
	陕西	298.9	311.4	221.4	142.6	77.5	168.8	25.93	54.22
	新疆	423.9	607.3	244.8	181.1	179.0	426.2	42.24	70.18
	重庆	388.5	351.2	210	204.4	178.5	146.7	45.95	41.79
	青海	160.1	171.5	270.8	136.9	- 110.7	34.6	- 69.12	20.19

续表

地区		人均粮食生产量（千克）		人均粮食消费量（千克）		人均粮食产销盈余（千克）		粮食溢出率（%）	
		2000 年	2017 年	2000 年	2017 年	2000 年	2017 年	2000 年	2017 年
粮食主销区	北京	105.7	18.9	137.1	96.7	-31.3	-77.7	-29.65	-410.25
	天津	123.9	136.3	214.5	153.9	-90.6	-17.6	-73.11	-12.89
	上海	108.1	41.3	222.3	126.0	-114.1	-84.7	-105.55	-205.34
	福建	250.6	124.6	260.7	156.2	-10.1	-31.7	-4.01	-25.43
	广东	203.5	108.2	252.5	166.6	-49.3	-58.4	-24.23	-53.95
	海南	253.3	149.2	236.1	103.1	17.3	46.0	6.81	30.85
	浙江	260.2	102.6	227.3	163.8	32.9	-61.2	12.66	-59.69

从表 1 - 1 中可以看出，2000 年粮食主产区的粮食人均产量大于产销平衡区和粮食主销区。粮食主产区人均粮食生产量为 442.7 千克，粮食产销平衡区人均粮食生产量为 329.5 千克，粮食主销区则为 186.5 千克。其中人均粮食产量最多的省份为黑龙江 668.6 千克，而人均粮食产量最少的省份为北京，仅 105.7 千克，两者相差 562.9 千克。而对于人均粮食产销盈余来说，粮食主产区平均人均粮食产销盈余为 184.9 千克，粮食产销平衡区为 86.6 千克，粮食主销区为 -35 千克，不难看出粮食产销平衡区和主销区的人均粮食产销盈余远低于粮食主产区，而且粮食主销区为负值，说明其要依靠外调。对于全国 31 个省区市来说，人均粮食产销盈余最大的省份为黑龙江，达到 416.3 千克。而人均粮食产销盈余最小的省份为上海，是 -114.1 千克，两者的差值高达 530.4 千克，说明各省份间粮食净产量差距较大，而产粮大省集中于东北地区，例如黑龙江、吉林，这些省份可对外进行粮食输出。

通过 2017 年数据发现，粮食主产区平均人均粮食生产量为 766.0 千克，与 2000 年相比增长了 73.03%。粮食产销平衡区平均人均粮食生产量 372.6 千克，相比 2000 年增长了 13.08%，粮食主销区 97.3 千克，相比于 2000 年反而下降了，下降幅度达到 47.83%。到了 2017 年，粮食功能区的分区功能充分体现出来，粮食主产区的粮食产量大幅度增加，而粮食主销区的粮食产量反而下降。主销区的土地大部分用于经济建设，其粮食主要源自外调。对于人均产销量，粮食主销区平均人均产销量为 612.0 千克，相对于 2000 年大幅度增长，达到 230.99%，粮食主销区平均人均产销量为 - 40.8 千克，下降幅度为 16.57%。主销区平均人均产销量为 201.6 千克，增长幅度也达到 132.79%。由于技术改进和种子改进等，全国粮食产量在提升，但是对于各个区域来说，却有差异，粮食主产区依旧是粮食生产的主力军，而粮食主销区粮食生产却逐步减少。

从我国各省份的粮食溢出和流入来看[①]，2000 年粮食溢出率大部分在低溢出率区间内，最高为吉林省的 63.93%，最低为上海的 - 105.55%。但是到了 2017 年，粮食流入溢出情况发现了明显的变化，溢出率最高已经到了 92.18%，北京流入率高达 410.25%。2000 年位于低溢出率区间的省份，已经跨越到较低溢出率区间和中等溢出率区间，粮食溢出率增加明显，甚至有些省份已经跨越到较高溢出率的区间，这说明这些省份在满足口粮的情况下，能够对外进行粮食输出。对于粮食主产区来说，溢出率持续加大，2000 年粮食主产区平均溢出率为 39.04%，但是到了 2017 年已经上升到 74.32%，而粮食主销区 2000 年平均流入率为 31.01%，在 2017 年平均流入率已经高达 105.24%，流入在明显加大，黑龙江、吉林等位于东北地区的省份溢出率明显加深。北京、上海等经济强市，用于耕种的面积极少，粮食大部分都依赖于外调，流入率在增加。

（2）粮食功能区的粮食产出与耕地资源关系

目前我国的粮食产量处于稳步上升阶段。要坚守 18 亿亩耕地红线不突破，确保我国口粮供给，而对于饲料粮来说，可以部分依赖进口，保证粮食生产结构的平稳，确保粮食安全。我国粮食生产的状况，可以通过耕地面积、粮食产量和单产等数据进行分析。

从全国来看，1987 ~ 2016 年耕地面积都呈现出增长趋势，说明我国耕地总面积呈现出增长的趋势。2016 年耕地面积相对于 1987 年增长了 40 254.1 × 10³ 公顷，增长率为 42.5%。从区域来看，粮食主产区耕地面积

---

① 罗海平，艾主河，何志文 . 我国粮食安全保障效能的空间差异及演化趋势的实证研究 [J]. 云南财经大学学报，2020，36（5）：3 - 14.

也在持续增加，其中 2007 ~ 2016 年增长速度最快，达到 22.7%，与全国耕地变化趋势一致。2016 年，粮食主销区相比之前反而下降，说明粮食主销区耕地面积土地用于耕地的面积减少，其他土地用途增加，而粮食产销平衡区也一直在增加，增长幅度高达 70.1%①。

从表 1 - 2 中可以发现 1995 ~ 2002 年，粮食主产区和粮食主销区耕地面积没有发生较大的变动，而产销平衡区则有较大波动。这是由于功能区之间的内部调整，各省份之间开始粮食功能分工。而从粮食产量来看，波动却较大。单产在一定情况下能够反映粮食生产的效率大小，对于粮食主产区来说，单产最高为 5.6 吨/公顷（1996 年），而主销区单产最高为 7.80 吨/公顷（1998 年），而产销平衡区单产最高为 3.70 吨/公顷（1998 年）。对于 1995 ~ 2002 年来说，主产区单产大致保持稳定，1995 ~ 2002 年平均单产为 5.13 吨/公顷，而主销区平均单产为 6.33 吨/公顷，对于产销平衡区来说为 2.75 吨/公顷。虽然主销区单产高，但是耕地面积少，粮食

表 1 - 2　　　　1995 ~ 2002 年粮食功能区耕地面积、粮食产量和单产

年份	耕地面积（10^3 公顷）			粮食产量（10^4 吨）			粮食单产（吨/公顷）		
	主产区	主销区	产销平衡区	主产区	主销区	产销平衡区	主产区	主销区	产销平衡区
1995	64 063.2	6 722.7	22 596.8	34 470.1	4 965.1	6 696.6	5.38	7.39	2.96
1996	66 358.9	6 683.9	22 593.3	37 129.1	5 176.6	7 463.9	5.60	7.74	3.30
1997	67 867.7	6 683.9	22 593.3	35 172.7	5 240.8	7 537.1	5.18	7.84	3.34
1998	68 315.2	6 683.9	24 194.4	36 315.7	5 213.6	8 950.0	5.32	7.80	3.70
1999	68 526.4	8 738.9	38 386.2	36 517.6	5 103.4	8 506.4	5.33	5.84	2.22
2000	68 473.8	8 738.9	38 375.1	32 607.4	4 474.4	8 504.9	4.76	5.12	2.22
2001	68 797.8	8 738.9	38 347.0	32 378.6	4 085.5	8 149.6	4.71	4.68	2.13
2002	68 982.7	8 738.9	39 074.4	32 913.3	3 723.7	8 377.6	4.77	4.26	2.14

---

① 罗海平，艾主河，何志文. 我国粮食安全保障效能的空间差异及演化趋势的实证研究[J]. 云南财经大学学报，2020，36（5）：3 - 14.

总产量处于较低水平。对于主产区来说，单产虽不是最高，但是耕地面积占据全国的大部分，保证了粮食主产区在粮食供给方面的主要输出地位。而对于产销平衡区来说，其单产效率较低，只能维持自身的供给，而无法进行粮食输出。这个阶段由于 1997 年重庆直辖，使得 1998 ~ 1999 年耕地面积发生较大的变化，粮食产量、单产没有上升，说明技术效率并没有得到提升。

从表 1 - 3 中可以发现，2009 ~ 2016 年，对于粮食主产区、主销区、产销平衡区来说，耕地面积都没有发生较大变化，保持在一定的水平上。但是从粮食产量来看，主产区和主销区的粮食产量基本上处于增长的态势，这是由于技术的改善，例如杂交水稻的出现、农业机械化率、灌溉效率的提升。但是对于主销区来说，则处于一种上下波动的状态，对于粮食主销区来说，经济发展水平较高，拥有足够的资金，可以进行粮食购买。从单产上来看，主产区的单产水平基本上处于上升的态势，产销平衡区虽然一直处于上升的阶段，但是其单产是处于一个较低的水平，使得其只能保持自身的供给，并不存在外调。粮食主产区的平均单产为 4.76 吨/公顷，相对于 1995 ~ 2002 年反而下降了。粮食主销区平均单产为 4.46 吨/公顷，相对来说也下降了，产销平衡区平均单产为 2.82 吨/公顷，相对来说却呈现上升趋势。

表 1 - 3　　　　2009 ~ 2016 年粮食功能区耕地面积、粮食产量和单产

年份	耕地面积（10³ 公顷）			粮食产量（10⁴ 吨）			粮食单产（吨/公顷）		
	主产区	主销区	产销平衡区	主产区	主销区	产销平衡区	主产区	主销区	产销平衡区
2009	89 066.8	7 452.4	38 593.7	38 119.2	3 361.0	10 011.1	4.28	4.51	2.59
2010	89 230.6	7 477.0	38 564.8	39 418.7	3 323.3	10 140.4	4.42	4.44	2.63
2011	89 179.9	7 501.1	38 558.9	41 386.1	3 409.0	10 290.4	4.64	4.54	2.67
2012	89 142.6	7 507.3	38 537.3	42 539.3	3 422.9	10 925.3	4.77	4.56	2.83
2013	89 114.7	7 513.2	38 547.2	43 567.8	3 290.2	11 140.4	4.89	4.38	2.89
2014	88 979.3	7 507.3	38 525.5	44 267.4	3 320.7	11 360.6	4.98	4.42	2.95

续表

年份	耕地面积（10^3 公顷）			粮食产量（10^4 吨）			粮食单产（吨/公顷）		
	主产区	主销区	产销平衡区	主产区	主销区	产销平衡区	主产区	主销区	产销平衡区
2015	88 978.2	7 502.7	38 518.0	45 338.7	3 311.8	11 490.8	5.10	4.41	2.98
2016	88 962.0	7 485.2	38 473.6	44 675.8	3 290.5	11 558.3	5.02	4.40	3.00

通过这两段区间对比，发现 2009～2016 年期间耕地面积大于 1995～2002 年。粮食产量在逐步上升，主要是由于粮食生产效率的提升，但部分地区单产反而有下降的趋势，这是由于耕地处于的地形地貌恶劣，难以耕种，导致有效耕地面积减少，使得单产反而有降低趋势。

1.1.4　粮食功能区的粮食产出效率及空间差异

（1）粮食生产的 DEA 模型

大多数现有研究对于生产效率的测度主要采用随机前沿分析方法（SFA）和数据包络分析方法（DEA）。本书侧重考察一定要素投入下粮食生产技术效率，故采用规模报酬可变假设下基于投入导向的 DEA 模型，假设一组决策单元（DMU）的数目为 n，每个 DMU 均有 m 个投入 x 和 s 个产出 y。对于第 k 个决策单元 DMUk 的第 i 个投入指标和第 j 个产出指标分别表示为 $x_{ik}(i=1，2，\cdots，m)$ 和 $y_{jk}(j=1，2，\cdots，s)$，其中 $k\in K=\{1，2，\cdots，n\}$。此时，决策单元的技术效率可由如下规划的数学模型决定[①]：

$$\min[\theta - \varepsilon(\sum_{j=1}^{s} s_j^+ + \sum_{i=1}^{m} s_i^-)]$$

---

① 罗海平，艾主河，何志文. 我国粮食安全保障效能的空间差异及演化趋势的实证研究[J]. 云南财经大学学报，2020，36（5）：3-14.

$$s.t. \begin{cases} \sum_{k=1}^{n} \lambda_k x_{ik} + s_i^- = \theta x_{iko} \\ \sum_{k=1}^{n} \lambda_k y_{jk} - s_j^+ = \theta y_{jko} \\ \sum_{k=1}^{n} \lambda_k = 1, \ \lambda_k \geqslant 0 \\ s_i^- \geqslant 0, \ s_j^+ \geqslant 0 \end{cases} \tag{1-1}$$

式中：θ 为相对效率值，即粮食投入产出效率；λ_k 为系数向量；s_i^-，s_j^+ 分别为投入指标 x_i 和产出指标 y_j 的松弛变量；ε 是非阿基米德无穷小量。模型的最优解为 θ^*，s_i^{-*}，s_j^{+*}。当 $\theta^* = 1$，$s_i^{-*} = s_j^{+*} = 0$ 时，DMU 处于最优生产前沿面上，DEA 有效；当 $\theta^* = 1$，s_i^{-*} 和 s_j^{+*} 不全为 0 时，DMU 为 DEA 弱有效；其他情况下，DEA 无效。

采用 DEA 模型对中国粮食功能区粮食生产效率进行测算，DEA 所得出数值越高，粮食生产效率就越高，达到 1 则为有效。

（2）基于单位元效率的泰尔指数测算

泰尔指数常用于研究碳排放、老龄化等区域差异问题。本书用泰尔指数来测算各功能区粮食生产效率差异。泰尔指数越大，区域的差距就越大，反之泰尔指数越小，区域的差距也就越小，泰尔指数的计算公式为：

$$T = \frac{1}{n} \sum_{1}^{n} \frac{y_i}{\bar{y}} \log \frac{y_i}{\bar{y}} \tag{1-2}$$

其中 y 表示运用 DEA 得出来的综合技术效率，$\bar{y}$ 表示综合技术效率的平均值，n 表示研究样本中个体的数量。

（3）基于单位元效率的空间基尼系数测算

基尼系数和泰尔指数都是用来测度区域差异的一种模型，两者通过不同的角度和方法对区域间效率差异进行测算。这里采取基尼系数对粮食生产效率进行测算，空间基尼系数反映的是区域差异问题。基尼系数越低，差异越小，反之，则越大。基尼系数的公式为：

$$G_{jj} = \frac{\sum_{i=1}^{nj} \sum_{r=1}^{nj} |y_{jt} - y_{jr}|}{2 \bar{Y}_j n_j^2} \tag{1-3}$$

其中 y 表示 DEA 所计算出的综合技术效率，n 表示各个区间内的数量，$\bar{y}$ 表示生产效率的平均值。

（4）数据来源及处理

选取 2011～2017 年我国粮食主产区、产销平衡区和主销区所包括的 31 个省（区、市）的粮食总产量为产出指标，投入指标选取土地投入、技术投入、资本投入和人力投入四个指标进行测度，其中土地指标选取粮食作物播种面积，技术投入方面选取农业机械总动力、有效灌溉面积、化肥施用量和农药使用量四个变量，资本投入选取农林水事务支出，人力投入选取第一产业从业人数，这些变量虽然不全是反映粮食产量的变化情况，但是在很大程度上影响了粮食总产量，所以具有一定的意义①。指标说明见表 1-4。

表 1-4　　　　　　　　　　　　　投入产出指标

指标	变量	变量说明
产出	粮食产出	粮食总产量（10^4 吨）
投入	土地投入	粮食作物播种面积（10^3 公顷）
	技术投入	化肥施用量（10^4 吨）
		农业机械总动力（10^4 千瓦）
		土地有效灌溉面积（10^3 公顷）
		农药使用量（10^4 吨）
	资本投入	农林水事务支出（10^4 元）
	人力投入	第一产业从业人数（10^4 人）

（5）粮食生产技术效率测度结果及分析

运用 Deap 2.1 软件，从综合技术效率（TE）、纯技术效率（PTE）和规模效率（SE）3 个方面对我国粮食功能区粮食生产技术效率进行测度。纯技术效率（PTE）是指单纯由技术进步而产生的效率，规模效率（SE）是由于扩大规模而产生的效率。综合效率=纯技术效率×规模效率，根据 DEA 测算结果，整理得出我国 31 个省（区、市）的粮食生产效率，如表

---

① 原始数据采集自 2011～2017 年《中国统计年鉴》《中国农村统计年鉴》。

1-5 所示。

表 1-5　　　2011～2017 年我国 31 个省份的粮食生产效率

地区		2011 年			2013 年			2015 年			2017 年		
		TE	PTE	SE	TE	PTE	SE	TE	PTE	SE	TE	PTE	SE
主产区	辽宁	0.92	0.92	1.00	0.92	0.92	1.00	0.85	0.85	1.00	0.90	0.90	0.99
	黑龙江	1.00	1.00	1.00	1.00	1.00	1.00	1.00	1.00	1.00	1.00	1.00	1.00
	河北	0.72	0.72	1.00	0.72	0.72	1.00	0.73	0.73	1.00	0.77	0.77	1.00
	山东	0.89	1.00	0.89	0.84	0.98	0.85	0.88	0.98	0.89	0.85	0.99	0.86
	河南	0.89	1.00	0.89	0.80	1.00	0.80	0.86	1.00	0.86	0.90	1.00	0.90
	湖南	0.86	0.86	1.00	0.80	0.80	1.00	0.85	0.85	1.00	0.82	0.82	1.00
	湖北	0.83	0.83	1.00	0.79	0.79	1.00	0.84	0.84	1.00	0.78	0.78	1.00
	江西	0.86	0.86	1.00	0.85	0.85	0.99	0.87	0.87	1.00	0.85	0.85	1.00
	江苏	0.89	0.91	0.98	0.86	0.86	1.00	0.91	0.91	1.00	0.87	0.87	1.00
	安徽	0.71	0.72	0.99	0.67	0.67	1.00	0.74	0.74	1.00	0.77	0.79	0.98
	四川	0.77	0.77	1.00	0.79	0.79	1.00	0.86	0.87	0.99	0.82	0.83	0.99
	内蒙古	1.00	1.00	1.00	1.00	1.00	1.00	0.99	1.00	0.99	0.97	1.00	0.97
	吉林	1.00	1.00	1.00	1.00	1.00	1.00	1.00	1.00	1.00	1.00	1.00	1.00
产销平衡区	甘肃	0.61	0.63	0.97	0.63	0.64	0.99	0.65	0.66	0.99	0.64	0.65	0.98
	宁夏	1.00	1.00	1.00	1.00	1.00	1.00	1.00	1.00	1.00	1.00	1.00	1.00
	山西	0.59	0.62	0.95	0.61	0.63	0.97	0.61	0.63	0.97	0.77	0.85	0.91
	广西	0.67	0.67	1.00	0.67	0.67	1.00	0.69	0.70	1.00	0.64	0.65	0.99
	贵州	0.65	0.66	0.99	0.80	0.81	0.98	0.86	0.93	0.92	0.87	0.91	0.95
	云南	0.55	0.56	1.00	0.55	0.55	1.00	0.58	0.58	1.00	0.59	0.60	0.99
	西藏	0.98	1.00	0.98	0.88	1.00	0.88	0.90	1.00	0.90	0.90	1.00	0.90
	陕西	0.89	0.94	0.95	0.85	0.98	0.87	0.83	1.00	0.83	0.81	0.87	0.93
	新疆	0.89	0.91	0.98	0.88	0.90	0.99	0.94	0.94	1.00	0.86	0.86	1.00
	重庆	0.78	0.86	0.90	0.85	0.91	0.94	0.89	0.91	0.97	0.79	0.81	0.98
	青海	0.69	1.00	0.69	0.65	1.00	0.65	0.66	1.00	0.66	0.63	1.00	0.63

续表

地区		2011 年			2013 年			2015 年			2017 年		
		TE	PTE	SE	TE	PTE	SE	TE	PTE	SE	TE	PTE	SE
主销区	北京	0.83	1.00	0.83	0.82	1.00	0.82	0.83	1.00	0.83	0.82	1.00	0.82
	天津	0.75	1.00	0.75	0.71	1.00	0.71	0.79	1.00	0.79	0.88	1.00	0.88
	上海	0.94	1.00	0.94	0.91	1.00	0.91	0.96	1.00	0.96	1.00	1.00	1.00
	福建	0.79	0.80	0.98	0.75	0.76	0.99	0.77	0.78	1.00	0.78	0.81	0.97
	广东	0.77	0.77	1.00	0.71	0.71	1.00	0.76	0.76	1.00	0.74	0.74	1.00
	海南	0.63	1.00	0.63	0.61	0.98	0.62	0.68	1.00	0.68	0.65	0.98	0.67
	浙江	1.00	1.00	1.00	0.79	0.80	0.99	0.82	0.82	1.00	0.79	0.79	1.00

注：由于篇幅原因只列举 2011 年、2013 年、2015 年、2017 年 4 年数据。

首先，从全国整体来看 2011～2017 年我国粮食综合技术效率均值在 0.82 左右徘徊，且保持一个平稳的趋势（见图 1-6）。同时 2011～2017 年规模效率值也一直在 0.94 震荡，高于纯技术效率（0.87），说明纯技术效率低才是导致粮食生产效率低下的主要原因，而技术效率普遍偏低，这也说明转变我国粮食生产高投入、高消耗、低质量的"粗放式"经营道路还很长。

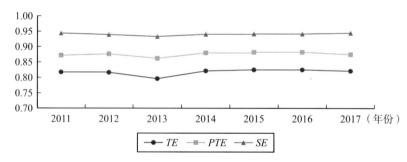

图 1-6 2011～2017 年我国粮食生产效率变动趋势

其次，从区域差异来看（见图 1-7），2011～2017 年我国粮食生产效率综合效率平均值由大到小依次为粮食主产区（0.87）、粮食主销区（0.80）、粮食产销平衡区（0.77），且保持相对稳定。具体而言，我国粮食生产效率所有年份实现 DEA 有效的地区的不多。黑龙江、吉林和宁夏在 2011～2017 年综合技术效率均为 1，内蒙古仅在 2015 年没达到 1，其余年份均为 1，浙江 2011 年、2012 年综合效率为 1，上海只在 2017 年综合效率为 1。河南、西藏、内蒙古、北京、天津和上海在 2011～2017 年的纯技术效率都为 1。青海除了 2016 年之外，都达到纯技术有效，山东、海南和浙江只有个别年份达到纯技术有效。湖北、湖南在 2011～2017 年的规模效率都为 1，江西、广东和江苏除了 1 年，其余年份规模效率均为 1，四川、广西、云南有些年份达到规模有效。其余省份在 2011～2017 年纯技术效率、规模效率都处于无效率，虽然粮食主产区的粮食生产效率高于粮食主销区和粮食产销平衡区，但是主产区内部还存在较多省份未达到综合技术效率有效，内部效率较低。

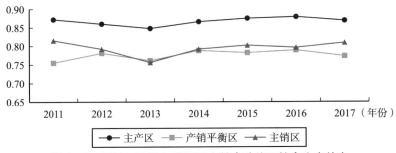

图 1-7　2011～2017 年我国三大粮食功能区粮食生产效率

综上所述，各省份粮食生产效率是受到技术效率和规模效率的影响，技术效率主要是受农业机械化率，农田灌溉效率，化肥施用量和种子的优良程度等来反映的，而规模效率是由农业生产、经营规模的扩大而提升。各省份粮食生产效率较低的原因有多种，但是粮食生产效率较低的主要原因还是技术效率低下①。

（6）粮食生产效率差异的泰尔指数测算

粮食主产区由于土地资源丰富，粮食产量较其他两个功能区来说较多，而粮食主销区大多处于经济发达地区，耕地非"农"化、非"粮"

---

① 田红宇，祝志勇．中国粮食生产效率及影响因素分析——基于 DEA – Tobit 两步法研究 [J]．中国农业资源与区划，2018，39（12）：161–168．

化倾向明显，例如建设工厂、建造住房等，而用作耕地的土地量相对较少，虽然粮食生产效率较高，但粮食产量还是三个功能区中最少的。而对于产销平衡区来说，耕地资源处于中等水平，生产效率低，只能够满足于本地区的粮食供给而无法进行外调，粮食输出能力弱。通过 DEA 得出的 2011～2017 年的粮食综合技术效率，来计算粮食主产区、粮食主销区、粮食产销平衡区的泰尔指数，如图 1-8 所示。

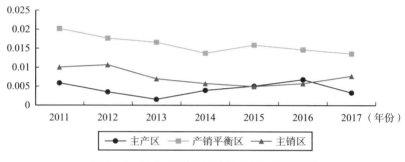

图 1-8　三大功能区生产效率泰尔指数测算

　　总体来看，三大功能区的泰尔指数都在 0.021 以下，处于一个较低的水平。从各区域来看，粮食主产区最大值仅为 0.006。在 2011～2017 年都处于一个平稳的态势，在 0.001～0.006 之间波动，这是由粮食主产区耕地面积变化所导致的。粮食主销区在 2011～2012 年有一个上升趋势，达到最大值 0.011，这是由于主销区内部耕地面积的调整，优质农田减少，大量耕地被用于基础设施建设，房地产开发等。粮食产销平衡区存在波动，最大值仅为 0.021，显示出产销平衡区粮食生产效率差异较其余两大功能区更大，这是由于粮食产销平衡区内部耕地面积分布不均匀，良田较少，省际间粮食生产效率差异较大。

　　（7）粮食生产效率的空间基尼系数测算

　　基尼系数是用来测度空间差异的模型。通过 DEA 模型计算得出的粮食综合技术效率，计算出 2011～2017 年粮食主产区、粮食主销区、粮食产销平衡区的空间基尼系数，如表 1-6 所示。从总体来看，三大功能区都在 0.114 以下，说明三大功能区的整体差异都处较低水平，且功能区之内差异也较小。

表 1-6　　　　　　　2011~2017 年粮食功能区基尼系数测算

年份	2011	2012	2013	2014	2015	2016	2017
主产区	0.0601	0.0614	0.0668	0.0586	0.0509	0.0562	0.0501
产销平衡区	0.1139	0.1059	0.1014	0.0933	0.1000	0.0939	0.0924
主销区	0.0787	0.0820	0.0653	0.0569	0.0536	0.0589	0.0682

　　而从区域的角度来看，粮食主产区空间基尼系数在 0.0501~0.0668 之间波动，波动幅度较小，这是由于粮食主产区的大部分省份经济发展处于相近水平，所以粮食生产效率较为接近，使得基尼系数处于一个较低水平，而且由于经济的发展，粮食生产效率总体水平在提升，这对于保障粮食主产区粮食供给起着重要的作用。2011~2017 年，粮食产销平衡区的基尼系数明显高于粮食主产区和粮食主销区，这是由于粮食产销平衡区内部地理位置和经济发展的原因使得各省份间效率生产效率差异较大。2011 年为最大值（0.1139），但 2011~2017 年之间大部分时候呈现下降的趋势，说明差异在减小，2015 年也只是小幅上升，变化不大。粮食主销区大部分地区处于经济发达地区，其大部分土地都用于创造更大经济价值的方面，粮食生产效率由于其经济发展水平较高，差异也较小，所以基尼系数也较小。但是粮食主销区现在已经不能满足粮食自给，基本上依赖外调，虽然区域的差异较小，但总体产量低下，依旧无法满足本功能区需求，与泰尔指数得出的结论大致相同。

1.1.5　小结

　　第一，粮食功能区划分恰当，区域优势充分体现。全国粮食人均生产量在逐年提升，粮食主产区人均粮食产量大于粮食主销区和粮食产销平衡区，粮食主产区依旧承担粮食调出的重任。粮食主产区粮食溢出率和粮食主销区流入率大幅度增加，进一步证实粮食主产区调出压力增加，粮食主销区已经完全依赖外调，粮食净调出省份依旧为东北三省，而中部地区粮食调出压力在进一步增大。

第二，粮食生产稳中有进，充分保障粮食安全。2009 年之前，耕地面积存在几次重大调整，但是随着耕地红线的划定，已经趋于平稳，粮食产量在 2009～2015 年逐步提高，2016 年出现小幅下降，但总量依旧很大，2017 年继续升高，而由于科技水平的提升使得粮食单产也得到提高，提升了粮食生产效率，进一步保障粮食安全。

第三，各省份粮食生产效率不均衡，存在地区差异。三大功能区能实现粮食生产效率有效的省份极少，大部分的省份都是非有效。大部分省份效率低下是由于技术方面的原因[①]，例如农业机械化率低、有效灌溉程度不高、农田肥力较弱、种植模式老旧等，而一些省份由于规模原因，例如农业分散、面积少，经营渠道少等原因。三大功能区之间也存在着效率差异，粮食产销平衡区差异大于粮食主产区和粮食主销区，这导致粮食功能区区域发展不协调。功能区之间由于发展的差异性，使得地区间人民生活水平发展不均衡。

1.2 粮食主产区的粮食安全贡献与地位

1.2.1 粮食主产区粮食安全贡献度的测算

为明确国家粮食安全保障程度，需进一步厘清我国粮食总需求量，我国粮食需求主要由口粮消费、工业用粮、饲料用粮、种子用粮、粮食损耗、粮食储备和出口等构成。现存统计资料未对我国粮食需求进行统计，研究参考罗海平（2019）、薛平平（2019）的测算方法，在不考虑粮食储备和出口的情况下，采用相应的折算方法测算全国粮食

---

① 朱丽莉，钟钰. 我国粮食生产效率与区域差异的实证观察 [J]. 统计与决策，2015 (17)：93－96.

需求总量。

①我国口粮需求总量由城镇口粮需求量和农村口粮需求量加总得到，其中城镇（农村）口粮需求量由城镇（农村）居民家庭平均每人粮食需求量乘以全国城镇（农村）人口数得到，城镇居民（2013～2018 年）和农村居民原粮消费量按 85% 折算成口粮消费量。考虑经济和社会发展因素，城镇居民在 2005 年前、后（含 2005 年）在家庭之外的用粮率分别为 12% 和 20%，农村居民在家庭之外的用粮率为 4%。

②我国工业用粮需求总量通过白酒、啤酒、酒精和味精的耗粮率来估算，具体按照 65% vol 白酒 2.3∶1，啤酒 0.172∶1，发酵酒精 3∶1，味精 3∶1 的比例折算，其他工业耗粮按上述四种用粮总量的 25% 计算。

③我国饲料用粮按料肉比折算，猪肉为 2.3∶1，牛羊禽肉为 2∶1，禽蛋为 2.5∶1，奶类为 0.3∶1，水产品为 1∶1，其中粮食饲料约占饲料总量的 74%。

④我国种子用粮按粮食作物播种面积来折算，其中稻谷、玉米和豆类为 75 千克/公顷，小麦为 150 千克/公顷，其他粮食作物为 225 千克/公顷。

⑤鉴于粮食处理和运输中造成的粮食折损，我国粮食损耗总量按上述粮食需求量的 2% 折算。因此，全国粮食需求量的公式为[①]：

$$FC_{tj} = C_{tj}^{Food} + C_{tj}^{Ind} + C_{tj}^{Feed} + C_{tj}^{Seed} + C_{tj}^{Waste} \qquad (1-4)$$

式中：j 为年份；FC_{tj} 为 j 年度全国粮食需求总量；C_{tj}^{Food}、C_{tj}^{Ind}、C_{tj}^{Feed} 和 C_{tj}^{Seed} 分别为 j 年度全国口粮消费、工业用粮、饲料用粮和种子用粮需求总量；C_{tj}^{Waste} 表示 j 年度全国粮食损耗总量。

由于各地区居民人均粮食需求量差距不大，因此，在不考虑粮食需求在地理空间上存在差异性的情况下，可根据国家粮食需求总量和人口比例测算区域粮食需求量，公式为：

$$FC_{ij} = \frac{FC_{tj}}{P_{tj}} \times P_{ij} \qquad (1-5)$$

式中：FC_{ij} 为 j 年度 i 区域的粮食需求总量；P_{tj} 为 j 年度全国人口数；P_{ij} 为 j 年度 i 区域人口数。

---

① 罗海平，余兆鹏，朱勤勤. 基于粮食调出的我国粮食主产区粮食安全贡献度研究：1985－2015 [J]. 农业经济，2019（2）：3－5.

区域粮食安全贡献指区域在满足自身粮食需求的基础上对区域以外地区的粮食安全保障。粮食主产区的粮食安全核心在于保障全国粮食安全，为此，粮食主产区不仅要满足自身粮食需求，还需发挥作为国家粮食安全主体功能区的战略作用，为国家粮食安全保障提供有力的支撑。本节基于区域粮食安全贡献度 FPS（Food Safety Percent）测算模型[①②]，探究 13 个粮食主产省份对我国粮食安全的保障能力，并评估各省份粮食可持续性供给能力，进而提出相应的政策保障措施。假定各省粮食产能在自给的前提下，余粮均能顺利调出，则粮食调出总量（FO）以及粮食安全贡献度（FSP）的计算公式可表示为：

$$FO_{ij} = \sum_{i=1}^{n} (FY_{ij} - FC_{ij}) \qquad (1-6)$$

$$FSP_{i*j} = \frac{FY_{i*j} - FC_{i*j}}{FO_{ij}} \times 100\% \qquad (1-7)$$

式中：i 为有余粮调出的省份；n 为我国有余粮调出的省份的总数；j 为不同年份；i^* 为 i 中部分区域；FO_{ij} 为 j 年度我国粮食调出总量；FY_{ij}（FY_{i*j}）为 j 年度 $i(i^*)$ 区域的粮食产量；FC_{ij}（FC_{i*j}）为 j 年度 $i(i^*)$ 区域的粮食需求总量；FSP_{i*j} 为 j 年度 i^* 区域的粮食安全贡献度，FSP 值在（-100%，100%）之间变动，取值越大，表明区域对国家粮食安全的贡献度越大。

1.2.2　粮食主产区粮食安全贡献度的动态演化

运用区域粮食安全贡献度 FSP 模型，测算了 13 个粮食主产省份 1991 ~ 2018 年对全国粮食安全的贡献度，粮食主产区历年总的粮食产量、需求量以及粮食安全贡献度走势见图 1-9。

---

① 罗海平，余兆鹏，朱勤勤．基于粮食调出的我国粮食主产区粮食安全贡献度研究：1985-2015 [J]．农业经济，2019（2）：3-5．
② 李福夺．粮食安全贡献度的测算实证 [J]．统计与决策，2016（12）：50-52．

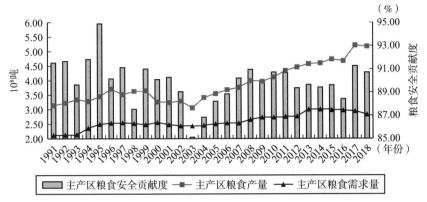

图 1-9　粮食主产区粮食安全贡献度、粮食供给与需求状况

从粮食供给来看，1991～2018 年我国粮食主产区粮食产量分别以 1999 年和 2003 年为拐点，呈先增后减再增的趋势，历年粮食产量均高于 3×10^8 吨，占全国总产的 70% 以上。具体来看，在 1991 年经历粮价持续下降后，我国粮食定价开始转向市场调节为主、宏观调控为辅的方式，1991～1999 年主产区粮食生产进入平稳发展的阶段；2000～2003 年间，主产区耕地面积和粮食播种面积总体下降，伴随着粮食产量波动下降，到 2003 年粮食总产量探底仅为 3.058×10^8 吨；2003 年后，我国对种粮农民实行直接补贴和农资综合补贴等惠农政策，农民种粮积极性显著提升，主产区粮食播种面积逐年扩张，粮食产量逐年快速攀升，到 2017 年粮食总产达 5.214×10^8 吨，同比增长 11.46%。由此可见，我国粮食主产区粮食增长长期处于良好的发展态势，在保障我国粮食安全中发挥中流砥柱作用。

从粮食需求来看，粮食主产区粮食需求量呈逐年上升趋势，且增幅明显小于粮食产量。其中，我国口粮消费和饲料用粮占粮食总需的 80% 以上，且逐步由饲料用粮替代口粮消费，1991 年我国口粮消费和饲料用粮分别占粮食总需的 62.76% 和 25.59%，到 2018 年分别占 31.39% 和 53.79%，表现为我国居民食物种类日益丰富，膳食结构日益合理化；我国种子用粮占粮食总需的比例为 2.1%～3.6%，且总体呈逐年下降趋势，原因在于我国以种植玉米替代小麦的长期发展格局的演变；1991～2015 年我国工业用粮逐年上升，由 1991 年 2.30×10^7 吨上升为 2015 年 8.19×10^7

吨，增幅达 255%，2016～2018 年工业用粮略为下降，表现为我国用酒需求受中央八项规定和居民消费结构升级等因素影响而发生消费转移，导致工业用粮有所下降。

总体来看，我国粮食主产区对国家粮食安全贡献度与粮食需求量变化趋势基本一致，1991～2018 年，主产区对国家粮食安全贡献度均高于90%，其中有 46.43% 的年份粮食安全贡献度高于 96%，仅有 1991 年和2003 年粮食安全贡献度低于 94%，分别为 93.96% 和 93.49%。与 1991 年相比，2018 年粮食主产区粮食产量和粮食需求量分别增加了 2.04×10^8 吨和8.98×10^7 吨，具体表现为 1991～2003 年主产区粮食盈余稳中有降；2004～2018 年主产区粮食盈余绝对增加且增幅不断扩大。由此可见，粮食主产区紧握着国家粮食生命线，粮食盈余稳中有升的发展态势，为我国粮食安全提供了基础性保障。

近 30 年来，我国 13 个粮食主产区粮食地位内部分化严重，按照总体贡献度的走势来看，可分为三个阶段。第一阶段是 1999 年之前，粮食主产区粮食产量曲折攀升；第二阶段是 2000～2003 年，粮食主产区粮食产量急剧下降；第三阶段是 2004～2018 年，粮食主产区粮食产量稳步攀升。将我国 13 个粮食主产区按照地理空间位置分为五个子区间，各省份历年对国家粮食安全贡献度如表 1-7 所示。

表 1-7　　　　　1991～2018 年粮食主产区粮食安全贡献度　　　　单位：%

| 年份 | 粮食安全贡献度 | | | | | | | | | | | | 粮食主产区 |
| | 东北产区 | | | 华北产区 | | 华东产区 | | | 华中产区 | | | | 西南产区 | |
	辽	吉	黑	冀	蒙	苏	皖	鲁	赣	豫	鄂	湘	川	
1991	2.74	12.52	11.59	2.89	2.88	8.86	0	13.11	4.29	1.92	5.25	7.7	20.21	93.96
1994	0	15.92	18.44	3.86	4.11	8.16	3.28	12.38	2.68	0.96	5.8	6	17.09	98.66
1997	0	10.79	22.14	4.34	7.24	11.9	6.96	7.83	3.03	6.2	6	5.34	4.49	96.25
2000	0	13.01	22.92	1.6	7.34	7.93	4.35	10.21	1.58	11.86	2.57	6.81	5.8	95.99
2003	0.26	33.44	29.85	0	13.27	0	0.93	5.39	0	3.91	0	2.24	4.21	93.49

续表

年份	粮食安全贡献度													
	东北产区			华北产区		华东产区			华中产区				西南产区	粮食主产区
	辽	吉	黑	冀	蒙	苏	皖	鲁	赣	豫	鄂	湘	川	
2006	1.91	18.94	21.42	2.17	9.06	2.87	7.03	7.32	3.06	17.51	1.57	4.42	0	97.27
2009	0	13.62	27.89	2.08	10.05	2.3	6.96	6.65	2.94	16.95	1.14	4.33	0.57	95.48
2012	2.49	15.55	29.22	2.82	10.67	2	6.57	5.09	2.28	13.55	1.33	2.9	1.19	95.66
2015	1.32	16.4	31.02	2.05	11.7	1.86	6.61	4.35	1.78	14.16	1.95	1.41	0.47	95.09
2018	2.6	12.82	29.91	4.01	12.75	2.88	7.85	0	2.05	14.69	2.85	1.91	1.51	95.84

（1）粮食主产区粮食地位分化重组：1991～1999 年

20 世纪 90 年代，伴随着粮食作物种植面积"持续下降—逐步回升"的变化趋势和种植结构的不断调整，我国粮食生产呈现"北上西进""压粮扩经"的总体格局，北方和中部地区逐步成为新的增长中心，13 个粮食主产区粮食地位分化重组。

粮食地位显著上升的有黑龙江、吉林、河北和内蒙古。其中黑龙江在粮食作物耕地面积增加和粮食单产提高等有利因素的推动下，粮食生产量从最初的 2.164×10^7 吨提高到了 1997 年的 3.105×10^7 吨，增产幅度达 9.402×10^6 吨，贡献度涨幅达 10.55%。吉林除了在 1997 年遭遇到了严重的干旱，粮食严重歉收，贡献度同比下降 22.65% 之外，其粮食安全贡献度均稳定在 11% 以上，只限于小范围内波动，表现出上涨的势头。位于华北产区的河北和内蒙古两省份一直保持着较高的粮食增产水平，总体粮食安全贡献度从 1991 年的 5.77% 上升为 1999 年的 10.12%。粮食地位开启逐年下降的有湖北、湖南、江西和四川。其中湖北和湖南早期贡献度均在 6% 左右，但两省份由于地貌多样以山地为主，耕地较为零散，实现规模化种植的难度较大，后期粮食安全贡献水平并不理想。江西工业基础薄弱，耕地面积较少且可拓展性不强，随着粮食需求的增长，其粮食安全贡献度处于持续下降的状态。粮食地位不稳处于波动的有河南、山东、安徽和江苏。其中山东地形复杂，农业受灾频率高，1992 年和 1997 年受灾面积较大，粮食作物播种面积和粮食产量显著降低，粮食安全贡献度降至 8.78% 和 7.83%，而其余年份均保持 10% 以上的贡献度水平。江苏粮食单产率节节攀升，九年间增加了 1 288 千克/公顷，但其粮食作物播种面积从 1991 年的 6.203×10^6 公顷减少到 1999 年的 5.829×10^6 公顷。与此同时，总人口数量的不断增长使得江苏九年间自身粮食需求量上涨了 456 万吨，增加了其粮食供应的负担。因此，江苏粮食安全贡献度走势不明。河南属于人口大省，粮食需求量巨大，粮食产量的细微变动就能引起贡献度的较大波动。而相比于其他主产省份，辽宁的粮食产量和粮食调出量较低，始终保持着较稳定的贡献度水平。

（2）粮食主产区新格局形成：2000～2018 年

2000～2003 年，粮食主产区粮食产量呈断崖式下降，除北方 3 省份吉林、黑龙江和内蒙古粮食安全贡献度显著提升外，其余各省份贡献度均下降或波动明显，10 多年间首次需要依靠释放库存和进口来弥补粮食供给缺口。2004 年后，主产区粮食产量恢复性增长，向好趋势明显，粮食主产区粮食地位逐渐稳固，新的粮食供给格局基本形成。

2004～2018 年，粮食安全贡献度排名前三位的省份为黑龙江、吉林和河南。其中黑龙江拥有得天独厚的农业资源优势，且随着农业生产规模化、机械化程度的不断提升以及粮食作物基因改良技术的成熟和应用，黑龙江始终保持着最高的贡献度水平。吉林则较好地发挥了其作为粮食主产区的粮食安全战略作用，2006 年后基本保持着 15% 的贡献度水平。河南整体工业水平并不高，充足的耕地资源为粮食生产提供了绝佳的条件。粮食安全贡献度较高省份有内蒙古、安徽和山东。其中，内蒙古依靠农业生物技术的普及和机械化种植，显著提升了粮食作物的耐受力和单产水平，有效克服了自然环境恶劣、沙漠化严重和水资源相对缺乏等不利因素，粮食生产更具效率，粮食安全贡献度保持着上涨势头。安徽农业后备资源并不充足，而人口持续增长的压力更使得安徽人均耕地面积下滑。所以，安徽粮食安全保障能力有待提高。山东粮食安全贡献度处于下降状态，仅 2013～2017 年有所回升，其粮食生产状况是不可持续的。除以上省份外，湖南、江西、江苏、河北、湖北、四川、辽宁 7 省历年粮食安全贡献度均低于 5%，7 省粮食调出总量仅占主产区粮食调出总量的 10%～20%，

2010 年、2013 年和 2014 年调出量更是低于 10%。7 省大多集中于长江流域或沿海地区，工业化发展强势、城镇化迅速推进，部分农业用地受到挤占，农业人口流失。因此，粮食供需状况不容乐观。

1.2.3　粮食主产区粮食安全贡献度空间分异及变迁

从空间上看，粮食安全贡献度在粮食主产区上的分布规律表现为三个方面：一是粮食安全贡献度在空间上表现出明显分异的现象；二是粮食安全贡献度的重心集中向北方移动，特别是偏向土壤相对肥沃，常住人口较少且工业发展缓慢的粮食主产区，出现"一家独大"的情况；三是相邻区域之间的粮食安全贡献度有一定联系，即在地理上相近的主产区，它们在贡献度上体现出差距但不明显。

2018 年各产区粮食安全贡献度由高到低排序为东北产区 > 华中产区 > 华北产区 > 华东产区 > 西南产区，各省份粮食安全贡献度由高到低排序为黑龙江 > 河南 > 吉林 > 内蒙古 > 安徽 > 河北 > 江苏 > 湖北 > 辽宁 > 江西 > 湖南 > 四川 > 山东。按照粮食安全贡献度分级标准，可将各省份对我国粮食安全的贡献度分为 5 个等级：当 $0 \leqslant FSR \leqslant 5\%$ 时为低贡献度；当 $5\% < FSR \leqslant 10\%$ 时为中低贡献度；当 $10\% < FSR \leqslant 15\%$ 时为中等贡献度；当 $15\% < FSR \leqslant 20\%$ 时为中高贡献度；当 $FSR > 20\%$ 时为高贡献度。

粮食安全贡献度较高的产区主要集中在东北地区。早期高贡献度的区域与高人口密度的区域相吻合，但随着时间推移粮食生产表现出了由农业劳力密集型向技术密集型过渡的特点。东北地区人口密度低，位于黑土区，宜耕面积大，生物有机质含量极高，为粮食的种植和培育创造了良好的条件，这解释了东北地区后续发力的原因。近年来，在吉林"增产百亿斤商品粮能力建设"、黑龙江"千亿斤粮食生产能力建设"和哈尔滨"现代农业综合配套改革试验"等一系列农业政策支持下，东北三省还将继续发挥"粮食市场稳压器"的作用。1991 年以来，尽管辽宁的贡献度一直处在较低水平，但由于吉林和黑龙江两个省份贡献度都明显高于其他产区，东北地区在粮食主产区的粮食地位不断得到巩固和提高；对于华北地区来说，其总体贡献度稳定在 12% 左右。20 世纪 90 年代以来，北方地膜等农业技术的成熟，使得作为农业生产领域所必需的温热条件和地理条件等门槛越来越低。拥有丰富土地资源的内蒙古，运用农业技术进步为其发展现代化可持续农业提供了有利条件，从而带动了华北地区；以往华东产区依靠充足的农业劳动力保持着较高的粮食输出，但如今随着技术变革，其人口优势并不明显，加上华东地区粮食需求量巨大，其贡献度呈现下降的趋势；华中地区贡献度保持较为平稳的态势，其中河南 2000 年以来始终保持着较高的产粮水平。2018 年河南粮食产量为 6 648.91 万吨，比 1991 年增加了 2.21 倍，粮食总产量仅次于黑龙江。这得益于河南通过土地流转、中低产田改造和农业机械化普及带来的大量新增耕地资源，极大提高其粮食种植效率。湖南和湖北两省下降得较为严重，原因在于工业和城市用地外扩致使耕地面积增幅很小，人口增速快于粮食增产速度，粮食余量和调出量波动下降。位于西南地区的四川 1998 年 "洪灾" 以后，大量推行退耕还林，以及农村人口大量进城务工，农村实际种植用耕地严重减少。而另一方面四川粮食需求量节节攀升，使得四川徘徊在满足自身粮食需求的边缘，粮食安全贡献度无法保持早期的水平，基本丧失了粮食外调地位。

1.2.4　小结

①从粮食主产区粮食产能状况来看，除 2000～2003 年耕地面积大幅下降导致粮食减产外，1991～2018 年粮食总产量呈稳定上升态势，2010 年后主产区粮食产量占全国总产的 75% 以上，而其余年份也均超过 70%，在保障我国粮食安全中发挥中流砥柱作用。但是，在粮食增产的同时也表现出粮食产能的不可持续性。湖北、湖南等省份受工业和城市用地外扩等影响，产粮能力并不突出，粮食地位逐年下降。黄淮海流域农业与生态发展不均衡，土地产粮能力严重透支。粮食生产风险防控能力不足，受自然灾害部分年份产量骤降。要进一步加快高标准农田建设，提升农田粮食增产能力和抗灾能力，巩固粮食主产区粮食产能地位。

②从粮食主产区粮食供需情况来看，相比于粮食产量总体性的增长，粮食需求的刚性增长主要在于饲料用粮替代口粮消费的显著增长，但粮食

需求增长幅度明显小于粮食增产幅度，主产区粮食盈余呈现出 1991～2003 年的稳中有降和 2004～2018 年的快速增长的两个阶段发展特征，表明粮食主产区粮食调出水平不断提升，是国家粮食调配的重要生产基地。粮食主产区粮食供给具有明显向中部、北方地区集聚的态势，南方地区处于粮食产需不平衡状态，南北区域"粮食产能—经济效益"发展不均衡，粮食供需错位严重。要进一步提高国家粮食宏观调控能力，逐步改善区域粮食供需错配现象。

③从粮食安全贡献度的动态演化来看，粮食产量分别以 1999 年和 2003 年为拐点，呈现"曲折攀升期—快速下降期—稳步攀升期"的变化特征。粮食主产区粮食安全贡献度经历了 1991～1999 年的分化重组和 2000～2018 年的新格局形成的两个阶段。第一阶段中粮食地位显著上升的有黑龙江、吉林、河北和内蒙古，粮食地位逐年下降的有湖北、湖南、江西和四川；第二阶段中粮食安全贡献度排名前三位的省份为黑龙江、吉林和河南，贡献度较高的省份有内蒙古、安徽和山东，而其余 7 省贡献度均低于 5%。

④从粮食安全贡献度的空间分异来看，2018 年各产区贡献度由高到低依次为东北产区＞华中产区＞华北产区＞华东产区＞西南产区。粮食主产区历年粮食安全贡献度均高于 90%，其中东北产区贡献度历年最高，2010 年后高达 50% 左右，是保障我国粮食安全的中坚力量；华中和华东产区贡献度稳中有降，主要受限于人口规模的扩张；拥有丰富土地资源和成熟利用地膜等技术的内蒙古带动了华北产区，使产区贡献度保持在 12% 左右；位于西南产区的四川基本丧失了粮食外调的地位。因此，应分类指导不同产区进行生产生活建设，加快划定重要农产品生产保护区和粮食生产功能区，因地制宜地发展区域特色农业，打造高效、可持续生态农业新示范。

第 2 章 ///

粮食主产区的耕地资源与耕地压力

2.1 耕地资源、耕地压力与粮食安全

耕地资源安全是粮食安全的基础和保障，对粮食产能起着重要的约束作用。2011~2015 年我国耕地面积缓慢下降，从 2011 年的 13 523.86 万公顷下降到 2015 年的 13 499.87 万公顷，耕地面积净减少 23.99 万公顷[①]。随着人口的日益增长、耕地面积的缓慢下滑以及耕地污染退化加剧，我国耕地资源面临的压力将会更加严峻。

在全球经济一体化浪潮中，粮食的进出口贸易为我国调节粮食生产、缓解耕地压力发挥了重要作用。2017 年我国粮食进口总量为 13 062 万吨，占中国粮食生产总量的 1/6 左右，其中大豆进口 9 553 万吨。18 年间我国粮食进口总量从 2000 年的 1 357 万吨到 2017 年的 13 062 万吨，增长了约 8.63 倍[②]。可见，粮食的进出口贸易在调节我国粮食供求结构、缓解我国耕地压力方面贡献颇大。然而，由于受到中美贸易摩擦的影响，2018 年我国粮食进口总量为 10 850 万吨，同比下降 16.94%，其中大豆进口 8 803.1 万吨，同比下降 7.85%。在此背景下，如何在不加剧我国耕地压力的情况下减少粮食进出口贸易变化对我国粮食供需的影响，这一议题值

---

① 原始资料来源：2016 年中国国土资源公报。
② 资料来源：中国海关总署，http://www.customs.gov.cn/。

得深入研究。基于此，研究粮食进出口贸易对我国耕地压力的影响至关重要。

2.1.1 中国及粮食主产区耕地资源现状

（1）全国耕地资源现状

一是耕地总量下降，人均耕地占有量少。2011～2016 年我国耕地面积缓慢下降，从 2011 年的 13 523.86 万公顷下降到 2016 年的 13 492.10 万公顷（20.24 亿亩），耕地面积净减少 31.76 万公顷。5 年中仅 2013 年耕地面积较上一年增加 0.5 万公顷，其余年份由于建设占用、灾毁、生态退耕、农业结构调整等原因耕地面积均有所减少，且减少速度有上升趋势，表明土地整治、农业结构调整等增加的耕地面积未能抵补耕地减少量。我国耕地面积总量目前居世界第三，仅次于美国和印度。但由于人口众多，2017 年我国人均耕地面积仅为 0.097 公顷，不足世界人均耕地面积的一半。加拿大的人均耕地面积是我国的 18 倍，印度是我国的 1.2 倍。2017 年 13 个粮食主产区年末实有耕地面积 8 893.42 万公顷，占全国总耕地面积的 65.94%，较 2016 年粮食主产区总耕地面积减少了 2.91 万公顷。2017 年粮食主产区人均耕地面积 0.11 公顷，略高于全国人均耕地面积，但相比 2016 年同期下降了 0.20%，与其他国家或世界人均耕地面积相比仍有较大差距[①]。

二是耕地质量不高，单位面积耕地生产力水平低。我国耕地平均质量等别为 9.96 等，耕地质量等别总体偏低，且比 2009 年的全国耕地平均质量等别下降了 0.16 等，表明目前我国耕地质量依然处于恶化状态。我国优等地面积为 389.91 万公顷，占全国耕地评定总面积的 2.9%；高等地面积 3 579.57 万公顷，占比 26.59%；中等地面积 7 097.49 万公顷，占比 52.72%；低等地面积 2 395.43 万公顷，占比 17.79%[②]。可以看出，目前我国优等、高等级耕地面积不足耕地总量的 1/3，耕地质量亟待提高。从

---

① 原始资料来源：2017 年中国国土资源公报，http：//www.mnr.gov.cn/。
② 资料来源：中国耕地质量等级调查与评定，http：//www.mnr.gov.cn/。

耕地质量的空间分布来看，我国耕地质量地区差异较大。东部地区和中部地区耕地平均质量等别较高，分别为 8.27 等和 7.99 等；东北地区和西部地区耕地平均质量等别较低，分别为 11.24 等和 11.33 等。优等地主要分布在湖北、湖南、广东三个省份。全国生产能力大于 1 000 千克/亩的耕地仅占 6.09%，单位面积耕地生产力水平较低。根据国家统计局数据，2017 年我国粮食单位面积产量为 5 506 千克/公顷，其中玉米单产 6 090.8 千克/公顷，稻谷单产 6 911.5 千克/公顷，小麦单产 5 410.1 千克/公顷。相关资料显示，我国玉米单产排名世界第 14 位，仅相当于美国单产的 54.6%；大豆单产排名世界第 21 位，仅相当于美国单产的 51.7%。

三是耕地利用效率偏低，保护动力不足。一方面，我国 66% 的耕地分布在山地、丘陵、高原地区，而盆地、平原和其他地区的耕地仅占 34%。我国坡耕地也较多，坡度大于 25 度的耕地面积占我国耕地总量的 4.67%。我国现有的 20 亿亩耕地中，水土流失地、盐碱地、风沙干旱、红壤地有 6 亿多亩，占到耕地总面积的 1/3 以上，这就对我国耕地资源的有效开发利用提出了挑战[1]。另一方面，我国部分偏远地区对农业用地的开发利用存在粗放浪费现象，用地结构、农作物种植结构不尽合理，土地集约开发利用程度低，土地污染严重，导致粮食产量偏低。总体来看，我国耕地基础设施薄弱，现代农业机械化水平不高，导致耕作效率及现代农业发展水平较低。目前在我国的山地丘陵等边际地区出现了大范围的耕地撂荒现象。西南财经大学中国家庭金融调查与研究中心对全国 29 个省份、262 个区市的住户跟踪调查发现，2011 年和 2013 年分别有 13.5% 和 15% 的农用地处于闲置状态。由于农业生产项目具有风险大、收入低、基础条件差等特征，再加上现阶段我国工业化和城镇化的不断推进，近年来我国农村劳动力转移现象突出，许多农民纷纷选择进城务工而忽视田间管理，造成耕地资源的浪费。

（2）粮食主产区耕地资源概况

耕地总量方面，1985～2017 年粮食主产区总耕地面积占全国总耕地面积的比重有所下降（见图 2-1）。具体来看，1985～1997 年占比基本稳定

---

[1] 资料来源：关于土地利用现状调查数据成果公报，http://www.mnr.gov.cn/。

在 67.3% 左右，1998～2001 年猛降至 53.9%，2002～2010 年缓慢回升至 62.5%，2011 年降回到 58.1%，2011～2017 年逐渐上升到 65.9%，但相比 1985 年的 67.3% 仍有小幅下降，表明主产区虽占据了全国大部分的耕地面积，但这种优势地位尚不稳固。在全国耕地总量呈下行趋势的背景下，粮食主产区耕地总量缩减，面临潜在的耕地资源紧缩压力。

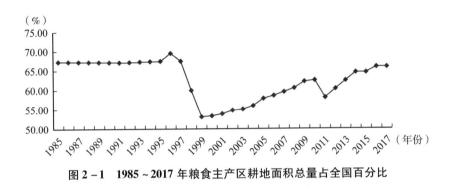

图 2 - 1　1985～2017 年粮食主产区耕地面积总量占全国百分比

耕地质量方面，粮食主产区中部和东部地区耕地质量较高，北部地区耕地质量较低。国土资源部将耕地按 1～4 等、5～8 等、9～12 等、13～15 等分划分为优等地、高等地、中等地和低等地共 4 个等别。鄂、湘 2 省优等地分布广泛，分别占全省耕地总量的 40.1% 和 17.6%；豫、苏、鲁、徽、赣、川 6 省耕地以高等地为主，其中豫、苏两省的高等地面积占全省耕地总量的 85% 以上；黑、吉、辽东北 3 省以中等地分布为主，其中辽宁中等地在全省耕地总量的占比高达 96.8%；蒙、冀 2 省份多为低等地，其中内蒙古 87.3% 的耕地为低等地①。总体来看，主产区以高等地、中等地为主，分布范围较广、占比较大；全国只有鄂、湘、粤 3 个省份分布着优等地资源，3 个省份中有 2 个省份属于粮食主产区，相比全国而言主产区优等地占比较大，但相比其余质量等别耕地总量而言，主产区优等地资源相对紧缺；低等地虽然仅分布在冀、蒙 2 省，但在两省内占比过高，值得警惕。

---

① 资料来源：2016 年我国耕地质量等别评估报告，http://www.mnr.gov.cn/。

目前我国粮食主产区的耕地资源主要存在两大问题：耕地总量缩减和耕地污染加剧。由于城镇建设占用、自然灾害毁损等原因导致了大量耕地缩减。江苏、河北、四川是主产区中表现最为明显的省份，1996~2017年江苏省耕地面积由506.17万公顷缩减至457.33万公顷，农作物播种面积和粮食作物播种面积分别下降35.77万公顷和35.01万公顷；河北耕地面积由689.71万公顷缩减至651.89万公顷，农、粮作物播种面积分别减少49.05万公顷和47.88万公顷；四川1996~2013年[①]耕地面积减少54.93万公顷，农作物播种面积下降了13.93万公顷，粮食作物播种面积则猛降84.62万公顷[②]。

主产区的耕地污染问题主要表现为重金属污染，且南部地区比北部地区污染更严重。四川是主产区中污染最为严重的省份，主要是受镉、镍、铜等金属元素的污染；其次是湖南、江西、安徽、江苏等地，污染物以镉、镍、铜、锌、汞等元素为主；北部地区辽宁、黑龙江等地污染较轻，多表现为镉、锌、铜、砷、镍等金属污染。工业污水废水的大量排放、农药化肥的过度使用、农用塑料薄膜的大量使用等造成了多种重金属的污染超标。

2.1.2 国内外粮食安全与耕地压力研究

（1）全球性的粮食安全与耕地压力研究

马克思和恩格斯从人类生存的角度确认了食物的基础作用及农业生产的基础地位[③]。列宁明确指出农业是国民经济的基础，粮食问题是一切问题的基础[④]。泰切夫斯卡等（Tyczewska et al.，2018）强调了粮食作物对农业可持续发展的重要性，强调了生产技术对粮食安全的重要性。阿贝尔·纳罗卡等（Baer - Nawrocka et al.，2019）结合自然环境和经济发展

---

① 2014~2017年的耕地面积数据由四川省国土资源厅提供，与1996~2013年四川省耕地面积数据统计标准不同，无法比较，下同。

② 原始资料来源：国家统计局，http：//www.stats.gov.cn。

③ 马克思恩格斯全集（第24卷）[M].北京：人民出版社，1972.

④ 列宁全集（第30卷）[M].北京：人民出版社，1957.

程度两方面对世界各国的粮食安全现状做出了评估，发现各国的粮食安全程度主要取决于国内粮食供给，发达国家主要靠国内粮食自给，而中东、北非等国家主要依靠粮食进口。柳佐等（Liuzzo et al.，2018）研究了粮食安全政策的制定和保护措施的实施对一国粮食安全的影响。诺赫贝尔（Nonhebel，2012）从能源需求角度强调了主要粮食出口国的粮食生产对非洲和亚洲几个粮食不安全国家的重要性，认为粮食出口可能对世界粮食安全产生影响。惠勒·蒂姆（Wheeler T，2013）认为气候变化会对粮食供给的稳定性产生威胁。菲克尔等（Fikre et al.，2017）提出过高的粮食价格和失业率会对粮食安全造成威胁。

肯特·乔治（Kent G，2011）认为粮食贸易是解决世界性饥饿问题的有效方法之一。米娜等（Miina et al.，2017）认为国内粮食供给的不足进一步凸显了粮食进出口贸易的重要性。林恩等（Lynn et al.，2018）分析发现粮食的国际贸易会给贸易双方带来好处，出口商从出口中获益，消费者从进口中受益。阿帕里西奥·杰玛等（Aparicio G. et al.，2018）认为粮食的进出口贸易促进了国家的经济增长。萨拉特（Sarath et al.，2016）通过权重公式测算发现印度在与南联盟国家的粮食贸易中处于优势地位，粮食贸易可促进印度的经济发展。国外学者更专注于粮食进口的相关研究。扎胡尔等（Zahoor et al.，2010）对金砖国家人均收入增长对粮食贸易的影响进行了估算，结果显示中国、俄罗斯和巴西的进口需求收入弹性较高，印度偏低。拉斯克等（Rask et al.，2011）通过实证研究发现一国的耕地资源禀赋是该国能否摆脱粮食进口依赖的决定性因素，耕地资源匮乏的国家无法通过国内粮食生产满足自身粮食需求。科托阿里索亚等（Rakotoarisoa et al.，2012）对 1980～2007 年非洲人口数、人均粮食消费量以及粮食净进口量等数据进行了研究分析，发现人口增长是导致非洲国家粮食进口增长的关键因素。

国外学者对耕地压力的研究多体现为对土地承载力的研究。沃格特·伍尔伯（Vogt W.，1948）认为土地承载力可表示为土地能够提供的食物与环境阻力的比值，并根据土地能养活的人口数量和提供的食物总量构建了土地负载能力评价模型。格诺瓦特等（Genovaite et al.，2019）用模型评估发现欧洲各国的耕地承载力不一致。金秀祖等（Tsou J. et al.，2017）

用遥感方法估计了土地承载力对于城镇化的敏感度。威廉·里斯（William Rees，1992）首次提出"生态足迹"概念并由其学生加以完善，认为生态足迹是一种测量人类对自然资源生态消费的需求与自然所能提供的生态供给之间差距的方法。部分学者也对耕地生产力及其影响因素进行了测算与分析。肖林林等（Linlin Xiao et al.，2015）提出潜在生产力的利用度模型及其比率系数，来评估耕地潜在生产力的利用状态及其演变特征。普拉卡什等（Prakash P. et al.，2013）研究发现耕地的投入支出比会影响耕地生产力，而生产模式的不同不会对耕地生产力造成很大影响。曼达·朱利叶斯等（Manda J. et al.，2016）认为合理的种植规划和先进的农业生产技术有利于增加耕地产能，促进耕地的可持续发展。

（2）国内粮食安全与耕地压力研究

国内学者对粮食安全这一问题进行了大量研究。从粮食安全的定义看，田建民等（2010）指出粮食安全是一个动态的多维范畴，不仅要求具备充足的食物供给能力，还必须满足营养全面、结构合理、卫生健康等标准，同时食物的生产还应与生态安全相适应，以确保粮食安全的可持续性。王大为等（2017）认为在我国粮食产量12年连增且进口持续扩大的背景下，现阶段我国粮食安全的内涵应转变为：在保证一定粮食自给率的同时确保粮食质量安全与品种结构合理。成升魁等（2018）从多维度解读粮食安全内涵，认为粮食安全必须具备对国家风险的抵御能力。罗海平等（2016）指出我国粮食安全不能只片面追求粮食产量的持续增长。翁鸣等（2019）认为，新形势下应树立新的粮食安全观，即粮食安全不仅要保证数量安全，更要有市场竞争力，要有抵御国外粮食冲击的能力。

从粮食安全的状况看，国内学者大致持乐观和消极两种态度。持乐观态度：黄季焜等（2012）认为我国是现阶段全球粮食安全水平最高的发展中国家之一，适当的粮食进口不会威胁到我国的粮食安全。刘亮等（2014）从劳动力迁移对粮食安全影响的角度研究发现，虽然劳动力迁移使得次要粮食作物减产，但未进行劳动力迁移的农户因此将更多要素投入粮食生产中，结果发现我国粮食安全未受到劳动力迁移的明显影响。持消极态度：潘岩等（2009）认为随着城镇化的快速发展以及耕地面积的不断缩减，粮食供求紧张状态将不可避免的长期存在。吕新业等（2013）认为气候变化、城镇化进程的加速、农业科技水平不高等问题都给中国粮食安全带来了挑战。张秀生等（2015）提出目前粮食连年增产的背后隐藏着巨大的生态危机，水资源和耕地资源的日益流失将给我国未来的粮食安全带来隐患。罗海平等（2017）通过测算发现，目前粮食主产区存在的生态安全隐患和生态服务价值损失将威胁我国的粮食安全。

国内对粮食贸易的研究主要集中在我国粮食进出口的格局变化、我国粮食贸易特征和发展趋势分析、粮食贸易对我国粮食安全的影响、不同背景下粮食贸易政策的思考以及粮食价格波动的影响等。本章着重阐述关于粮食贸易对我国粮食安全影响方面的研究成果。马静等（2008）认为粮食贸易缓解了中国大部分地区的水土资源短缺现状。王锐等（2015）认为目前我国已转变为粮食净进口大国，但这一变化还未对我国粮食安全的基础产生影响。杨晓东（2018）认为粮食贸易对我国粮食安全的影响体现在贸易体制、贸易政策等深层方面。王济民等（2018）认为确保我国粮食安全的根本是进行粮食市场化改革，要与国际市场对接，灵活利用国际、国内两个市场。现阶段中美贸易摩擦背景下，钱镇等（2018）认为中美贸易摩擦的消极影响可通过开拓新的粮食进口市场、提高单产以及改善居民粮食消费理念等途径消减。部分国内学者也研究了粮食贸易对耕地资源的影响。刘爱民等（2017）认为进口土地密集型农产品，如粮食，有助于减轻我国耕地资源压力。黄雨等（2018）认为虚拟耕地的进口虽然使中国耕地资源的压力在短期内得到一定程度的缓解，但并不是解决我国耕地压力问题的长久之策。孙致陆等（2019）认为加强与"一带一路"沿线国家的粮食进出口贸易可作为对我国耕地资源的补充。

耕地资源是农业生产最基本的物质条件，耕地数量和质量的变化必将影响粮食生产，从而影响粮食有效供给和粮食安全水平[①]。张元红等（2015）提出我国农业和粮食生产面临的最大压力在于耕地资源短缺。聂英（2015）认为日益稀缺的耕地资源已成为束缚我国粮食安全的瓶颈，建立科学合理的耕地资源安全保障机制，是确保我国粮食安全的必经之路。

[①]　傅泽强，蔡运龙，杨友孝，等. 中国粮食安全与耕地资源变化的相关分析［J］. 自然资源学报，2001（4）：313－319.

针对我国耕地流失现状，蔡运龙等（2002）首次提出"最小人均耕地面积"以及耕地压力指数模型，以此测算我国耕地是否处于安全状态。基于粮食生产与需求相互关系的耕地压力指数模型是国内学者研究我国耕地压力现状的一种常用方法。朱红波等（2007）测算发现2004年中国有21个省份的耕地处于明显压力状态，是由耕地非农化、单产水平不高以及部分区域粮食自给率过高所致。罗翔等（2016）将耕地质量的差异性纳入耕地压力指数模型中，发现2000~2010年我国总体耕地压力指数下降，因此认为我国现阶段没有明显的粮食安全风险。张慧等（2017）认为虽然2001~2013年我国总体耕地压力得到缓解，但南北方压力差异扩大、空间集聚加强；提出经济发展等因素也对耕地压力有一定影响。

国内学者对我国部分省份或地区的耕地压力状况也做了大量研究。刘笑彤等（2010）发现1978~2007年山东省的耕地压力下降，并预测未来15年耕地压力将进一步缓解，提出耕地生产率是缓解耕地压力的关键。童彦等（2012）将居民粮食消费量划分成温饱、小康、富裕三种类型，并分别按照三种类型的粮食消费量对云南省未来25年的耕地压力进行了预测，结果显示三种粮食消费类型下云南省耕地压力都将下降。李治国等（2014）分析指出技术进步与要素投入的增加使得河南省总体耕地压力在1978~2012年波动下降，省内部分城市耕地压力较大的原因在于复种指数和单产水平过低，自然灾害也有一定影响。林正雨等（2015）发现粮食单产的大幅提升是1978~2012年四川省耕地压力未明显增加的主要原因，但工业化、城镇化的快速推进会使未来四川省耕地压力有增加趋势。胡聪等（2015）测算了1984~2013年湖南省耕地压力状况，认为耕地面积缩减、耕地质量下降、粮食自给率过高是研究期内耕地压力增大的主要原因，若继续保持固有的粮食生产模式，则湖南省耕地压力在未来有加剧风险。罗海平等（2018）对我国13个粮食主产省份1985~2015年的耕地压力状况进行了研究，认为我国粮食主产区耕地压力有空间转移趋势，提高单产仍是缓解耕地压力的主要途径。

国内有关粮食主产区的研究主要围绕粮食主产区的粮食产能以及耕地利用效率等方面展开。粮食产能方面，陈璐等（2017）发现粮食主产区在粮食增产贡献度、人均粮食生产水平等方面远高于全国平均水平。王一杰等（2018）提出粮食主产区贡献了全国约 3/4 的粮食产量，其耕地生产效能对我国粮食安全有着举足轻重的影响。辛岭等（2018）研究指出粮食主产区的粮食综合生产能力远高于全国其他地区。罗海平等（2020）指出主产区的粮食产能与水资源的有效利用呈正相关。朱勤勤（2019）发现主产区各省份的粮食产能之间没有显著的空间相关性。宋焱（2018）认为主产区 13 个省份中仅黑龙江、四川两省的粮食产能与生态价值呈显著正相关。耕地利用效率方面，张立新等（2017）指出粮食主产区耕地利用效率总体是波动上升的，但其空间分异明显。盖兆雪等（2017）研究发现环境约束和技术水平是影响粮食主产区耕地利用效率的主要因素。

综上所述，目前国内外学者已对耕地压力、粮食安全、粮食进出口贸易，以及粮食进出口贸易对我国粮食安全的影响等内容进行了广泛研究。耕地压力的研究对象从我国总体进一步具体到各省份、地区，研究模型也进行了耕地质量层面的改进和补充。随着时代发展，国内学者对粮食安全的认识不断丰富和深化，但关于粮食进出口贸易对粮食安全影响研究的主流观点仍是坚持我国以粮食自给为主，并更加注重粮食品种结构安全的重要性，提出粮食安全应具备抵御风险的能力。纵览已有的粮食进出口贸易对粮食安全的大量文献，发现此类研究多集中于粮食进出口贸易格局、贸易规模、贸易政策对国内粮食供需从而对我国粮食安全产生的影响，而忽视了以下问题：一是大量研究未将耕地资源作为主要研究对象，研究粮食进出口贸易对耕地资源尤其是对耕地压力影响的文献较少；二是少数现有粮食进出口贸易对耕地压力影响的文献中多采用虚拟耕地贸易平衡量来测算，此方法侧重粮食贸易对耕地资源的影响，而"压力"指标未能充分体现。

2.1.3　粮食贸易、耕地压力与粮食安全的传导影响机制

（1）粮食贸易对耕地压力的影响

耕地压力是一个相对概念，通常用耕地压力指数来表示，反映一个地区粮食生产与耕地资源紧缺程度之间的相关关系。一个地区粮食生产任务

越重，则该地区在耕地面积不变甚至逐渐缩小的情况下耕地压力越大。在此背景下，粮食的进出口贸易则成为影响一国或地区耕地压力的重要因素之一。

粮食进出口对耕地压力的影响主要体现在总量、价格、结构三个方面。总量方面，当一国扩大某品种粮食进口时，该国可适当缩减国内该品种粮食的种植面积，减少当年该品种粮食生产，例如实行休耕轮耕等，一定程度上缓解国内耕地压力，使国内耕地资源得到更合理配置。当一国扩大某品种粮食出口时，在农业生产技术不变的前提下则需要使用更多的耕地资源，扩大该品种粮食的种植面积或施用更多化肥农药以提高单产、增加总产出，则将对该国耕地资源状况产生不利影响，进一步加剧耕地压力。

价格方面，粮食贸易对一国或地区耕地压力的影响主要表现在进口的粮食价格上。由于粮食是一种需求弹性小、供给弹性大的商品，粮食进口价格的高低将对国内粮食的供给侧产生一定影响。若一国某品种粮食的进口价格过高，则将刺激厂商和消费者对本国自产粮食的需求增加，从而促使农民扩大粮食生产，在无法扩大耕地面积的情况下耕地压力大大增加；若一国某品种粮食的进口价格过低，则将扩大进口，从而冲击国内该粮食品种的生产种植，一定程度上缓解耕地压力。值得注意的是，以上情况的分析不包括进口依赖过重从而供给弹性非常小的粮食品种。

结构方面，粮食的进出口结构对一国的粮食种植结构有深远影响，从而影响该国耕地资源紧缺程度。若一国具有某粮食品种的比较优势，有利于出口，则该国将调整本国的粮食种植结构，侧重增加该粮食品种的种植，缩减其他粮食品种的种植，造成耕地资源紧缺、压力增大；若一国的粮食进口结构失衡，对某一品种有巨大的进口依赖，则将形成该国对该品种的供给缺口，有利于将该品种的耕地资源调配投入到耕地资源紧缺的粮食品种中去，从而一定程度上缓解耕地压力。

（2）耕地压力对粮食安全的影响

耕地资源是一国粮食生产的载体，耕地资源对一国的粮食安全有着最直接和最重要的影响，确保一国粮食安全最首要的是确保该国耕地资源安全，即在该国耕地面积一定的前提下使耕地压力处于合理范围内。一国的耕地压力越大，表明其粮食供给与粮食需求的矛盾越突出，尤其当供给无法满足需求时，将对该国粮食安全产生不利影响。一国耕地资源的紧缺程度对该国粮食的数量安全、质量安全和结构安全都有深远影响。

从数量安全角度来说，耕地资源的紧缺程度对一国的粮食总量安全起着最根本的保障作用。耕地资源越紧缺，短时间内在无法提高生产技术的情况下将导致粮食减产，从而供给不足以满足消费者需求，若一国无法满足基本的粮食自给，则将带来致命的安全风险；反之耕地资源越充裕、压力越小，越有利于该国粮食生产，从而保障该国粮食总量安全。

从质量安全角度来说，耕地资源的压力大小、质量优劣直接影响一国粮食品种的质量优劣。质量越高、压力越小的耕地越有助于生产出高品质的粮食品种；反之质量越差、压力越大的耕地则只能生产出低品质的粮食品种。高质量的耕地可减少化肥农药的投入，减少耕地污染，结合先进的生产技术培育出优质的粮食品种，满足消费者日益增长的高品质粮食消费需求，而原本低质量的耕地则需更多人力物力的投入，从而污染加剧、压力增加，生产出的粮食品质也较为低下，无法满足高品质的粮食需求。

从结构安全角度来说，耕地压力从多方面影响着粮食的生产布局和种植结构。一国的耕地压力与该国耕地面积、粮食作物播种面积、粮食单产水平、复种指数等密切相关，对播种面积、复种指数的调整将影响总体的生产布局。只要协调好粮食生产与需求之间的相互关系，将耕地压力控制在合理范围内，则有助于维持粮食品种之间的平衡，确保粮食结构安全。

（3）粮食贸易对粮食安全的影响

粮食的进出口贸易是调节一国国内粮食供需关系的主要途径之一，当粮食供大于求时，为了维持国内粮价稳定，维护农民利益，该国应适当扩大粮食出口；当粮食供不应求时，为了满足人民生产生活所需，该国应增加粮食进口，弥补国内供给不足。粮食贸易对粮食安全的影响主要有两个途径：一是通过影响耕地压力来影响粮食安全；二是以其自身固有的贸易特性来影响粮食安全。

粮食贸易通过影响耕地压力从而影响粮食安全具体表现为粮食出

口对粮食安全的影响和粮食进口对粮食安全的影响。从粮食出口来看，粮食出口意味着本国国内的粮食生产大于国内的粮食需求，在耕地面积不变、单产水平短时间内无法提高的情况下，粮食出口会加剧国内耕地资源的负担，从而危及国内粮食安全。从粮食进口来看，一国粮食进口表明此时国内的粮食生产无法满足国内的粮食消费需求，用进口粮食来缓解消费需求则意味着释放产能，给同等面积的耕地资源减负，从而保护国内耕地资源，从耕地压力层面来说有利于国内粮食安全的保障。

粮食贸易以其自身的固有特性对粮食安全的影响主要体现在贸易总量、贸易结构和贸易政策三个方面。一是粮食进出口总量影响粮食安全。当一国粮食进口过多时，进口粮食的价格与质量会对国内粮食品种产生冲击，导致国内该粮食品种生产收缩，进而对进口的依赖进一步增加，则将对该国该品种粮食安全产生严重威胁。因此，现阶段我国粮食贸易政策倡导"立足国内、适当进口"。当一国粮食出口过多时，该国粮食生产更多用于满足国外市场需求，从而容易导致国内供给不足，无法满足本国自身生产生活需求，进而威胁该国自身粮食安全。二是粮食进出口结构影响粮食安全。若一国粮食的进出口结构失衡，尤其对某一特定品种粮食的进口依赖过高时，将对一国的粮食生产布局产生重大影响，从而影响该国粮食安全。以我国大豆为例，1996 年以来由于国际市场的冲击，我国大豆生产大幅缩减，由一个大豆出口国快速转变为一个高度依赖进口的国家。由于对大豆进口的高度依赖，我国大豆的种植面积也迅速缩减，农民生产积极性不高，甚至生产技术也无法得到提升，进一步打击了国内的大豆生产和供给，留下粮食安全隐患。三是粮食进出口政策影响粮食安全。当两国关系稳定，贸易政策均为粮食在两国间的自由流通创造便利条件时，粮食的进出口可为贸易两国带来福利；而若其中任意一国的粮食贸易政策发生变化，如提升关税、实行贸易管制等措施阻碍粮食的进口或出口，则将造成贸易双方的巨大损失。尤其影响粮食进口国的供给端，甚至影响国内粮食产业，带来安全风险。

2.2 耕地压力及粮食安全实证模型

2.2.1 耕地压力指数

（1）最小人均耕地面积

最小人均耕地面积是指在一定区域内，一定食物自给水平和耕地生产力条件下，为了满足人口正常生活的食物消费所需的耕地面积。最小人均耕地面积是关于粮食自给率、粮食需求量以及耕地资源的利用效率等因子的函数，具体表示为[①]：

$$S_{\min} = \beta \frac{Gr}{p \cdot q \cdot k} \qquad (2-1)$$

式中，$S_{\min}$ 为最小人均耕地面积（公顷/人）；β 为粮食自给率（%）；Gr 为人均粮食需求量（千克/人），参考全国人均粮食消费的 3 种标准（人均 300 ~ 350 千克属维持温饱；人均 350 ~ 600 千克属消费改善；人均 600 千克以上属于满足享受）以及朱红波等（2006）对人均粮食需求量 Gr 的设定，本部分将人均粮食需求量 Gr 确定为：2001 ~ 2005 年 420 千克、2006 ~ 2010 年 435 千克、2011 ~ 2015 年 450 千克、2016 ~ 2017 年 465 千克；p 为粮食单位面积产量（千克/公顷）；q 为粮食播种面积与农作物总播种面积之比；k 为复种指数（%），用全年农作物播种（或移栽）面积与耕地总面积的比值表示。最小人均耕地面积给出了为保证特定区域粮食安全所需的耕地数量底线。

耕地压力指数是反映某特定地区耕地资源紧张程度的一个相对指标，用最小人均耕地面积与实际人均耕地面积的比值来表示，具体为：

$$K = \frac{S_{\min}}{S_a} = \beta \frac{Gr}{p \cdot q \cdot k} \cdot \frac{1}{S_a} \qquad (2-2)$$

---

① 罗海平，周静逸，余兆鹏. 基于耕地压力的我国粮食主产区粮食安全预警及对策研究——1985 ~ 2015 年数据比较 [J]. 农业经济，2018（12）：3-5.

式中，S_a 为实际人均耕地面积（公顷/人）。由于一个地区不同时期的耕地面积、粮食播种面积、粮食产量不同，相应的耕地压力指数会随之发生变化，因此耕地压力指数是一个动态变化的指标，由实际人均耕地面积、单位面积粮食产量、复种指数等多个因素确定。蔡运龙等（2002）将耕地压力指数分为三种情况：当 $K < 1$ 时，表明实际人均耕地面积高于人均耕地数量底线，耕地资源较为充足；当 $K = 1$ 时，实际人均耕地面积恰好等于人均耕地面积底线，位于临界值；当 $K > 1$ 时，实际人均耕地面积低于人均耕地数量底线，此时耕地资源紧缺，压力较大。

（2）粮食自给率

粮食自给率是指在一定时期内一个国家或地区生产和储备的粮食产量与粮食总需求[1]之比。本书所指粮食为广义粮食范畴，包括谷类、豆类、薯类等，因此粮食自给率也相应为广义粮食自给率。公式表示为：

$$\beta_i = \frac{P_i}{P_i - E_i + I_i + \delta} \times 100\% \tag{2-3}$$

式中，β_i 为 i 省的粮食自给率，P_i 为 i 省当年的粮食总产量，E_i、I_i 分别为 i 省当年的粮食出口量和粮食进口量，δ 为 i 省粮食库存量[2]。

2.2.2 耕地压力空间属性测算模型

（1）泰尔指数（Theil 指数）

泰尔指数是衡量样本差异的一个指标，本书用泰尔指数来分析粮食主产区的耕地压力在空间尺度上的整体差异。泰尔指数可分解为区域间差异 T_b 和区域内差异 T_w，表达式分别为：

$$T = T_b + T_w = \sum_{m=1}^{M} \frac{K_m}{K_a} \ln\left(\frac{K_m/K_a}{n_m/n}\right) + \sum_{m=1}^{M} \frac{K_m}{K_a}\left(\sum_{i \in g_m} \frac{K_i}{K_m} \ln \frac{K_i/K_m}{1/n_m}\right)$$

$$\tag{2-4}$$

---

[1] 由于国家粮油信息中心只收集了谷物和油脂油料供给、需求与价格数据，目前国内没有一家机构收集了广义粮食范畴的国内粮食消费数据，为便于统计分析，本书用生产数据替代消费数据。

[2] 由于各省粮食库存量数据无法获取，本书设定各省粮食库存量忽略不计。

$$T_b = \sum_{m=1}^{M} \left(\frac{K_m}{K_a}\right) \ln\left(\frac{K_m/K_a}{n_m/n}\right) \qquad (2-5)$$

$$T_w = \sum_{m=1}^{M} \left(\frac{K_m}{K_a}\right) \left(\sum_{i \in g_m} \frac{K_i}{K_m} \ln \frac{K_i/K_m}{1/n_m}\right) \qquad (2-6)$$

$$T_m = \left(\sum_{i \in g_m} \frac{K_i}{K_m} \ln \frac{K_i/K_m}{1/n_m}\right), \ i \in g_m \qquad (2-7)$$

式中，n 为省级行政单位个数；将包含 n 个个体的样本分成 M 个群组，每组分别为 $g_m (m = 1, \cdots, M)$，第 m 组 g_m 中的个体数目为 n_m，则有 $\sum^{M} n_m = n$；T 为粮食主产区总体差异指数；T_m 为第 m 区域的区内差异；K_i 为 i 省的耕地压力指数；K_m 为第 m 区域的耕地压力指数；K_a 为 13 个粮食主产省份总体的耕地压力指数。$T \geq 0$，T 越大，13 个粮食主产省份之间的耕地压力差异越大。

（2）莫兰指数（Moran's I）

莫兰指数是度量空间相关性的一个重要指标，本书用全局莫兰指数来表示 13 个粮食主产区的耕地压力指数 K 在 2001 ~ 2017 年的空间相关性。公式表示为：

$$I = \frac{\sum_{i=1}^{n} \sum_{j=1}^{n} (K_i - \mu)(K_j - \mu)}{S^2 \sum_{i=1}^{n} \sum_{j=1}^{n} W_{ij}} \qquad (2-8)$$

式中，k_i 和 k_j 分别是第 i 个和第 j 个省的耕地压力指数；μ 为耕地压力指数平均值；W_{ij} 是各省的空间权重矩阵，各省之间的距离在设定的门槛距离内则为 1，大于该距离则为 0；$S^2 = \sum_{i=1}^{n} (K_i - \mu)^2 / n$。莫兰指数在 −1.0 ~ 1.0 之间。莫兰指数 > 0 表示空间正相关性，其值越大，空间相关性越明显；莫兰指数 < 0 表示空间负相关性，其值越小，空间差异越大；莫兰指数 = 0 表示空间呈随机性。

2.2.3　虚拟耕地贸易平衡量

虚拟耕地是指生产某种商品或服务所需要的耕地资源数量。虚拟耕地贸易是指耕地资源充裕度不同的国家或地区之间进行的以耕地资源密集型产品的进出口贸易为主要载体的，用来平衡各国或地区的耕地资源丰裕度的商品交换活动。一个国家或地区进口耕地资源密集型产品，实际上是以虚拟耕地的方式进口了他国的耕地资源，从而弥补该国耕地资源的不足；耕地资源丰富的国家或地区出口虚拟耕地，则可利用该国的资源禀赋优势实现更大的经济利益。现有研究分别从生产者和消费者两种角度用两种方法计算虚拟耕地贸易量，本书从生产者角度计算虚拟耕地贸易量，即按生产某种农产品实际使用的耕地资源数量来定义虚拟耕地，从而计算耕地贸易量。计算公式为：

$$NVLI_{it} = GVLI_{it} - GVLE_{it} \qquad (2-9)$$

$$GVLI_{it} = \sum_{g=1}^{n} \frac{VLI_{gt}}{VLP_{gt}} \qquad (2-10)$$

$$GVLE_{it} = \sum_{g=1}^{n} \frac{VLE_{gt}}{VLP_{gt}} \qquad (2-11)$$

式中，$NVLI_{it}$ 表示 i 省第 t 年的虚拟耕地贸易总量（公顷），其值可为正值也可为负值，正值表示第 t 年 i 省为虚拟耕地净进口，负值表示第 t 年 i 省为虚拟耕地净出口；$GVLI_{it}$ 表示 i 省第 t 年虚拟耕地贸易的进口总量；$GVLE_{it}$ 表示 i 省第 t 年虚拟耕地贸易的出口总量；VLI_{gt}、VLE_{gt} 分别表示 i 省第 t 年粮食作物 g 的进口量（千克）、出口量（千克）；VLP_{gt} 为 i 省第 t 年粮食作物 g 的单位面积产量（千克/公顷）。

2.2.4　分析工具模型

（1）面板数据估计

根据面板数据模型的截距项和系数向量是否和解释变量相关，可将面板数据模型分为：固定效应模型、随机效应模型和混合模型。根据个体效应的处理方式不同，模型又可以分为"固定效应"和"随机效应"两种模式。如果个体效应与模型中的解释变量是相关的，则为固定效应；如果个体效应与模型中的解释变量不相关，则是随机效应。假设面板数据模型的一般形式为：

$$Y_{df} = a_0 + a_1 X_{df} + \cdots + a_m X_{df} + \varepsilon_{df} \qquad (2-12)$$

$$\varepsilon_{df} = \eta_d + \lambda_f + u_{df}; \; (d=1,\ 2,\ \cdots,\ N,\ f=1,\ 2,\ \cdots,\ T) \qquad (2-13)$$

式中，u_{df} 为经典误差项。$E(\eta_d) = 0$，$E(\lambda_f) = 0$，$E(\eta_d u_{df}) = 0$，$E(\lambda_f u_{df}) = 0$。

对于如何检验模型中个体影响与解释变量之间是否相关，豪斯曼（Hausman，1978）提出了一种严格的统计检验方法——Hausman 检验。该检验的原假设是：随机影响模型中个体影响与解释变量不相关，检验过程中所构造的统计量 H 表达式为：

$$H = [\sigma - \varphi]' \widehat{\Sigma^{-1}} [\sigma - \varphi] \qquad (2-14)$$

式中 σ 为固定影响模型中回归系数的估计结果，φ 为随机影响模型中回归系数的估计结果。$\widehat{\Sigma^{-1}}$ 为两类模型中回归系数估计结果之差的方差，即：

$$\widehat{\Sigma^{-1}} = \mathrm{var}[\sigma - \varphi] \qquad (2-15)$$

Hausman 证明在原假设下，式（2-11）给出的统计量 H 服从自由度为 D 的 χ^2 分布，D 为模型中解释变量的个数。

对面板数据考虑下面的 AR(1) 过程：

$$y_{df} = \rho_d y_{df-1} + Z'_{df} \gamma_d + \varepsilon_{df}; \; (d=1,\ 2,\ \cdots,\ N;\ f=1,\ 2,\ \cdots,\ T_d)$$

$$(2-16)$$

式中，Z_{df} 为模型中的外生变量向量，包括各个体截面的固定影响和时间趋势。N 为个体截面成员的个数，T_d 为第 d 个截面成员的观测时期数，参数 ρ_d 为自回归的系数，随机误差项 ε_{df} 相互满足独立同分布假设。由此，如果 $|\rho_d| < 1$，则对应的序列 y_d 为平稳序列；如果 $|\rho_d| = 1$，则对应的序列 y_d 为非平稳序列。

林千福和朱嘉祥（Levin，Lin and Chu，2002）（简称"LLC"）在方程（2-13）的基础上引入高阶差分滞后项：

$$\Delta y_{df} = \rho_d y_{df-1} + Z'_{df} \gamma_d + \sum^{a} \theta_{dh} \Delta y_{df-1} + \varepsilon_{df} \qquad (2-17)$$

$$d=1,\ 2,\ \cdots,\ N;\ f=1,\ 2,\ \cdots,\ T_d$$

式中，ρ 为共同的自回归系数（共同根）；r_d 为不同个体的滞后阶数；$|\varepsilon_{df}|$ 为平稳的 ARMA 过程；不同个体的 ε_{df} 相互独立（不存在截面相关）。

哈里斯和察瓦利斯（Harris and Tzavalis，1999）（简称"HT"）提出了基于 T 固定而 $L \to \infty$ 的检验统计量。令方程（2-13）中的自回归系数均相等可得：

$$y_{df} = \varsigma y_{df-1} + Z'_{df}\gamma_d + u_{df} \qquad (2-18)$$

式中，ς 为共同根；u_{df} 为同方差。当 T 固定而 $L \to \infty$ 时，$X \equiv \dfrac{\hat{\varsigma} - \mu}{\sqrt{\varpi / L}} \xrightarrow{D} N(0, 1)$。

（2）灰色预测模型

灰色系统模型是对既含有已知信息又含有未知信息的系统进行预测的模型，目前在预测未来耕地压力指数时应用较为广泛。本书运用灰色关联 GM(1，1) 模型对 2020~2030 年未来 10 年的粮食单产、耕地压力指数以及虚拟耕地贸易量进行预测。表达式为：

$$G^{(1)}_{(t)} = \left(G(1) - \frac{s}{v} \right) e^{-vt} + \frac{s}{v} \qquad (2-19)$$

G 为原始数据序列，s、v 分别为计算得出的模型参数，t 为年份。预测模型采用平均相对误差 P_0 检验。当 $P_0 \leqslant 0.01$ 时，表明模型优良；当 $0.01 < P_0 \leqslant 0.05$ 时，表明模型设置基本合理；当 $0.05 < P_0 \leqslant 0.1$ 时，表明模型勉强合格；当 $P_0 > 0.1$ 时，模型设置不合格。

2.3 粮食主产区耕地压力实证分析

本节测算不考虑粮食进出口贸易时，即设定各省粮食自给率为 95% 的传统耕地压力模型下的耕地压力状况，并由此分析各省耕地压力的空间集聚和分异程度，评估主产区的粮食安全状况。

陈百明等（2005）认为，我国粮食自给率的合理阈值以 90% 左右为宜。尚强民（2013）研究发现按全口径计算的 2012 年我国粮食自给率为 86.42%。尹风雨等（2017）测算发现 2015 年我国广义粮食自给率为 83.46%。考虑到本书以粮食主产区为主要研究对象，粮食自给率应高于全国平均水平，因此本书将粮食自给率确定为 95%。而本书未将粮食自给率设定为 100% 以上的具体原因如下：第一，主产区人口基数大。13 个粮食主产省份中河北、山东、河南、江苏、四川等都为人口大省，其年末户籍人口总数都在 7 500 万人以上，各粮食主产省份的粮食产量除满足自身不断增长的消费需求外还要满足国内其他省份迅速增长的消费需求，而粮食产量的增长依靠农业技术、机械水平的提高，不能永久的保持高速增长，因此结合现实因素来看将自给率定为 95% 更为适宜。第二，生态安全考量。本书测算发现，2017 年黑、吉、辽三省的粮食总产约占主产区粮食总产的 1/3，而前面分析发现东北地区耕地的平均质量等别较低，生态环境较为脆弱，自给率定得过高不利于东北地区的生态安全，考虑到农业生产的可持续发展，粮食自给率定为 95% 较为合适。

2.3.1　耕地压力指数测算

（1）粮食单产水平

如表 2 - 1 所示，2001 ~ 2017 年粮食主产区 13 个省份平均每公顷的粮食产量由 4 611.16 千克增长到 5 859.26 千克，增长了 1 248 千克。分地区来看，2001 ~ 2017 年单产水平增量在 1 000 千克以上的有 7 个省份，分别是黑龙江、辽宁、河北、吉林、内蒙古、山东、河南。其中，河北增长最为迅猛，16 年增加了 1 992 千克；其次是内蒙古和黑龙江，单产分别增加了 1 973 千克、1 903 千克；除江苏、湖南、湖北单产增量位于 510 ~ 560 千克以外，其余省份单产增量均位于 930 千克以上，增速较快。得益于我国北部地区地广人稀、土地肥沃的自然资源优势，再加上近年来国家出台的多项惠民政策和农业补贴政策，尤其是农机购置的补贴政策等，大大推进了我国农业的现代化建设，例如 2015 年 3 月吉林省农业委员会、吉林省财政厅印发了《2015 ~ 2017 年吉林省农业机械购置补贴实施意见》，刺激全省粮食作物生产的机械化发展，大大提升单产水平。截至 2017 年，全国平均粮食单产为 5 607.36 千克/公顷，13 个粮食主产省份的平均单产比全国平均水平高 251.9 千克。13 个粮食主产省份中，单产水平最高的省份为吉林，2017 年达到了 7 493 千克/公顷；其次为辽宁和江苏，分别是 6 722 千克/公顷、6 533 千克/公顷；除内蒙古外，其余 12 个省份

2017 年的粮食单产水平均位于 5 200 千克/公顷以上。

表 2 - 1 　　　　2001 ~ 2017 年我国粮食主产区单产水平情况　　　单位：千克/公顷

年份	黑龙江	辽宁	河北	吉林	内蒙古	山东	安徽	江苏	河南	江西	湖南	湖北	四川
2001	3 333	5 056	3 759	5 819	2 827	5 201	4 280	6 021	4 670	4 900	5 622	5 325	4 612
2002	3 755	5 681	3 756	5 485	3 237	4 763	4 539	5 954	4 691	4 861	5 376	5 364	5 098
2003	3 195	5 845	4 017	5 630	3 359	5 355	3 597	5 305	4 000	4 753	5 393	5 377	5 229
2004	3 816	5 799	4 131	5 821	3 600	5 694	4 346	5 925	4 749	4 964	5 553	5 501	5 252
2005	3 640	5 490	4 164	6 010	3 801	5 837	4 064	5 774	5 006	5 105	5 536	5 352	5 244
2006	3 591	5 816	4 434	6 302	3 660	6 021	4 429	6 058	5 406	5 347	5 839	5 379	5 039
2007	3 665	5 878	4 607	5 661	3 513	5 928	4 479	6 006	5 540	5 402	5 941	5 489	4 702
2008	3 845	6 170	4 719	6 467	3 968	6 125	4 608	6 029	5 589	5 472	6 113	5 701	4 890
2009	3 315	5 125	4 681	5 556	3 772	6 140	4 647	6 127	5 565	5 556	6 015	5 755	4 981
2010	3 700	5 563	4 737	6 328	4 010	6 120	5 262	6 124	5 582	5 371	5 921	5 692	5 036
2011	4 049	6 436	5 047	6 977	4 304	6 194	4 742	6 219	5 621	5 624	6 023	5 794	5 115
2012	4 132	6 474	5 151	7 251	4 474	6 264	4 967	6 320	5 647	5 671	6 126	5 842	5 128
2013	4 277	6 896	5 328	7 414	4 910	6 208	4 950	6 385	5 667	5 733	5 926	5 874	5 235
2014	4 388	5 382	5 307	7 065	4 871	6 178	5 153	6 493	5 654	5 797	6 033	5 913	5 218
2015	4 414	6 065	5 262	7 182	5 004	6 290	5 334	6 565	5 909	5 799	6 073	6 053	5 334
2016	5 222	6 588	5 469	8 266	4 797	6 261	5 143	6 345	5 792	5 869	6 092	6 303	5 376
2017	5 235	6 722	5 751	7 493	4 799	6 356	5 233	6 533	5 977	5 868	6 173	5 865	5 545

（2）耕地压力指数

根据前文式（2 - 2）分别测算 2001 ~ 2017 年 13 个粮食主产省份的耕地压力指数。为便于分析统计，将各省的耕地压力指数 K 分为五个区间：当 $0 \leqslant K < 0.8$ 时，为安全区；当 $0.8 \leqslant K < 1$ 时，为临界区；当 $1 \leqslant K < 1.2$ 时，为轻度压力区；当 $1.2 \leqslant K < 1.5$ 时，为中度压力区；当 $K \geqslant 1.5$ 时，为高度压力区。

如表2－2所示，总的来看，2001～2017年粮食主产区13个省份的总体耕地压力指数为0.717，各省份的压力指数均位于轻度压力区间及以下，且总体耕地压力呈下降趋势，由2001年6个轻度压力区、4个临界区转变为2017年2个轻度压力区、6个临界区、2个安全区；2017年仅四川、湖南两省位于轻度压力区间，其余省份均在粮食安全范围内，压力得到有效缓解。具体来看，2001～2017年辽宁由轻度压力区转变至安全区；河北、安徽、江西、湖北4省由轻度压力区转变至临界区，目前处于安全范围内；河南由临界区转变至安全区；江苏在2002～2012年处于轻度压力区，2013～2017年转变至临界区；山东一直处于临界区；黑龙江、内蒙古、吉林3省份在研究期内均处于安全区；湖南由临界区转变至轻度压力区；四川一直处于轻度压力区，而且耕地压力略有上升。

表2－2　　　　　2001～2017年我国粮食主产区耕地压力指数变化

年份	黑龙江	辽宁	河北	吉林	内蒙古	山东	安徽	江苏	河南	江西	湖南	湖北	四川
2001	0.573	1.187	1.073	0.539	0.767	0.970	1.009	0.998	0.925	1.044	0.975	1.111	1.101
2002	0.517	1.098	1.103	0.477	0.677	1.101	0.919	1.016	0.911	1.087	1.057	1.165	1.032
2003	0.606	1.108	1.131	0.469	0.700	1.060	1.155	1.204	1.081	1.170	1.088	1.246	1.069
2004	0.486	0.968	1.095	0.423	0.634	1.042	0.940	1.061	0.910	1.028	1.012	1.140	1.031
2005	0.423	0.957	1.052	0.413	0.577	0.942	0.998	1.068	0.851	0.979	1.003	1.097	1.011
2006	0.418	0.968	1.025	0.406	0.552	0.940	0.955	1.022	0.794	0.946	1.054	1.189	1.109
2007	0.399	0.949	1.010	0.454	0.568	0.933	0.951	1.019	0.778	0.948	1.045	1.151	1.204
2008	0.374	0.934	0.994	0.394	0.481	0.913	0.921	1.010	0.764	0.929	1.008	1.134	1.172
2009	0.363	1.090	0.999	0.457	0.477	0.907	0.915	0.764	0.915	1.009	1.162	1.162	
2010	0.316	0.974	0.999	0.396	0.436	0.913	0.810	1.005	0.793	0.943	1.029	1.102	1.154
2011	0.294	0.865	0.976	0.368	0.412	0.931	0.937	1.021	0.809	0.935	1.038	1.103	1.176
2012	0.284	0.834	0.960	0.345	0.389	0.918	0.897	1.004	0.799	0.924	1.021	1.079	1.173
2013	0.273	0.770	0.932	0.322	0.348	0.919	0.903	0.992	0.793	0.914	1.044	1.055	1.153
2014	0.263	0.969	0.939	0.323	0.344	0.910	0.868	0.975	0.790	0.906	1.026	1.019	1.160

年份	黑龙江	辽宁	河北	吉林	内蒙古	山东	安徽	江苏	河南	江西	湖南	湖北	四川
2015	0.258	0.827	0.944	0.312	0.326	0.893	0.840	0.957	0.755	0.908	1.031	0.971	1.130
2016	0.226	0.807	0.954	0.282	0.341	0.824	0.908	0.998	0.733	0.908	1.059	0.973	1.163
2017	0.226	0.795	0.868	0.278	0.343	0.822	0.897	0.982	0.735	0.919	1.049	0.953	1.154

测算发现，四川、湖南两省的耕地压力最大，甚至在研究期内略有增加。究其原因，主要是由耕地面积下降、单产水平增幅不大、人口增长过快、人均粮食需求量大等多方面因素导致的。2001～2013年四川耕地面积减少了29.06万公顷，而年末户籍人口数增加了696万人，导致四川实际人均耕地面积由0.0508公顷下降至0.0437公顷，下降了13.89%；与此同时，四川的单产水平增速较慢，2013年13个粮食主产省的平均单产增量为922.21千克，而四川仅为622.90千克，比平均水平低了299.31千克[①]。一方面实际人均耕地面积下降，另一方面单产水平不高，多因素共同作用下导致四川省的耕地压力指数由1.10增长到1.17，耕地资源较为紧缺。湖南省的耕地压力指数由2001年的0.97上升到2017年的1.05，与四川耕地压力增大原因类似，主要是由单产水平增速缓慢、粮食作物播种面积下降、实际人均耕地面积下降等因素造成的。一方面，2001～2017年湖南省单产水平仅增加了551千克，比13个粮食主产省份的平均增量少697.1千克，比全国平均粮食单产增量少789.42千克，湖南单产水平的增长速度未能赶上年末户籍人口的增长速度；另一方面，由于粮食作物播种面积的下降，湖南粮食作物播种面积占农作物播种面积的比值由2001年的60.55%下降到了2017年的59.83%，再加上湖南实际人均耕地面积的下降，人多地少矛盾进一步突出，导致湖南省耕地压力加剧[②]。

---

①② 资料来源：2001～2018年《湖南统计年鉴》。

2.3.2　耕地压力的空间分异特征

在综合考虑粮食主产区各省份地理位置、资源禀赋等因素的基础上，将我国粮食主产区 13 个省份分为北部地区、东部地区和中部地区三个区域。其中，北部地区包括黑龙江、吉林、辽宁、内蒙古 4 省份，东部地区包括河北、山东、江苏 3 省份，中部地区包括河南、安徽、湖北、湖南、江西、四川 6 省份。粮食主产区以及区内北部、东部、中部地区 2001～2017 年耕地压力指数的差异指数演变趋势如表 2 - 3 和图 2 - 2 所示。

表 2 - 3　　2001～2017 年我国粮食主产区耕地压力指数的泰尔指数

年份	北部地区	东部地区	中部地区	区域间差异 Tb	区域内差异 Tw	粮食主产区总体差异 T
2001	0.0532	0.0009	0.0021	0.0082	0.0146	0.0227
2002	0.0587	0.0007	0.0039	0.0161	0.0155	0.0316
2003	0.0518	0.0014	0.0015	0.0191	0.0125	0.0316
2004	0.0534	0.0002	0.0026	0.0226	0.0128	0.0355
2005	0.0642	0.0015	0.0027	0.0249	0.0152	0.0402
2006	0.0694	0.0008	0.0081	0.0261	0.0188	0.0450
2007	0.0610	0.0008	0.0099	0.0253	0.0181	0.0435
2008	0.0784	0.0010	0.0098	0.0307	0.0211	0.0518
2009	0.1037	0.0010	0.0091	0.0221	0.0273	0.0493
2010	0.1069	0.0009	0.0100	0.0324	0.0265	0.0588
2011	0.0955	0.0007	0.0074	0.0435	0.0213	0.0648
2012	0.0986	0.0007	0.0079	0.0464	0.0218	0.0682
2013	0.0961	0.0006	0.0074	0.0542	0.0201	0.0743
2014	0.1584	0.0004	0.0079	0.0417	0.0331	0.0748

年份	北部地区	东部地区	中部地区	区域间差异 Tb	区域内差异 Tw	粮食主产区总体差异 T
2015	0.1253	0.0004	0.0086	0.0499	0.0261	0.0761
2016	0.1374	0.0032	0.0099	0.0556	0.0289	0.0845
2017	0.1344	0.0028	0.0094	0.0549	0.0282	0.0831

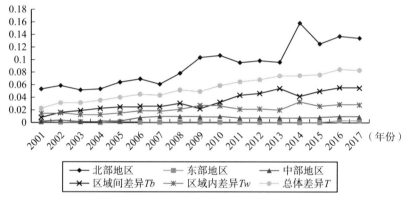

图 2-2　2001~2017 年粮食主产区耕地压力指数的泰尔指数走势

由表 2-3 可以看出，除个别年份外粮食主产区耕地压力的总体差异呈上升态势，其泰尔指数由 2001 年的 0.0227 增加到 2017 年的 0.0831。表明虽然我国粮食主产区 13 个省在地理位置、资源禀赋、人口数量等方面存在较大差异，但省际间的耕地压力指数差异不大。与此同时，研究也发现省际间的差异程度呈现扩大趋势。分区域来看，北部地区 4 省份的耕地压力指数差异最大，东部地区 3 省份的耕地压力指数差异最小。2001~2017 年各地区耕地压力指数的差异均呈扩大态势，北部地区由 2001 年的 0.0532 增加到 2017 年的 0.1344，东部地区由 2001 年的 0.0009 增加到 2017 年的 0.0028，中部地区由 2001 年的 0.0021 增加到 2017 年的 0.0094；研究期内北部地区增幅最大，中部地区次之，东部地区增幅最小。三大区域之间对比来看，2001~2017 年区域间差异 Tb 和区域内差异 Tw 均呈上升状态，且区域间差异 Tb 的增幅远大于区域内差异 Tw 的增幅。

表明 2001～2017 年三大区域之间的耕地压力指数差异程度呈扩大趋势，且增速远大于各区域内部省际间差异的增长速度，表现出极化趋势。

结合表 2－2 中各省（区）耕地压力指数数据，粮食主产区北、东、中部三大区域各自的平均耕地压力指数由区域内各省耕地压力指数取平均数近似得到。具体来看，北部地区平均耕地压力指数由 2001 年的 0.77 下降到 2017 年的 0.41，东部地区平均耕地压力指数由 2001 年的 1.01 下降到 2017 年的 0.89，中部地区平均耕地压力指数由 2001 年的 1.03 下降到 2017 年的 0.95；北部地区耕地压力降幅最大，东部地区次之，中部地区耕地压力降幅最小，区域之间耕地压力指数差异逐渐扩大，这一变化趋势与耕地压力指数的区域间差异指数走势一致。进一步研究发现，中部地区耕地压力指数在研究期内无明显下降是由四川和湖南两省的耕地压力增加导致的。由此，2001～2017 年我国粮食主产区内各省的耕地压力变化情况呈现出"马太效应"，即原本耕地压力较小的北部地区在研究期内耕地压力得到进一步缓解，而原本耕地压力较大的中部地区，尤其是四川和湖南两个省份，在研究期内耕地压力进一步加剧，极化趋势增强。

2.3.3 耕地压力的空间集聚效应

本节利用我国粮食主产区 13 个粮食主产省份的空间距离作为空间权重矩阵，采用（0，1）矩阵，若两个省份的距离在设定的欧几里得距离内则代表两个省份相邻，定为 1，在设定的欧几里得距离之外则代表两个省份不相邻，定为 0。结果如表 2－4 所示。

表 2－4　　　2001～2017 年我国粮食主产区耕地压力指数全局 Moran's I

年份	变量	I	$E(I)$	$sd(I)$	z	$p-value^*$
2001	K	0.094	−0.083	0.106	1.677	0.047
2002	K	0.156	−0.083	0.107	2.223	0.013
2003	K	0.246	−0.083	0.106	3.120	0.001
2004	K	0.262	−0.083	0.107	3.237	0.001

续表

年份	变量	I	$E(I)$	$sd(I)$	z	$p-value^*$
2005	K	0.259	-0.083	0.107	3.182	0.001
2006	K	0.227	-0.083	0.109	2.851	0.002
2007	K	0.237	-0.083	0.109	2.935	0.002
2008	K	0.216	-0.083	0.110	2.730	0.003
2009	K	0.086	-0.083	0.110	1.539	0.062
2010	K	0.185	-0.083	0.110	2.453	0.007
2011	K	0.268	-0.083	0.109	3.218	0.001
2012	K	0.274	-0.083	0.109	3.276	0.001
2013	K	0.301	-0.083	0.110	3.501	0.000
2014	K	0.172	-0.083	0.109	2.342	0.010
2015	K	0.250	-0.083	0.109	3.052	0.001
2016	K	0.285	-0.083	0.110	3.366	0.000
2017	K	0.296	-0.083	0.109	3.458	0.000

结果显示，2001～2017 年我国粮食主产区 13 个省份耕地压力指数 K 的莫兰指数在 0.2 左右上下浮动，17 年中有 12 年的莫兰指数在 0.2 以上；除 2009 年以外，2003～2017 年的莫兰指数都在 1% 的显著性水平下通过了显著性检验，2009 年的莫兰指数在 10% 的显著性水平下通过了显著性检验，2001～2002 年的莫兰指数在 5% 的显著性水平下通过了显著性检验。由此表明 2001～2017 年我国粮食主产区的耕地压力指数 K 在空间分布上呈现显著的正相关，即耕地压力指数高的省份在空间上较为集中，耕地压力指数低的省份在空间上也较为集中。2001～2004 年莫兰指数上升，表明空间集聚效应增强；2005～2009 年莫兰指数下降，集聚性减弱；2010～2013 年莫兰指数显著增加并在 2013 年达到最大值 0.301，且此时在 1% 的显著性水平下显著，表现出高度的空间集聚效应。2013 年位于我国北部地区的黑龙江、吉林、内蒙古 3 个省份的耕地压力指数 K 均在 0.3 左右，处于绝对安全区；位于我国东北、华北地区的辽宁、河北、山东 3 个省份的耕地压力指数 K 均在 0.9 左右，处于临界区；位于我国中部地区的河南、

安徽、江西、江苏 4 个省份的耕地压力指数 K 都在 0.9 ~ 1.0 之间，处于临界区；湖北、湖南、四川 3 个省份的耕地压力指数 K 均在 1.0 ~ 1.2 之间，处于轻度压力区。2014 ~ 2017 年莫兰指数呈上升态势，耕地压力指数相近的地区集聚效应增强。

总体来看，我国粮食主产区 13 个省份的耕地压力指数 K 在空间上呈现显著的正相关性，而且耕地压力指数 K 由北向南逐渐增加，呈南高北低的空间分布态势。

2.4　开放市场下的耕地压力

2.4.1　粮食贸易、耕地资源及粮食安全现状分析

（1）世界粮食贸易的特点

一是粮食贸易区域性强，来源高度集中。受地理环境和自然条件等因素的影响，世界主要粮食进出口国家较为固定。粮食出口国大多集中在北美、南美和澳大利亚，进口国大多位于亚洲和非洲地区，多为发展中国家。粮食出口比粮食进口的集中度更高，主要集中在美国、加拿大、巴西、阿根廷、澳大利亚等国家。根据粮食贸易的轨迹，全球的粮食贸易呈现出较为稳定的流动趋势，出口国数量有增加趋势，印度、泰国、马来西亚等国家逐渐成为新兴粮食出口国；进口国则保持相对稳定态势，主要集中在中国、日本、韩国。

二是国际市场粮食贸易总量大、价格不高。世界粮食贸易量（按出口量计算）由 1961 年的 1.32 亿吨增长到 2017 年的 7.39 亿吨，年均增长率约为 3.12%；其中谷物贸易量由 1961 年占粮食总贸易量的 60.00% 增长到 2017 年占粮食总贸易量的 64.41%，2017 年谷物贸易量为 4.76 亿吨。总体来看，世界粮食贸易量在 56 年间大幅增长，贸易量年增长率波动趋于和缓。1961 ~ 1987 年世界粮食贸易量增长了 2.12 亿吨，贸易量增长率起伏较大，分别在 1974 年和 1975 年达到最低值 -12.44% 和最高值 7.71%，

年均增长率约为 3.76% 。此后贸易量增长率波动渐趋平缓，2013～2017
年世界粮食贸易量大幅上升，4 年增长了 1.37 亿吨① （见图 2－3）。

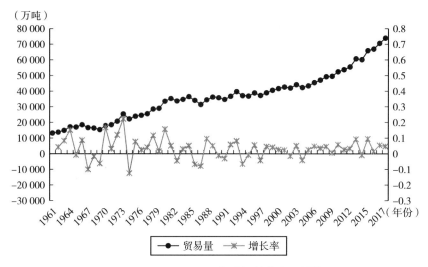

图 2－3　1961～2017 年世界粮食贸易量②

　　如图 2－4 所示，2019 年粮农组织谷物价格指数平均为 164.4 点，低
于肉类、奶类、食糖三类食品价格指数，较 2018 年下降了 0.9 点，反映
出谷物总体良好的供应状况。2002 年谷物价格指数为 93.7，肉类、奶类
和食糖三类价格指数分别为 89.9、80.9 和 97.8，四类食品价格指数相差
不大。2004～2014 年谷物价格指数波动上升，2015～2019 年谷物价格指
数略有起伏，总体呈下降趋势，为谷物、肉类、奶类、食糖 4 类食品价格
指数最低。

　　三是世界粮食贸易结构不平衡，大豆占比变化最大。大豆、小麦、
玉米、稻米为世界粮食市场中最主要的粮食贸易品种，四者的出口量之
和占世界粮食出口总量的比重长期稳定在 85% 左右，市场份额由高到低

①　资料来源：联合国粮农组织农业生产年鉴，http：//www.fao.org/。
②　世界粮食贸易量：由于损耗等原因造成进出口量存在的细微差别可以忽略不计，本书中
的世界粮食贸易量使用的是出口量数据。

依次为：小麦、玉米、大豆、稻米。近年来，四个主要粮食品种在世界市场的贸易份额发生了重大变化；其中，小麦的贸易份额逐步下降至40%左右，玉米的贸易份额基本稳定在 30% 左右，大豆的贸易份额变化最大，1989 ~ 2017 年上升了 10%，目前约为 20%，稻米的贸易份额缓慢上升至10% 左右①。

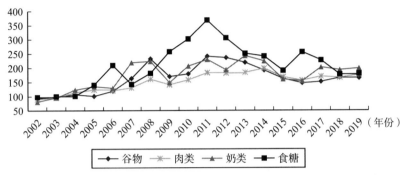

图 2 - 4　2002 ~ 2019 年粮农组织谷物、肉类、奶类、食糖价格指数②

（2）中国粮食贸易现状③

从我国粮食贸易总量来看，如图 2 - 5 和图 2 - 6 所示，我国是粮食净进口国家，更是全球粮食进口第一大国。2018 年我国进口粮食 11 555 万吨，相比 2017 年进口总量下降 11.54%；出口粮食 466 万吨，相比 2017年出口总量上升 30.71%。2014 ~ 2017 年我国粮食进口总量共增加 3 020万吨，年均增长率为 9.16%；2018 年受中美贸易摩擦影响，我国粮食进口较 2017 年同期下降 1 507 万吨。2014 ~ 2018 年我国粮食出口总量共增加 155 万吨，除 2015 年出口量有所下降外其余年份均呈上升状态。虽粮食出口在近年呈上升态势，但粮食进口量远远超过粮食出口量，且净进口逐年扩大，净进口量由 2014 年的 0.98 亿吨增加到 2018 年的 1.12 亿吨。

───────────

① 原始资料来源：联合国粮农组织。
② 谷物价格指数：由国际谷物理事会（IGC）的小麦价格指数、1 项玉米出口价格和16 项稻米价格汇总得出，按 2002 ~ 2004 年的基准期进行换算；肉类、奶类、食糖价格指数：用 2002 ~ 2004 年世界平均出口贸易比重进行加权的方式计算得出。
③ 资料来源：2014 ~ 2018 年《中国统计年鉴》，下同。

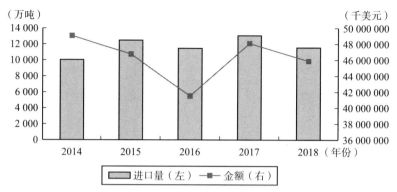

图 2 - 5　2014 ~ 2018 年中国进口粮食总量、金额

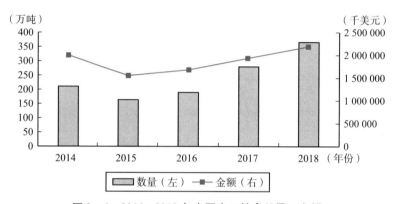

图 2 - 6　2014 ~ 2018 年中国出口粮食总量、金额

　　从粮食贸易价格来看，2018 年我国进口粮食总额为 458.70 亿美元，相比 2017 年进口总额下降 4.60%；出口粮食总额为 21.88 亿美元，较 2017 年出口总额上升 13.15%。2014 ~ 2018 年粮食进口金额由 488.37 美元/吨下降到 396.97 美元/吨，粮食出口金额由 948.20 美元/吨下降为 597.84 美元/吨，粮食进口单价低于粮食出口单价，世界市场粮食贸易价格下降。由于我国粮食进口量大，粮食贸易常年处于逆差状态，2014 年粮食贸易逆差为 470.42 亿美元，2018 年为 436.82 亿美元。然而，贸易逆差的下降不是由进口量下降导致的，而是由于世界市场粮食贸易单价的下降形成的。

　　从粮食贸易品种来看，2017 年我国进口粮食总量为 13 062 万吨，分品种进口情况为：大豆 9 553 万吨、小麦 442 万吨、稻米 403 万吨、玉米 283 万吨、高粱 505.7 万吨、大麦 886 万吨；2018 年进口粮食总量为

11 555 万吨，分品种进口情况为：大豆 8 803 万吨、小麦 310 万吨、稻米 308 万吨、玉米 352 万吨、高粱 364.98 万吨、大麦 681.54 万吨。2018 年粮食进口量的下降主要是由于大豆进口量的大幅减少。我国出口粮食品种以稻米为主，2018 年粮食出口总量为 366 万吨，其中稻米出口了 208.9 万吨，占出口总量的 57.08%，同比增长 74%。

从粮食进口来源国来看，如图 2-7 和图 2-8 所示，中国粮食进口来源国较为集中，除稻谷进口主要来自东南亚国家外，大豆、小麦、玉米等主要集中在美国、巴西、加拿大、澳大利亚和乌克兰。

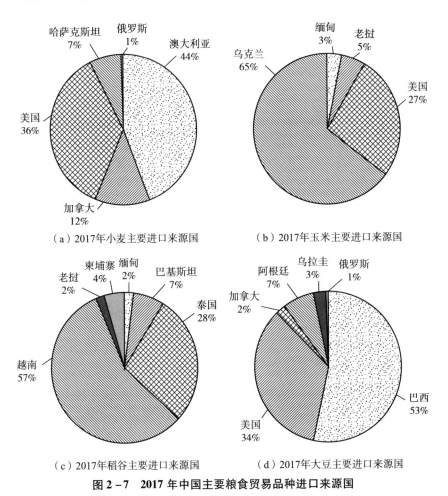

（a）2017年小麦主要进口来源国　　　（b）2017年玉米主要进口来源国

（c）2017年稻谷主要进口来源国　　　（d）2017年大豆主要进口来源国

图 2-7　2017 年中国主要粮食贸易品种进口来源国

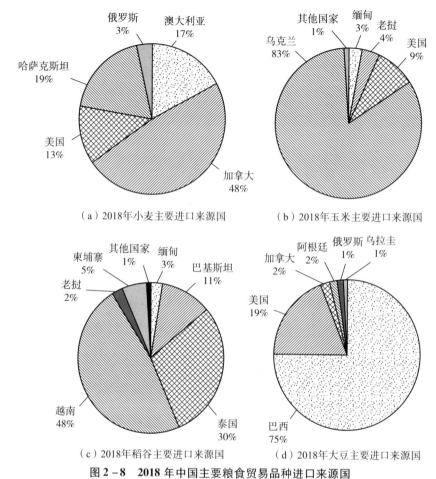

（a）2018年小麦主要进口来源国　　　　（b）2018年玉米主要进口来源国

（c）2018年稻谷主要进口来源国　　　　（d）2018年大豆主要进口来源国

图2-8　2018年中国主要粮食贸易品种进口来源国

资料来源：《EPS数据平台-世界贸易数据库》《中华人民共和国海关总署》，http://www.customs.gov.cn/。

2.4.2　粮食贸易下的粮食主产区耕地压力实证分析

本节研究在粮食贸易视角下，即通过各省份每年粮食进出口量①来测算各省实际粮食自给率，由此测算出各省耕地压力指数，从而实证分析粮

———————

① 由于各省份粮食进出口量数据无法获取，本节对此数据指标进行处理计算，即由各省份每年的粮食进出口总额除以全国平均粮食进出口价格计算得出。

食进出口量对粮食自给率以及耕地压力指数的影响。此外，本节引入虚拟耕地贸易量来进一步探究粮食的产业内贸易对我国耕地资源的影响。

（1）世界粮食市场下粮食主产省的粮食自给率

本节将 2001~2017 年粮食主产区 13 个省份的粮食进出口量数据代入粮食自给率测算公式，测算出了各省份的粮食自给率，结果如表 2-5 所示。研究发现，加入了实际粮食进出口量因素的各省粮食自给率除辽宁外均在 99% 左右，高于传统耕地压力模型下的设定值 95%，表明我国粮食主产区 13 个省份充分发挥了粮食主产省的主体作用，各省份均能实现大米、小麦、玉米等口粮的自给自足，而且 2017 年山东、内蒙古、吉林 3 省份的粮食出口量大于粮食进口量，表明其自身的粮食产能在满足了自身粮食需求的同时还有大量盈余能够满足世界粮食市场的消费需求；其余 10 个粮食主产省在 2017 年的粮食进口大于粮食出口，进口粮食品种以大豆为主。以辽宁为例，2017 年辽宁进口大豆 163.4 万吨，出口大豆 7.05 万吨，大豆进口量是出口量的 23 倍。由于粮食进口远超粮食出口，导致辽宁粮食自给率在近年来处于 90% 左右，低于其他 12 个主产省份的粮食自给率。

表 2-5　2001~2017 年粮食贸易视角下我国粮食主产省的粮食自给率　单位：%

年份	黑龙江	辽宁	河北	吉林	内蒙古	山东	安徽	江苏	河南	江西	湖南	湖北	四川
2001	102.5	90.4	95.2	116.5	97.2	108.1	101.1	100.8	99.0	103.9	99.6	100.0	101.3
2002	102.8	92.5	93.2	110.6	100.9	123.5	101.4	100.5	98.9	101.5	99.6	99.7	101.3
2003	111.5	94.7	95.4	127.6	108.9	131.2	101.5	101.3	99.5	101.6	99.7	99.8	100.8
2004	99.5	96.4	92.1	102.8	100.4	120.0	100.1	100.1	98.5	100.7	99.7	99.8	100.3
2005	103.2	96.4	88.8	110.9	105.1	109.3	100.1	99.9	100.7	99.9	99.7	99.5	101.0
2006	100.1	98.4	94.7	102.8	101.9	105.6	100.1	100.0	99.4	100.0	99.7	99.7	100.9
2007	100.2	101.4	92.1	103.3	103.0	98.7	100.2	100.0	99.3	99.9	99.8	99.7	101.0
2008	99.1	97.1	93.8	99.3	100.6	98.4	100.1	99.7	98.4	100.0	99.9	99.4	100.4
2009	95.9	94.5	96.4	98.2	100.7	110.6	99.3	99.3	99.0	99.8	99.0	99.0	100.0
2010	95.3	89.8	98.3	96.5	99.9	112.5	100.1	98.7	98.5	99.8	99.8	99.5	99.8

续表

年份	黑龙江	辽宁	河北	吉林	内蒙古	山东	安徽	江苏	河南	江西	湖南	湖北	四川
2011	96.5	92.0	96.2	98.1	100.4	110.1	100.1	99.3	99.4	99.8	99.9	99.7	99.9
2012	96.4	91.8	95.2	96.9	100.7	105.0	100.1	98.3	98.7	100.0	99.9	99.9	99.6
2013	95.3	91.4	98.2	96.6	100.7	102.9	100.0	98.5	98.8	99.7	99.9	99.6	99.5
2014	94.6	89.5	100.0	98.1	100.2	102.2	99.8	96.9	99.0	99.9	99.9	99.7	99.2
2015	94.9	88.7	100.0	97.1	99.7	101.5	98.9	96.2	99.1	99.7	99.8	99.8	99.0
2016	96.0	89.3	95.6	98.5	100.2	106.5	99.6	97.5	99.2	99.7	99.9	99.4	98.8
2017	97.4	93.8	97.5	100.1	101.2	108.8	98.7	96.3	99.2	99.7	99.8	99.6	99.0

粮食主产区承担了全国主要的粮食生产任务，不仅应保证省内粮食的自给自足，更应具备满足我国粮食主产区以外省份粮食消费需求的能力，因此，我国13个粮食主产省份粮食自给率的理论值应大于1。然而，通过收集整理实际数据测算发现，2017年13个主产省中粮食自给率大于1的省份仅有吉林、内蒙古、山东三个省份，其余省份的粮食自给率均小于1。究其原因，各省份粮食自给率小于1是由于各省粮食进口超过粮食出口，而进口的主要粮食品种为大豆，表明目前即使是我国最主要的粮食生产大省也无法满足国内大豆的消费需求，存在巨大的粮食安全隐患。这一隐患的产生是由多方面原因造成的。20世纪90年代末，我国取消了大豆的进口关税配额，并将进口关税降低到3%，自此大豆进口急剧上升，强烈冲击国内大豆市场。2008年黑龙江、吉林、辽宁等省份对大豆实施"临时收储"，发布最低保护价。国内外大豆价格差不断增大，导致油厂对国外市场的大豆进口进一步增加。另外，我国农业生产机械化程度不高，单位面积大豆产量较低。2017年我国种植大豆的单位面积产量为1 865.38千克/公顷；同年，美国种植大豆的单位面积产量为3 285.33千克/公顷。中国单位面积大豆产能仅为美国的56.62%。中国以种植非转基因大豆为主，而美国约有93%以上的大豆为转基因大豆，转基因大豆比非转基因大豆产量高，而且出油率比非转基因大豆高2%～3%。国内大豆产量低，价格高，成本高，因此形成了对进口大豆的过度依赖。

（2）世界粮食市场下的粮食主产区耕地压力

将 2.4 节测算出的各省份粮食自给率代入耕地压力模型公式，以对传统的耕地压力模型进行修正，模型修正后的耕地压力指数测算结果如表 2-6 所示。结果发现，粮食贸易视角下主产区总体的耕地压力指数为 0.806。除四川、湖南两省外，修正后的各省耕地压力指数在研究期内均有不同程度的下降，耕地压力明显缓解，由 2001 年的 9 个轻度压力区减少至 2017 年的 4 个轻度压力区。截至 2017 年，13 个粮食主产省份的耕地压力均处于轻度压力区及以下，其中，黑龙江、辽宁、吉林、内蒙古、河南 5 省份处于粮食安全区，河北、山东、安徽、江西 4 省份处于临界区，江苏、湖南、湖北、四川 4 省份处于轻度压力区。

表 2-6　　2001～2017 年粮食贸易视角下我国粮食主产省的耕地压力指数

年份	黑龙江	辽宁	河北	吉林	内蒙古	山东	安徽	江苏	河南	江西	湖南	湖北	四川
2001	0.62	1.13	1.08	0.66	0.78	1.10	1.07	1.06	0.96	1.14	1.02	1.17	1.17
2002	0.56	1.07	1.08	0.56	0.72	1.43	0.98	1.08	0.95	1.16	1.11	1.22	1.10
2003	0.71	1.10	1.14	0.63	0.80	1.46	1.23	1.28	1.13	1.25	1.14	1.31	1.13
2004	0.51	0.98	1.06	0.46	0.67	1.32	0.99	1.12	0.94	1.09	1.06	1.20	1.09
2005	0.46	0.97	0.98	0.48	0.64	1.08	1.05	1.12	0.90	1.03	1.05	1.15	1.08
2006	0.44	1.00	1.02	0.44	0.59	1.05	1.01	1.08	0.83	1.00	1.11	1.25	1.18
2007	0.42	1.01	0.98	0.49	0.62	0.97	1.00	1.07	0.81	1.00	1.10	1.21	1.28
2008	0.39	0.95	0.98	0.41	0.51	0.95	0.97	1.06	0.79	0.98	1.06	1.19	1.24
2009	0.37	1.08	1.01	0.47	0.51	1.06	0.96	1.04	0.79	0.96	1.06	1.15	1.22
2010	0.32	0.92	1.03	0.40	0.46	1.02	0.85	1.04	0.82	0.99	1.08	1.15	1.21
2011	0.30	0.84	0.99	0.38	0.44	1.08	0.98	1.07	0.85	0.98	1.09	1.16	1.24
2012	0.29	0.81	0.96	0.35	0.41	1.01	0.95	1.04	0.83	0.97	1.07	1.13	1.23
2013	0.27	0.74	0.96	0.33	0.37	1.00	0.95	1.03	0.82	0.96	1.10	1.11	1.21
2014	0.26	0.91	0.99	0.33	0.36	0.98	0.91	0.99	0.82	0.95	1.08	1.07	1.21
2015	0.26	0.77	0.99	0.32	0.34	0.95	0.87	0.97	0.79	0.95	1.08	1.02	1.18
2016	0.23	0.76	0.96	0.29	0.37	0.93	0.95	1.02	0.77	0.95	1.11	1.02	1.21
2017	0.23	0.79	0.89	0.29	0.37	0.94	0.93	1.00	0.77	0.96	1.10	1.00	1.20

13 个粮食主产省份中，内蒙古耕地压力指数在研究期内下降了 0.42，黑龙江下降了 0.39，吉林下降了 0.37，辽宁下降了 0.34，是主产省份中耕地压力降幅最大的 4 个省份，均位于我国北部地区；江苏耕地压力指数在研究期内下降了 0.06，安徽下降了 0.14，是耕地压力降幅最小的两个省区。此外，2001～2017 年湖南、四川两省的耕地压力指数分别上升了 0.08、0.03，均位于我国中西部地区。总体来看，我国粮食主产区的耕地压力呈向好趋势，大部分省份的耕地压力得到一定缓解，尤其是北方地区表现突出，但中西部地区的江苏、湖南、湖北、四川依然存在轻度的耕地压力，甚至湖南、四川两省出现压力逐渐增加态势，存在潜在的粮食安全风险。

为研究修正后的耕地压力指数与修正前耕地压力指数的差异，本节将二者的测算结果进行对比分析。研究发现，两种耕地压力指数在研究期内均呈下降趋势，但修正后的耕地压力指数总体比修正前的耕地压力指数大，压力指数增加了 0.089，并且二者的差距有扩大的趋势。如图 2 - 9 所示，修正后的耕地压力指数与修正前的耕地压力指数在每一年的变化方向基本一致，只是变化程度有所不同。

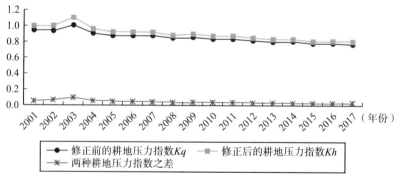

图 2 - 9　2001～2017 年模型修正前后耕地压力指数变化

由于粮食贸易视角下测算出的粮食自给率相比修正前的粮食自给率有所增加，因此修正后最小人均耕地面积增加，从而导致最终的耕地压力指数增加。但由于各省份每年粮食进出口量的不稳定性，因此两种耕地压力指数的差值呈现波动状态，总体差距逐渐增加。修正前的总体耕地压力指数由 2001 年的 0.944 下降至 2017 年的 0.771，16 年下降了 0.173；修正后的总体耕地压力指数由 2001 年的 0.998 下降至 2017 年的 0.806，16 年下降了 0.192；模型修正后的耕地压力指数降幅小于修正前的耕地压力指数降幅，与此同时粮食主产区总体呈粮食净进口状态，表明在粮食贸易视角下，一个地区的耕地压力状况会受到粮食进出口因素的影响。

（3）面板模型的确定

本书设定两个面板模型：第一，将 2001~2017 年粮食主产区各省份历年粮食自给率的对数作为被解释变量，将各省份每年粮食进口量的对数以及每年粮食出口量的对数分别作为解释变量，进行计量模型的估计，研究粮食进出口量对粮食自给率的影响；第二，将 2001~2017 年粮食主产区各省份历年耕地压力指数的对数作为被解释变量，将各省份历年粮食进口量的对数以及粮食出口量的对数分别作为解释变量，研究粮食进出口量对耕地压力指数的影响。

为避免出现伪回归现象，本节首先对数据进行平稳性检验。采用 LLC 检验和 HT 检验两种面板数据单位根的检验方法，结果如表 2-7 和表 2-8 所示。$\ln\beta$、$\ln K$、$\ln I$、$\ln E$ 分别表示粮食自给率 β、耕地压力指数 K、粮食进口量 I、粮食出口量 E 的对数。表 2-7 显示，$\ln\beta$、$\ln K$、$\ln E$ 三个变量偏差校正 t^* 统计量（Adjusted t^*）均显著为负（$p < 0.01$），变量 $\ln I$ 偏差校正 t^* 统计量的 p 值在 5% 水平上显著为负；表 2-8 显示，$\ln\beta$、$\ln K$、$\ln I$ 三个变量相应的 p 值均为 0.0000，$\ln E$ 变量相应的 p 值在 5% 水平上显著为负。综合以上检验结果，故拒绝面板包含单位根的原假设，认为面板为平稳过程。

表 2-7 面板数据 LLC 检验

变量	Adjusted t^*	p-value
$\ln\beta$	-3.7679	0.0001
$\ln K$	-3.2241	0.0006
$\ln I$	-2.2616	0.0119
$\ln E$	-2.6415	0.0041

表 2 – 8 面板数据 HT 检验

变量	Statistic	z	p – value
$\ln\beta$	0.5570	– 5.8001	0.0000
$\ln K$	0.1028	– 7.5233	0.0000
$\ln I$	0.5173	– 6.6321	0.0000
$\ln E$	0.7337	– 2.0908	0.0183

在面板模型的选择上，一般用 F 检验在混合模型和固定效应模型之间进行选择比较，用 Hausman 检验对固定效应模型和随机效应模型进行选择。检验结果如表 2 – 9 和表 2 – 10 所示。粮食自给率模型中，F 检验统计量为 16.68，p 值为 0.0000，故拒绝混合模型原假设；Hausman 检验统计量为 2.67，p 值为 0.4457，故不拒绝原假设，建立随机效应模型进行统计估计。耕地压力模型中，F 检验结果为拒绝混合模型原假设；Hausman检验结果不拒绝原假设，建立随机效应模型进行估计统计。

表 2 – 9 粮食自给率模型的检验结果

检验方法	原假设	统计量	Prob	检验结论
F 检验	混合模型	16.68	0.0000	拒绝原假设
Hausman 检验	随机效应模型	2.67	0.4457	不拒绝原假设

表 2 – 10 耕地压力指数模型的检验结果

检验方法	原假设	统计量	Prob	检验结论
F 检验	混合模型	124.57	0.0000	拒绝原假设
Hausman 检验	随机效应模型	2.63	0.4526	不拒绝原假设

（4）粮食进出口对粮食自给率的参数估计

①粮食自给率计量模型的设定。

结合 F 检验与 Hausman 检验结果，本节建立随机效应模型研究粮食主产区各省份的粮食进出口对粮食自给率的影响。设定模型为：

$$\ln\beta_{it} = b_0 + b_1 \ln I_{it} + b_2 \ln E_{it} + \varepsilon_1 \qquad (2-20)$$

式中，i 为省份，t 为年份（$t = 2001$，…，2017），变量 β_{it} 代表 i 省第 t 年的粮食自给率，I_{it} 代表 i 省第 t 年的粮食进口量，E_{it} 代表 i 省第 t 年的粮食出口量，ε_1 为随机误差项，b_0、b_1、b_2 分别代表变量系数。

②粮食自给率计量模型的实证结果与分析。

本节运用 STATA 软件对上节设定的粮食自给率随机效应模型进行回归估计，采用 Wald 检验，统计量为 67.97，p 值为 0.000 0，表明模型设定合理。具体结果如表 2-11 所示。

表 2-11　　　　　　　　　　粮食自给率模型的回归结果

变量	Coef.	Std. Err.	z	p > | z |
ln$I$	− 0.0066439	0.001742	− 3.81	0.000
ln$E$	0.012117	0.001704	7.11	0.000

粮食进口的回归系数为 − 0.007，p 值为 0.000，与粮食自给率显著负相关。当其他条件不变时，粮食进口量每上升一个单位，粮食自给率便减小 0.007 个单位。回归结果表明，粮食主产区各省份的粮食进口对其自身的粮食自给率影响较小。究其原因是粮食主产区各省的粮食总产量远远高于粮食进口量，平均约为粮食进口量的 5 000 倍，从而粮食进口对各省尤其是承担粮食生产重任省份的粮食自给率影响很小，相比而言粮食产量对粮食自给率起更重要的作用。2001 ~ 2017 年我国粮食主产区各省份的平均粮食产量由 2 500.66 万吨增长到 3 968.79 万吨，同期全国内陆地区 31 个省、市、自治区（不包括港澳台地区）的平均粮食产量由 1 460.12 万吨增长到 2 134.22 万吨，2017 年的全国平均水平还未达到粮食主产区 2001 年的平均水平；2001 年我国粮食主产区的粮食总产量占全国粮食总产量的 71.82%，截至 2017 年，我国粮食主产区的粮食总产量占全国粮食总产量的百分比达到了 77.98%。由此可以看出，我国粮食主产区在全国范围内的粮食主产地位在研究期内只升不降，在粮食生产方面占据着主导地位。

粮食出口的回归系数为 0.012，P 值为 0.000，与粮食自给率显著正相关，表明一个地区粮食出口越多则该地的粮食自给率越高。当其他条件不变时，一个地区在充分满足了自身粮食消费需求的基础上，能够利用自身的成本、自然要素等优势出口粮食，粮食出口越多表明该地具备的粮食产能越大，从而具有更高的粮食自给率。以美国为例，得益于良好的自然资源优势、技术优势以及高度的农业现代化水平，美国是世界第二粮食生产大国，世界第一粮食出口大国。根据世界银行的数据，美国平均每年出口的粮食在国际市场上占 10% 左右，粮食自给率高达 120% ~ 150%。

总体来看，粮食进口和粮食出口对粮食自给率的影响均不大，粮食产量对粮食自给率起到决定性的影响。粮食进口与粮食自给率呈负相关，粮食出口与粮食自给率呈正相关；就二者对粮食自给率的影响程度而言，粮食出口对粮食自给率的影响程度更大。

（5）粮食进出口对耕地压力指数的参数估计

①耕地压力指数计量模型的设定。

结合 F 检验与 Hausman 检验结果，本节建立随机效应模型研究粮食主产区各省份的粮食进出口对耕地压力指数的影响。设定模型为：

$$\ln K_{it} = c_0 + c_1 \ln I_{it} + c_2 \ln E_{it} + \varepsilon_2 \qquad (2-21)$$

式中，i 为省份，t 为年份（$t=2001$，$\cdots$，2017），变量 K_{it} 代表 i 省第 t 年的耕地压力指数，I_{it} 代表 i 省第 t 年的粮食进口量，E_{it} 代表 i 省第 t 年的粮食出口量，ε_2 为随机误差项，c_0、c_1、c_2 分别代表变量系数。

②耕地压力指数计量模型的实证结果与分析。

运用 STATA 软件对耕地压力指数随机效应模型进行回归估计，采用 Wald 检验，统计量为 61.88，p 值为 0.000 0，表明模型设置合理。具体结果如表 2-12 所示。

表 2-12　　　　　　　　耕地压力指数模型的回归结果

变量	Coef.	Std. Err.	z	p > |z|
$\ln I$	-0.0290372	0.0077884	-3.73	0.000
$\ln E$	0.0493774	0.0078509	6.29	0.000

粮食进口的回归系数为 -0.03，p 值为 0.000，与耕地压力指数显著负相关。当其他条件不变时，粮食进口每增加一个单位，耕地压力指数便下降 0.03 个单位，表明粮食进口有利于缓解粮食主产区各产粮大省的耕地压力，缓解耕地资源的紧张程度。研究发现，粮食主产区各省的粮食进口对缓解各省耕地压力的影响较小，而这种小程度的影响正是保障一国粮食安全所需要的。习近平总书记在 2013 年中央农村工作会上强调我国粮食安全要"确保谷物基本自给，口粮绝对安全"，要把握好"适度进口"战略的"度"。本节测算出的研究结果正是"适度进口"战略的要求。若粮食进口能大幅度的缓解耕地压力，则运用粮食进口策略来缓解耕地压力将带来巨大粮食安全风险。一个国家或地区，要确保其粮食安全，首要目标即确保该国或地区的粮食自给，若大量依靠粮食进口来满足国内的粮食消费需求，该国的粮食供给将面临巨大的不确定性，一旦该国的进口来源被切断，该国将陷入巨大的粮食危机。由此，缓解粮食主产区的耕地压力并不能依靠增加粮食进口来实现。

粮食出口对耕地压力的影响为正，与耕地压力指数显著正相关；回归系数为 0.05，表明粮食出口对耕地压力的影响不大，粮食出口的大幅增加将不会导致耕地压力的大幅增加。2001～2017 年我国粮食主产区的粮食出口量占全国粮食出口总量的比例由 66.11% 上涨至 73.75%，全国粮食出口总量下降 621 万吨，表明我国粮食进口总量在研究期内大幅下降，粮食主产区逐渐成为我国粮食出口的主要区域；同期，粮食主产区总体耕地压力指数由 1.00 下降至 0.81，表明粮食出口的增加对粮食主产区耕地压力的影响不大，并未大幅加剧粮食主产区的耕地压力。粮食单产水平的提高、农业生产技术的改进、耕地质量的提高等因素对粮食主产区耕地压力的缓解产生更大的积极作用，从而完全抵消了粮食出口给耕地压力带来的极小的不利影响。

总体来看，粮食进口有助于缓解粮食主产区的耕地压力，粮食出口会加剧耕地压力，但二者对耕地压力的影响均不大，因此，粮食进出口的相关策略并不能用来改变耕地压力。值得注意的是，粮食的进口策略将影响到一国或地区的粮食安全。

2.4.3　虚拟耕地贸易对耕地压力的影响

为进一步探究粮食进出口对耕地资源的影响，本节引入虚拟耕地贸易量。由于各国或地区在地理位置、自然资源等方面存在差异，则可通过要素、产品的流通和交换实现福利改善。对于耕地资源匮乏的国家或地区可通过进口虚拟耕地资源来缓解国内的耕地资源紧缺状况；对于耕地资源充裕的国家或地区则可利用这一资源禀赋优势，通过出口本国具有相对优势的粮食品种从而获得收益。虚拟耕地贸易有助于协调国家或地区之间耕地资源的丰缺程度，改善粮食品种的供需关系，大幅提高耕地资源在贸易双方的配置效率，从而获得最大化的社会利益。

（1）虚拟耕地贸易量估算

由于无法获得粮食主产区 13 个省份每年各粮食品种的进出口数据，因此本书运用各省份的粮食进出口总量数据对其虚拟耕地贸易量进行估算。其中，当虚拟耕地贸易量为正时，为虚拟耕地净进口；当虚拟耕地贸易量为负时，为虚拟耕地净出口。估算结果如表 2 - 13 所示。

结果显示，2001～2017 年我国粮食主产区一直处于虚拟耕地净进口的省份有 6 个，分别是：辽宁、河北、山东、湖南、河南、江苏；一直处于虚拟耕地净出口的省份为黑龙江和内蒙古；其余省份在研究期内处于虚拟耕地净进口和净出口的交替状态。17 年来，13 个主产省份中虚拟耕地进口总量最多的为山东、河北、河南、江苏 4 个省份；总的虚拟耕地贸易量为负，即净出口的为黑龙江、内蒙古、吉林、安徽、江西 5 个省份。

总体来看，我国粮食主产区 13 个省份的虚拟耕地贸易呈净进口状态，净进口量由 2001 年的 4.46 万公顷上涨至 2017 年的 15.74 万公顷，虚拟耕地进口不断增加，虚拟耕地出口相对减少，表明粮食主产区总体粮食进出口差额的增长速度超过了总体粮食单产水平的增长速度。具体到各省来看，河北、山东、河南、江苏 4 省的虚拟耕地净进口量呈上升趋势；辽宁、湖南 2 省的虚拟耕地净进口量在波动中逐渐下降；内蒙古、黑龙江 2 个省份的虚拟耕地净出口量呈波动下降，表明虚拟耕地进口量增加；其余 5 个省份由 2001 年的虚拟耕地净出口逐渐转变为 2017 年的虚拟耕地净进口，由虚拟耕地进口增加导致。

单位：万公顷

表 2 - 13　2001～2017 年粮食主产区的虚拟耕地贸易量

年份	辽宁	河北	山东	吉林	内蒙古	江西	湖南	四川	河南	湖北	江苏	安徽	黑龙江
2001	29.14	59.96	30.74	-13.11	-22.84	-12.22	1.95	-1.73	9.16	-3.58	6.31	-6.27	-19.48
2002	21.44	41.85	32.02	-38.77	-34.56	-4.70	1.92	-0.47	9.60	-6.46	4.37	-8.53	-26.90
2003	14.34	53.60	34.00	-86.94	-33.08	-4.94	1.56	-5.11	4.43	-8.43	5.47	-8.84	-27.86
2004	11.09	75.64	72.60	-11.89	-1.59	-2.49	1.27	-1.83	13.89	-4.65	8.10	-0.47	-8.86
2005	11.95	78.86	45.81	-42.37	-21.10	0.42	1.40	-6.65	7.54	1.95	10.74	-0.46	-30.74
2006	4.97	80.18	79.91	-11.74	-9.00	-0.02	1.43	-5.95	5.85	1.32	11.39	-0.68	-9.77
2007	0.88	74.28	68.32	-13.85	-14.55	0.30	0.99	-6.13	6.25	1.05	6.66	-1.16	-12.61
2008	9.06	68.49	82.85	3.19	-3.25	0.03	0.62	-2.66	15.39	2.41	16.42	-0.74	-0.66
2009	20.24	59.36	62.68	13.50	-3.82	0.50	0.85	1.98	19.53	3.98	8.49	-0.99	-12.97
2010	36.66	53.22	55.28	17.70	-2.06	0.77	0.84	5.24	25.10	2.15	7.02	-0.47	-7.57
2011	28.61	60.69	44.15	10.18	-2.62	0.57	0.66	4.61	18.30	1.33	3.70	-0.79	-8.89
2012	33.03	76.15	67.40	16.12	-4.20	0.00	0.65	4.50	22.39	0.63	9.34	-0.79	-5.81
2013	32.26	58.71	95.34	16.67	-2.12	1.04	0.67	5.43	26.63	1.81	8.30	-0.07	-4.91
2014	40.64	62.24	97.52	9.63	-1.46	0.48	0.75	4.97	20.46	1.48	16.94	1.44	-15.73
2015	46.02	51.48	86.01	14.90	-2.21	1.20	0.97	8.63	22.46	1.07	21.48	7.51	-4.30
2016	41.99	54.44	82.57	7.55	-3.56	0.99	1.00	7.86	27.76	2.50	14.03	2.71	-6.32
2017	22.93	67.19	63.64	-0.45	-1.59	1.02	0.97	6.07	18.42	1.78	20.97	8.46	-4.78

（2）虚拟耕地贸易对粮食主产区耕地资源的贡献分析

①模型设置。

为研究虚拟耕地贸易对耕地压力指数的影响程度，本节设置耕地压力指数和虚拟耕地贸易量的计量模型，表达为：

$$K_{it} = \alpha_0 + \alpha_1 NVLI_{it} + \alpha_2 GDP_{it} + \alpha_3 Q_{it} + \alpha_4 RP_{it} + \varepsilon_3 \qquad （2-22）$$

式中，变量 K_{it} 代表 i 省第 t 年的耕地压力指数，$NVLI_{it}$ 代表 i 省第 t 年的虚拟耕地净进口量，GDP_{it} 代表 i 省第 t 年的人均地区生产总值（元/人），Q_{it} 代表 i 省第 t 年粮食作物占农作物播种面积的比值，RP_{it} 代表 i 省第 t 年的人均粮食产量（吨/人），ε_3 为随机误差项，α_0、α_1、α_2、α_3、α_4 分别代表变量系数。

②实证结果与分析。

本节以 2001 ~ 2017 年各省面板数据为基础，运用 STATA 软件分析虚拟耕地贸易对耕地压力指数的影响程度。单位根检验结果显示，各变量统计量的 p 值均在 5% 水平上显著，故拒绝面板包含单位根的原假设；Hausman 检验的统计量为 31.96，p 值为 0.000 0，故拒绝原假设，选取固定效应模型进行回归估计。模型 R^2 为 73.03%，表明拟合度较高，F 检验统计量为 138.07，p 值为 0.000 0（模型高度显著），表明模型设置合理。具体回归结果如表 2-14 所示。

表 2-14　　　　2001 ~ 2017 年粮食主产区耕地压力指数和
虚拟耕地净进口量回归结果

变量	Coef.	Std. Err.	t	p > |t|
NVLI	− 0.0019355	0.0003712	− 5.21	0.000
GDP	1.22e − 06	3.08e − 07	3.96	0.000
Q	0.9537911	0.1546271	6.17	0.000
RP	− 0.2360822	0.03098	− 7.62	0.000

虚拟耕地净进口的回归系数为 − 0.002，p 值为 0.000，与耕地压力指数显著负相关。虚拟耕地净进口的增加将有助于缓解进口地区的耕地压力，但作用相对有限。当一国的虚拟耕地进口量增加时，表明该国对出口

国耕地资源的利用度增加，更多的利用国外耕地资源来满足本国国内的粮食需求，从而缓解本国国内的耕地压力。由图 2 - 10 可以看出，除 2002 年、2003 年外，我国粮食主产区总体的虚拟耕地贸易基本保持净进口状态，并在研究期内大幅增加，2012 年以来净进口量均稳定在 15 万公顷以上；同期，粮食主产区总体耕地压力指数的变化大体一致，除 2001 年、2002 年达到轻度压力区以外，其余年份均处于临界区，耕地压力指数由 2004 年的 0.96 逐步下降至 2017 年的 0.81。

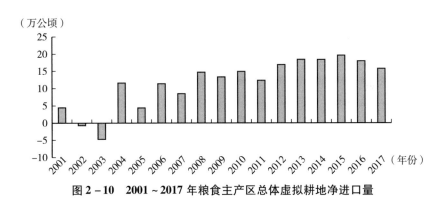

图 2 - 10　2001 ~ 2017 年粮食主产区总体虚拟耕地净进口量

各省份人均生产总值与耕地压力指数呈正相关关系，即人均 GDP 越高，该地的耕地压力指数越大。2001 年以来我国经济迅猛发展，不少耕地均被改造为城镇建设用地，耕地资源利用不合理、耕地浪费现象大量存在，在发展经济的同时如何维护耕地以及生态资源的可持续发展，亟须进一步研究解决。种植结构（粮食作物播种面积占农作物播种面积的比值）每下降一个单位，耕地压力相应下降 0.95 个单位，农作物播种面积不变时，粮食作物播种面积越大，耕地压力越大。现阶段，在工业化、城镇化快速推进的背景下，农作物播种面积存在一定的下降压力，农作物播种面积的下降将进一步加速耕地压力的上升。因此，提高粮食作物播种面积并不是缓解耕地压力的有效之策，提高单位面积粮食产量才是耕地可持续发展的有效途径。人均粮食产量越大，耕地压力越小，利用黑龙江、内蒙古等地的资源优势，用农业科技水平的提高来带动粮食产量的提升，降低对耕地的依赖，从而缓解耕地资源紧张程度。

2.4.4 世界粮食市场自由贸易下耕地压力趋势预测

本节根据2001～2017年我国粮食主产区各省的耕地面积、粮农作物播种面积、粮食总产量、人口数量等数据，运用灰色预测模型对粮食单产、修正后的耕地压力指数两个指标在2018～2030年①的走势进行预测，从而更全面地从粮食进出口贸易角度对我国粮食主产区耕地资源和粮食安全状态作出评价。

（1）GM(1，1) 模型设置

设某一指标的原始数据序列为：$g^{(0)}(l) = (g^{(0)}(1)$，$g^{(0)}(2)$，$\cdots$，$g^{(0)}(w))$，对$g^{(0)}(l)$ 作一次累加生成（AGO）得$g^{(1)}(M)$ 序列，即$g^{(1)}(M) = \sum_{}^{M} g^{(0)}(l)$，得一次累加生成数据序列为：$g^{(1)}(M) = \{g^{(1)}(1)$，$g^{(1)}(2)$，$g^{(1)}(3)$，$\cdots$，$g^{(1)}(w)\}$，其一阶线性微分方程为：

$$\frac{dg^{(1)}(l)}{dl} + \beta g^{(1)}(l) = \upsilon \qquad (2-23)$$

式中，β 为待定常数，表示原始数据序列 $g^{(0)}$ 和累加生成的数据序列 $g^{(1)}$ 的发展趋势；υ 表示数据之间的变换关系，为待定常数。记模型参数列 $\hat{\beta}$ 为：$\hat{\beta} = [\beta，\upsilon]^T$，记一阶累加生成序列的紧邻均值生成序列为 $z^{(1)}(l) = (z^{(1)}(2)$，$z^{(1)}(3)$，$\cdots$，$z^{(1)}(w))$，其中：

$$z^{(1)}(M) = \frac{1}{2}(g^{(1)}(M)，g^{(1)}(M-1))，M = 2，3，\cdots，w.$$

$$(2-24)$$

可得以下矩阵：

$$\begin{bmatrix} g^{(0)}(2) \\ g^{(0)}(3) \\ \vdots \\ g^{(0)}(w) \end{bmatrix} = \begin{bmatrix} -z^{(1)}(2) & 1 \\ -z^{(1)}(3) & 1 \\ \vdots & \vdots \\ -z^{(1)}(w) & 1 \end{bmatrix} \cdot \begin{bmatrix} \beta \\ \upsilon \end{bmatrix} \qquad (2-25)$$

---

① 由于粮食主产区各省份2018年、2019年耕地面积、粮食总产量、人口数量、粮农作物播种面积等指标数据无法获取，因此本书对2018年、2019年各省份粮食单产、修正后的耕地压力指数等指标也取预测值。

其中，

$$Y = \begin{bmatrix} g^{(0)}(2) \\ g^{(0)}(3) \\ \vdots \\ g^{(0)}(w) \end{bmatrix}, \quad B = \begin{bmatrix} -z^{(1)}(2) & 1 \\ -z^{(1)}(3) & 1 \\ \vdots & \vdots \\ -z^{(1)}(w) & 1 \end{bmatrix} \quad (2-26)$$

由最小二乘估计法可算出：

$$\hat{\beta} = [\beta, \ v]^T = (B^T B)^{-1} B^T Y \quad (2-27)$$

$$\begin{cases} \beta = \dfrac{\left(\sum\limits_{M=2}^{w} z^{(1)}(M)\right)\left(\sum\limits_{M=2}^{w} g^{(0)}(M)\right) - (w-1)\left(\sum\limits_{M=2}^{w} g^{(0)}(M) z^{(1)}(M)\right)}{(w-1)\left[\sum\limits_{M=2}^{w} (z^{(1)}(M))^2\right] - \left(\sum\limits_{M=2}^{w} z^{(1)}(M)\right)^2} \\[4em] v = \dfrac{\left(\sum\limits_{M=2}^{w} g^{(0)}(M)\right)\sum\limits_{M=2}^{w}(z^{(1)}(M))^2 - \left(\sum\limits_{M=2}^{w} z^{(1)}(M)\right)\left(\sum\limits_{M=2}^{w} g^{(0)}(M) z^{(1)}(M)\right)}{(w-1)\left[\sum\limits_{M=2}^{w}(z^{(1)}(M))^2\right] - \left(\sum\limits_{M=2}^{w} z^{(1)}(M)\right)^2} \end{cases}$$

$$(2-28)$$

将算出的 β 和 v 代入式（2-23），求出：

$$\tilde{g}^{(1)}(W) = \left(g^{(0)}(1) - \frac{v}{\beta}\right) e^{-\beta W} + \frac{v}{\beta} \quad (2-29)$$

其离散形式为：

$$\tilde{g}^{(1)}(M+1) = \left(g^{(0)}(1) - \frac{v}{\beta}\right) e^{-\beta M} + \frac{v}{\beta}, \quad M = 1, \ 2, \ \cdots, \ w.$$

$$(2-30)$$

再进行一阶累加生成过程的逆运算，求出原始数据序列 $g^{(0)}$ 的预测模型为：

$$\tilde{g}^{(0)}(M+1) = g^{(1)}(M+1) - g^{(1)}(M) = (e^{-\beta} - 1)\left(g^{(0)}(1) - \frac{v}{\beta}\right) e^{-\beta M}$$

$$(2-31)$$

（2）模型预测结果

①粮食单产预测结果。

经过测算，粮食单产指标预测模型的平均相对误差为 1.33%，表

明模型设置基本合理。实际测算出的 2017 年粮食主产区总体单产水平
为 5 859. 26 千克/公顷,同年预测值为 5 835. 54 千克/公顷。2018 年粮食
主产区总体的粮食单产预测值为 5 924. 87 千克/公顷,预测到 2030 年粮食
单产将上升至 7 109. 80 千克/公顷,是 2017 年的 1. 21 倍,具体预测结果
如图 2 – 11 所示。

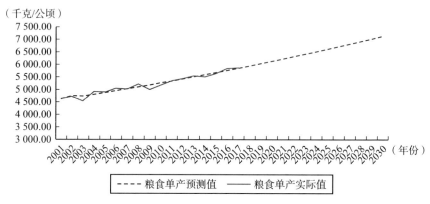

图 2 – 11　我国粮食主产区总体粮食单产水平预测

　　通过 2001 ~ 2017 年单产水平的实际值与预测值对比可以看到,粮
食单产的预测值轨迹呈一条相对平滑的曲线,并呈上升态势,而粮食单
产的实际值则较为不稳定,围绕预测值上下波动。出现这一现象的主要
原因是预测值是在理想状态下测算出的,即预测值的测算过程并未考虑
重大自然灾害的发生等实际存在但无法预料的现实因素。如 2003 年爆
发的"非典"疫情,2009 年内蒙古、黑龙江、吉林、河北等粮食主产
省份发生的严重春旱、伏旱等自然灾害,都对粮食生产产生了极大的不
利影响,导致 2003 年、2009 年的粮食单产水平、粮食总产量骤降。因
此,2018 ~ 2030 年实际的粮食单产水平将围绕预测值上下波动,总体趋
势呈上升状态。

　　②耕地压力指数预测结果。

　　修正后的耕地压力指数预测模型的平均相对误差为 0. 17% ,模型设置
较为合理。具体结果如图 2 – 12 所示。测算结果显示,在考虑粮食进出口

因素后，我国粮食主产区总体的耕地压力指数将从 2018 年的 0.77 下降至 2030 年的 0.63，总体耕地压力进一步缓解，为确保我国粮食安全奠定良好基础。

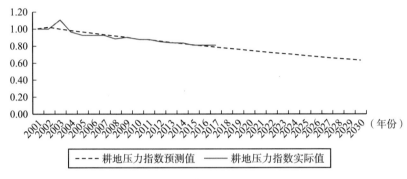

图 2-12　我国粮食主产区总体耕地压力指数预测

粮食主产区耕地压力指数的持续下降，以及粮食单产水平的不断上升（由第 2.1 节的预测结果得出），将为粮食安全提供基本保障。一方面，粮食单产水平、粮食总产量稳步上升；另一方面，人口增长速度的放缓也将对耕地压力的缓解起到一定作用。2016 年 1 月 1 日起，全国开始实行全面二孩政策，但我国的新增人口仍呈下降态势。2017 年新出生人口为 1 723 万人，比 2016 年减少 63 万人；人口出生率为 12.43‰，比 2016 年下降 0.52‰[①]。

值得注意的是，此预测结果是在理想状态下测算得出，并未考虑到一些现实的阻碍因素。第一，预测结果未将重大自然灾害对农业生产的影响纳入考虑；第二，由于同时受到政治环境、经济环境等多方面因素的影响，粮食的进出口贸易量是无法预测的，具有较大的不确定性。如 2018 年受中美贸易摩擦的影响，我国粮食进口总量由 2017 年的 13 062 万吨下降至 2018 年的 11 555 万吨，大豆进口量由 9 552.6 万吨下降至 8 803.1 万吨，为满足国内的大豆消费需求带来一定挑战，具有潜在的粮食安全风险。因

---

① 资料来源：国家统计局，http：//www.stats.gov.cn。

此，虽然耕地压力预测呈有利的下降趋势，但仍应警惕粮食进出口变化带来的粮食安全风险。

2.5　产粮大县耕地资源压力分析

2018 年 9 月习近平总书记在黑龙江北大荒农业考察中指出："中国人要把饭碗端在自己手里，而且要装自己的粮食。"中国粮食安全关键在粮食主产区尤其是粮食主产区的产粮大县的耕地安全。鉴于此，本节以我国粮食主产省份 157 个产粮大县为研究对象①，对这 157 个产粮大县 2000 ~ 2030 年耕地压力的时空演变进行实证测算和影响因子分析，以期科学评估粮食安全的耕地资源紧张程度和潜在问题。

2.5.1　157 个产粮大县耕地资源与粮食安全地位

以 2015 年为例，本节分别计算出了粮食主产区各省份产粮大县的粮食总产量占全省粮食总产量的百分比以及各省产粮大县的耕地面积之和占全省总耕地面积的百分比，计算结果如表 2 - 15 所示。表现最为突出的是吉林，该省 14 个产粮大县以全省 1/2 不到的耕地生产出了全省 2/3 以上的粮食，以少部分耕地承担了全省大部分的粮食生产任务。其次是黑龙江省，在未考虑农场对全省粮食生产贡献的情况下，黑龙江的 18 个产粮大县依然贡献了将近全省一半的粮食产量，而其耕地面积之和不足全省的 30%。辽宁、内蒙古、安徽、江苏、河南、湖北、山东、江西 8 省共 93 个县（区）平均以该省 25.69% 的耕地承担了全省 34.60% 的粮食生产，仍然是耕地占有量少、粮食产量多。四川（12 个）、湖南（10 个）、河北（10 个）的产粮大县分别以占全省 11.64%、14.57% 和 10.41% 的耕地生

---

① 资料来源：全国新增 1 000 亿斤粮食生产能力规划（2009 ~ 2020 年）［EB/OL］. 国家发展和改革委员会（2016 - 04 - 26）［2021 - 03 - 05］. https：//www.ndrc.gov.cn/fggz/fzzlgh/gjjzxgh/201604/P020191104623947252554.doc.

产出全省 22.33%、20.73% 和 18.12% 的粮食。

表 2-15　2015 年中国粮食主产区 157 个产粮大县粮食生产基本情况

157 个产粮大县（包括县级市、市辖区）名单			粮食总产量占全省百分比（%）	耕地面积占全省百分比（%）
东北地区	黑龙江省（18 个）	龙江县、肇东市、五常市、双城市、巴彦县、富锦市、肇州县、肇源县、海伦市、林甸县、讷河市、依兰县、绥化市北林区、青冈县、嫩江县、庆安县、宝清县、虎林市	46.70	27.82
	吉林省（14 个）	榆树市、公主岭市、农安县、梨树县、前郭县、扶余县、长岭县、德惠市、双辽市、伊通县、九台市、镇赉县、舒兰市、东丰县	67.69	48.65
	辽宁省（8 个）	昌图县、阜新蒙古族自治县、黑山县、彰武县、新民市、大洼县、开原市、建平县	38.09	30.93
华北地区	河北省（10 个）	宁晋县、定州市、大名县、深州市、临漳县、景县、藁城市、赵县、辛集市、永年县	18.12	10.41
	内蒙古自治区（9 个）	科尔沁左翼中旗、莫力达瓦达斡尔族自治旗、阿荣旗、扎赉特旗、开鲁县、赤峰市松山区、土默特右旗、达拉特旗、巴彦淖尔市临河区	35.89	22.49
华中地区	河南省（20 个）	滑县、固始县、唐河县、永城市、太康县、邓州市、商水县、上蔡县、夏邑县、息县、虞城县、濮阳县、鹿邑县、西平县、淮阳县、郸城县、正阳县、新蔡县、沈丘县、项城市	34.79	27.73
	湖北省（9 个）	监利县、枣阳市、襄阳市襄州区、随县、钟祥市、沙洋县、仙桃市、京山县、天门市	34.17	26.88
	湖南省（10 个）	宁乡县、醴陵市、湘乡市、衡阳县、汉寿县、湘阴县、华容县、南县、双峰县、祁阳县	20.73	14.57
	江西省（8 个）	鄱阳县、丰城市、南昌县、抚州市临川区、高安市、余干县、新建县、吉水县	31.03	20.97

续表

157 个产粮大县（包括县级市、市辖区）名单			粮食总产量占全省百分比（%）	耕地面积占全省百分比（%）
华东地区	山东省（16 个）	平度市、齐河县、曹县、陵县、郓城县、高密市、诸城市、滕州市、临邑县、平原县、郯城县、莘县、聊城市东昌府区、邹平县、商河县、东平县	31.78	19.10
	江苏省（12 个）	沭阳县、兴化市、射阳县、东海县、宝应县、盱眙县、睢宁县、邳州市、涟水县、滨海县、阜宁县、泗洪县	35.16	29.98
	安徽省（11 个）	霍邱县、涡阳县、怀远县、定远县、寿县、宿州市埇桥区、临泉县、濉溪县、蒙城县、庐江县、凤台县	35.85	27.42
西南地区	四川省（12 个）	仁寿县、中江县、三台县、安岳县、简阳市、巴中市巴州区、宣汉县、大竹县、岳池县、南部县、资中县、泸县	22.33	11.64

由此可见，本书选取的 157 个产粮大县的特征都是以少量的耕地生产出大量的粮食，承担着重要的粮食生产任务①。因此，研究这 157 个产粮大县的耕地资源紧张程度是保障我国粮食安全的重中之重。

2000～2015 年，我国粮食主产区 157 个产粮大县的粮食总产量与耕地总面积都呈上升趋势（见图 2－13）。其中，耕地面积稳中有升，变化不大；粮食总产量大幅增加，由 9 279.50 万吨上升到 16 919.40 万吨，2015 年的粮食总产量是 2000 年粮食总产量的 1.82 倍。除 2003 年由于大部分地区遭受严重自然灾害导致粮食作物播种面积大幅缩减、粮食产量下滑以外，2000～2012 年我国粮食主产区 157 个产粮大县的粮食总产量呈阶梯式上升。2015 年，由于同时受到播种面积减少和单产下降的影响，河北、内蒙古、辽宁、黑龙江、山东、四川 6 省份共 73 个县、区粮食总产量下降，导致粮食主产区 157 个产粮大县的粮食总产量相比 2012 年下降了 644.33 万吨。其中，产量下降最为

---

① 罗海平，周静逸，何志文. 基于县域尺度的粮食主产区耕地压力空间分异及影响因子实证研究与预警［J］. 浙江农业学报，2020，32（8）：1493－1505.

明显的是黑龙江、辽宁、四川 3 省共 38 个产粮大县。

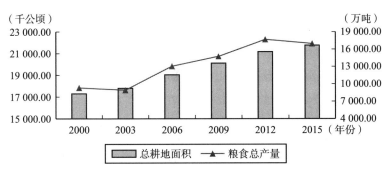

图 2 - 13 2000 ~ 2015 年中国粮食主产区 157 个产粮大县的耕地总面积和粮食总产量

总体来看，除特殊原因导致的个别年份粮食产量有所下滑外，2000 ~ 2015 年粮食主产区 157 个产粮大县总的粮食产量呈渐进式上升，耕地面积在平稳中略有上升。

2.5.2 产粮大县耕地压力分析模型

（1）耕地压力测度模型

①耕地压力指数。

耕地压力指数由蔡运龙（2002）提出，反映了一个地区耕地资源的紧张程度，具体计算公式为：

$$K = \frac{S_{\min}}{S_a} \tag{2-32}$$

式中，S_a 为实际人均耕地面积（公顷/人）；$S_{\min}$ 为最小人均耕地面积（公顷/人）。K 值越大，耕地压力越大。当 $0 < K < 1$ 时，实际人均耕地面积高于人均耕地数量底线，耕地资源较为充足；当 $K \geq 1$ 时，实际人均耕地面积低于人均耕地数量底线，耕地资源紧缺，存在风险。其中，最小人均耕地面积 $S_{\min}$ 给出了为保证特定区域粮食安全所需的耕地数量底线，具体表示为：

$$S_{\min} = \beta \frac{Gr}{p \cdot q \cdot k} \tag{2-33}$$

式中，β 为粮食自给率（%）；Gr 为人均粮食需求量（千克/人）；p 为粮食单位面积产量（千克/公顷）；q 为粮食播种面积与农作物总播种面积之比；k 为复种指数（%）。需要说明的是，由于本节的研究对象是粮食主产区中的产粮大县，因此，除满足自身粮食需求外，产粮大县还需满足其他地区的粮食供应需求。用公式可表示为：

$$\beta = 1 + C_t \qquad (2-34)$$

上式中，C_t 为 t 年粮食主产区 157 个产粮大县对其他地区的粮食贡献率，是一个动态变化的值，用公式表示为：

$$C_t = \frac{P_t - D_t}{P_t} \qquad (2-35)$$

式中，P_t 为 t 年 157 个产粮大县的粮食总产量（千克），D_t 为 t 年 157 个产粮大县自身的粮食总需求量（千克），$D_t = Gr \times a_t$，a_t 为 t 年 157 个产粮大县的总人口数（人）。参考全国人均粮食消费的 3 种标准（人均 300~350 千克属维持温饱；人均 350~600 千克属消费改善；人均 600 千克以上属于满足享受）以及朱红波等（2006）对人均粮食需求量 Gr 的设定，本节将人均粮食需求量确定为：2000 年、2003 年 420 千克；2006 年、2009 年 440 千克；2012 年、2015 年 460 千克。

②耕地压力承载系数。

为进一步详细探究 157 个产粮大县的耕地压力状况，本书提出耕地压力承载系数（B_K）来反映一个地区耕地压力的可承受程度，即保证某特定地区粮食安全所需的耕地数量底线与该地区实际人均耕地面积的相对差距。耕地压力承载系数（B_K）是耕地资源自我调节能力的一种体现。具体公式为：

$$B_K = \frac{S_{\min} - S_a}{S_a} \qquad (2-36)$$

式中，$S_{\min}$ 为最小人均耕地面积（公顷/人）；S_a 为实际人均耕地面积（公顷/人）。此二指标在前文均已详细阐释，此处不再赘述。$B_K > -1$，B_K 越小，一个地区所承受的耕地压力越小。当 $-1 < B_K \leq -0.5$ 时，表明此时耕地压力很小，该地区处于耕地压力的最大可承受范围内；当 $-0.5 < B_K < 0$ 时，表明此时耕地压力较小，处于耕地压力的可承受范围内；当

$B_K \geqslant 0$ 时，表明此时耕地资源紧张，剩余可承受的耕地压力空间较小。

③耕地压力敏感系数。

为研究保障粮食安全所需的耕地资源对实际拥有的耕地资源变动的反应程度，本书提出耕地压力敏感系数（E_K）。它是一定时期内最小人均耕地面积（S_{min}）变动率与实际人均耕地面积（S_a）变动率的比值，反映了最小人均耕地面积（S_{min}）的变动幅度与实际人均耕地面积（S_a）变动幅度的依存关系。公式表示为：

$$E_K = \frac{\Delta S_{min}/S_{min}}{\Delta S_a/S_a} \qquad (2-37)$$

式中，ΔS_{min} 表示本研究年份与上一研究年份最小人均耕地面积（S_{min}）的差值，ΔS_a 表示本研究年份与上一研究年份实际人均耕地面积（S_a）的差值。当 $|E_K| > 1$ 时，此时所需的最小人均耕地面积的增长速度快于实际人均耕地面积的增长速度，耕地压力处于非常敏感的状态；当 $|E_K| = 1$ 时，二者的增长速度一致，最小人均耕地面积变动对耕地压力的影响与实际人均耕地面积变动对耕地压力的影响一致；当 $|E_K| < 1$ 时，此时最小人均耕地面积的增长速度小于实际人均耕地面积的增长速度，耕地压力处于不敏感状态。

（2）耕地压力的空间分异与空间集聚效应模型

一是耕地压力空间分异的泰尔指数测算。泰尔指数是衡量样本差异的一个指标，本书用泰尔指数来分析粮食主产区 157 个产粮大县的耕地压力在空间尺度上的整体差异。计算公式为：

$$T = \frac{1}{n}\sum_{i=1}^{n} \frac{K_i}{\mu} \ln \frac{K_i}{\mu} \qquad (2-38)$$

式中，K_i 为第 i 个县的耕地压力指数；μ 为 157 个产粮大县的耕地压力指数平均值；n 为县级行政单位个数。$T \geqslant 0$，T 越大，157 个产粮大县之间的耕地压力差异越大。

二是耕地压力空间集聚效应的莫兰指数测算。莫兰指数是度量空间相关性的一个重要指标，本书用莫兰指数来表示 157 个县级单位的耕地压力在研究年份（2000 年、2003 年、2006 年、2009 年、2012 年、2015 年）的空间相关性。公式表示为：

$$I = \frac{\sum\limits_{i=1}^{n} \sum\limits_{j=1}^{n} (K_i - \mu)(K_j - \mu)}{S^2 \sum\limits_{i=1}^{n} \sum\limits_{j=1}^{n} W_{ij}} \qquad (2-39)$$

式中，K_i 和 K_j 分别是第 i 个和第 j 个县级单位的耕地压力指数；μ 为耕地压力指数平均值；W_{ij} 是各县级单位的空间权重矩阵，县级单位之间的距离在设定的门槛距离内则为 1，大于该距离则为 0；$S^2 = \sum\limits_{i=1}^{n} (K_i - \mu)^2 / n$。

（3）耕地压力影响因子分析模型

为找出影响耕地压力变动的关键因素，本书参考张慧（2017）构建的耕地压力影响因素模型，考虑耕地生产力和社会经济因素对耕地压力可能产生的影响，选取耕地质量、化肥投入、种植结构（粮农比）、农民收入（农村居民人均可支配收入）、城镇化水平五个代表性变量构建影响因素模型。其中，耕地质量 Q 通过影响粮食单产对耕地压力产生影响，用标准耕地系数表示；化肥投入 F 反映一个地区耕地资源的污染程度，通过影响粮食产出和粮食作物播种面积对耕地压力产生影响，用当地化肥折纯量与粮食作物播种面积的比值（吨/公顷）来表示；种植结构 R 体现一个地区粮食作物的播种情况，用一个地区粮食作物播种面积与该地农作物播种面积的比值来表示，直接影响耕地压力；农民收入 Y 的高低影响到农民种植粮食的积极性，进而影响粮食作物播种面积与产出，进一步影响耕地压力，用农村居民人均可支配收入（元）来表示；城镇化水平 U 可侧面反映一个地区农业生产的规模大小，通过影响该地耕地面积对耕地压力产生影响，用户籍人口城镇化率（%）来表示。

当 157 个产粮大县的耕地压力出现高度的空间相关关系时，可运用以上 5 个指标构建影响耕地压力的空间回归模型，模型具体设置为：

$$\ln K_{it} = \beta_0 + \rho W \ln K_{it} + \beta_1 \ln Q + \beta_2 \ln F + \beta_3 \ln R + \beta_4 \ln Y + \beta_5 \ln U + \varepsilon_{it}$$

$$(2-40)$$

式中，K_{it} 为 i 县第 t 年的耕地压力指数；β_0 为常数项；ρ 为空间自回归系数；W 为空间权重矩阵；β_1，…，β_5 为待估计系数；ε_{it} 为随机扰动项。其中，标准耕地系数参考宋小青（2012）提出的算法公式，i 县的耕地质量 Q 表示为：

$$Q_i = \frac{p_i \times k_i}{p_a \times k_a} \qquad (2-41)$$

式中，p_i 和 p_a 分别表示 i 县和粮食主产区 157 个产粮大县总体的单位面积粮食产量（千克/公顷）；k_i 和 k_a 分别表示 i 县和粮食主产区 157 个产粮大县总体的复种指数（%）。

（4）耕地压力预测模型

灰色系统模型是对既含有已知信息又含有未知信息的系统进行预测的模型，目前在预测未来耕地压力指数时应用较为广泛。本书运用灰色关联 GM（1，1）模型对 2018 年、2021 年、2024 年、2027 年和 2030 年未来 13 年的耕地面积、粮农作物播种面积、粮食总产量、人口数量以及耕地压力指数进行预测。表达式为：

$$X^{(1)}_{(t)} = \left(X(1) - \frac{n}{m} \right) e^{-mt} + \frac{n}{m} \qquad (2-42)$$

X 为原始数据序列，m、n 分别为计算得出的模型参数，t 为年份。预测模型采用平均相对误差 P 检验。当 $P \leqslant 0.01$ 时，表明模型优良；当 $0.01 < P \leqslant 0.05$ 时，表明模型设置基本合理；当 $0.05 < P \leqslant 0.1$ 时，表明模型勉强合格；当 $P > 0.1$ 时，模型设置不合格。

2.5.3　产粮大县耕地压力实证分析

根据《全国新增 1 000 亿斤粮食生产能力规划（2009—2020 年）》，以全国 200 个粮食主产县（区）中选出位于我国粮食主产区的 157 个产粮大县作为研究对象，研究年份为 2000 年、2003 年、2006 年、2009 年、2012 年、2015 年。各区、县的耕地面积、农作物和粮食作物播种面积、粮食产量、年末户籍人口数、化肥折纯量、农村居民人均可支配收入、户籍人口城镇化率等数据源自相应年份各省、市、县统计年鉴①。

本书将耕地压力水平划分为五个区间：当 $0 < K < 0.9$ 时为安全压力区；当 $0.9 \leqslant K < 1$ 时为潜在压力区；当 $1 \leqslant K < 1.6$ 时为轻度压力区；当

---

① 部分农作物播种面积和粮食作物播种面积数据来源于相应年份政府工作报告及该县（区）国民经济和社会发展统计公报。

1.6≤K<2 时为中度压力区；当 K≥2 时为高度压力区。

为详细探究我国粮食主产区 157 个产粮大县在空间层面的耕地压力特征，根据各产粮大县的所属省份及其地理区位，本书将这 157 个产粮大县划分为 5 个大的地理区域：东北地区（包括黑吉辽共 40 个县、区）、华北地区（包括冀蒙共 19 个县、区）、华中地区（包括豫鄂湘赣共 47 个县、区）、华东地区（包括鲁苏皖共 39 个县、区）和西南地区（包括四川省共 12 个县、区）。

（1）耕地压力指数

157 个产粮大县的耕地压力在 2000~2015 年得到了有效缓解，总体耕地压力指数由 2000 年的 0.88 下降到了 2015 年的 0.66，呈向好态势。分地区来看，2000~2003 年华中、华东和西南地区的耕地压力指数 K≥1，表明这三个地区的耕地资源紧缺，处于压力状态；2006~2015 年除西南地区依旧处于耕地压力状态，且耕地压力有所增加外，其余 4 个地区的耕地压力都下降到安全状态，压力减轻。

2000 年 157 个产粮大县的平均耕地压力指数从小到大依次是东北地区、华北地区、华东地区、华中地区和西南地区；到 2015 年这一顺序依然是东北地区、华北地区、华东地区、华中地区和西南地区，如图 2－14 所示。可见，2000~2015 年我国粮食主产区 157 个产粮大县的耕地压力水平在空间分布上并没有发生较大变化，空间分布特征大致可以概括为南高北低、西高东低。值得注意的是，西南地区是五大区域中唯一一个在研究期内耕地压力无明显下降，反而 2015 年耕地压力指数相比 2000 年上升了

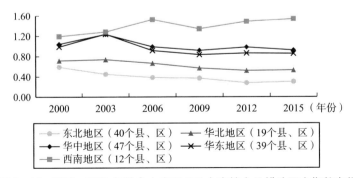

图 2－14　2000~2015 年粮食主产区 157 个产粮大县耕地压力指数变化

0.349 的地区。除此之外，东北地区、华北地区、华东地区和华中地区在研究期内耕地压力指数均有不同程度的下降，耕地压力均得到有效缓解。

2000～2015 年，河北省除深州市耕地压力波动下降外，其余 9 县的耕地压力均有所增加；湖南省仅汉寿县、华容县、南县 3 县在 2000～2015 年波动下降，其余 7 县的耕地压力波动增大；四川省全部的产粮大县（12 个）耕地压力均波动增大；内蒙古、辽宁、吉林、黑龙江、山东 5 省份全部的产粮大县（共 65 个）耕地压力在 2000～2015 年均波动下降；安徽、河南、湖北、江西四省除埇桥区、郸城县、钟祥市、丰城市、临川区波动增大外，其余 43 个产粮大县的耕地压力均波动减小；江苏省 2000～2015 年耕地压力波动增大的县为东海县、沭阳县、兴化市、邳州市、泗洪县，其余 7 县耕地压力波动减小。

具体来看，可将 157 个产粮大县在 2000～2015 年耕地压力指数的变动情况大致划分为四种：持续上升、持续下降、波动增大、波动减小。研究期内耕地压力持续上升的产粮大县仅有 1 个，为河北省的临漳县。临漳县在 2000～2012 年处于安全压力区，2015 年上升到潜在压力区。耕地压力持续下降的产粮大县有 4 个，分别是：内蒙古自治区开鲁县、辽宁省黑山县、吉林省镇赉县和黑龙江省宝清县，均位于粮食主产区的北部地区。开鲁县在 2000～2015 年的耕地压力指数小于 0.41，处于绝对安全区域；黑山县由于受到 1999 年辽宁省出现的特大干旱影响，2000 年达到轻度压力区，2003～2015 年处于安全压力区且耕地压力持续减小到 0.44；镇赉县在 2000～2015 年处于安全压力区，且 2015 年耕地压力指数相比 2000 年减小了 0.48，压力得到显著缓解；宝清县在 2000 年受到黑龙江省虫旱涝灾等自然灾害影响，耕地压力达到轻度压力区，2003 年开始压力明显下降，到 2015 年一直处于安全压力区。其余 152 个产粮大县均在研究期内波动增大或波动减小。

2015 年，157 个产粮大县中有 99 个产粮大县都处于安全压力区，其中包括内蒙古全部的 9 个产粮大县、辽宁全 8 县、吉林全 14 县、黑龙江全 18 县；共有 20 个县处于潜在压力区，分别是河北省的大名、临漳县，江苏省的涟水县、滨海县，安徽省的凤台县、庐江县，江西省的余干县，山东省的曹县、郯城县、东平县，河南省的虞城县、鹿邑县、太康县、淮阳县、郸城县、新蔡县以及湖南省的汉寿县、湘阴县、华容县、南县;处于轻度压力区的产粮大县有 31 个,河北省 3 个,江苏省 2 个,安徽省 2 个,江西省 3 个,山东省 2 个,河南省 5 个,湖北省 2 个,湖南省 6 个,四川省 6 个;江苏省邳州市,四川省安岳县、简阳市、宣汉县、岳池县、南部县、资中县共 7 个产粮大县处于中度压力区,其耕地压力为 157 个产粮大县中最高。以上统计表明,处于潜在压力区与轻度压力区的省份较为一致,均位于河北、江苏、安徽、江西、山东、河南、湖南 7 省,说明这 7 省的产粮大县正面临轻度的耕地压力或存在耕地压力上升到不安全状态的潜在风险;四川省耕地压力为 13 个粮食主产省中最大,其全部 12 个产粮大县均处于轻度和中度压力区,表明此 12 县耕地资源紧缺。

江苏邳州耕地压力较大的主要原因有二:一是粮食单产水平低。邳州市 2015 年的粮食单产为 6 503.75 千克/公顷,而江苏省 2015 年全部 12 个产粮大县的平均粮食单产为 7 050.45 千克/公顷,邳州市粮食单产比江苏 12 县的平均单产少了 546.70 千克/公顷。二是邳州市人口基数大、增长快。邳州市人口位居江苏省 12 县第二位,其年末户籍人口在 2015 年达到了 187.49 万人。四川省 12 个产粮大县集中分布在四川东北部,范围覆盖 10 个地级市。究其耕地资源紧缺原因,主要是由粮食单产低、耕地面积大幅减少以及人口多消费需求大等多方面因素导致的。157 个产粮大县 2015 年的平均粮食单产为 6 703.08 千克/公顷,而四川 12 个县 2015 年的平均粮食单产仅为 5 272.45 千克/公顷,远远低于总体平均水平;再加上城市的快速发展以及我国 1999 年起实行的退耕还林(草)政策,四川 12 县的耕地面积自 2000 年开始大幅减少;人口的不断增加和工业用粮、饲料用粮等粮食需求的不断扩大进一步加剧了耕地压力。

(2) 耕地压力承载系数变动

研究期内 157 个产粮大县总体的耕地压力承载系数 B_K 位于 $-0.36 \sim -0.09$ 区间内,并呈逐渐减小的趋势。B_K 由 2000 年的 -0.12 下降到了 2015 年的 -0.34,表明耕地压力处于可承受范围内,且 157 个产粮大县所承受的耕地压力越来越小。

2000~2015 年,157 个产粮大县中有 30 个县的耕地压力承载系数始终为正值,在 0~0.8 区间内波动。其中江苏省睢宁县,安徽省临泉县,山东省滕州市，河南省邓州市、沈丘县、项城市、上蔡县，湖北省仙桃市、天门市和江西省鄱阳县 10 县耕地压力承载系数在区间内波动减小，说明虽然耕地资源紧张但有缓解趋势；河北省永年县，江苏省沭阳县、邳州市，安徽省埇桥区，江西省临川区，湖南省醴陵市、湘乡市、衡阳县以及四川 12 县共 20 个产粮大县在区间内波动增加，说明耕地资源紧张且有加剧趋势。此外，有 13 个产粮大县的耕地压力承载系数在 -0.5 ~ 0 区间内波动增大，分别是河北省宁晋县、定州市、大名县、临漳县、景县、藁城市、赵县、辛集市，江苏省泗洪县、兴化市、东海县，河南省郸城县和湖北省钟祥市，说明耕地压力较小，但有加剧风险。耕地压力承载系数在 2000 ~ 2015 年下降到 -1 ~ -0.5 区间的产粮大县共 46 个，其中包括吉林全 14 县，黑龙江全 18 县，内蒙古 7 县，辽宁 4 县以及山东省齐河县、陵县、平原县 3 县，说明耕地资源充足且压力进一步缓解。其余 68 个产粮大县在 -0.5 ~ 1.5 区间内波动减小，其耕地压力承载系数在 2015 年都处于 -0.5 ~ 0 区间内，表明耕地压力得到缓解且现阶段压力水平较小。

（3）耕地压力敏感系数变动

在变动速率方面，157 个产粮大县总体的耕地压力敏感系数 E_K 在 -3.13 ~ 3.85 之间上下波动，大致呈"W"字形，除 2009 年以外其余年份的耕地压力都处于非常敏感的状态。需要说明的是，由于耕地压力敏感系数是反映本期与基期耕地压力变化速度的指标，取耕地压力敏感系数的起始年份为 2003 年。图 2 - 15（b）可以看到，157 个产粮大县的耕地压力敏感系数 E_K 分别在 2003 年、2012 年达到了极大值点 3.85 和极小值点 -3.13，但由于耕地压力敏感系数是比较其绝对值与 1 的大小关系，因此总体的耕地压力在 2003 年达到研究期内最不敏感状态，2009 年为最敏感状态。

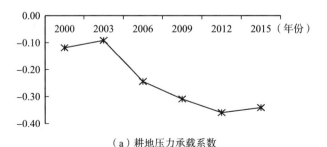

（a）耕地压力承载系数

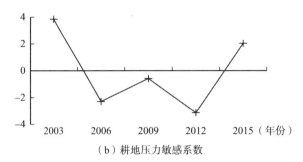

（b）耕地压力敏感系数

图 2 - 15　2000 ~ 2015 年粮食主产区 157 个产粮大县耕地
压力承载系数与敏感系数变动

2003 ~ 2015 年 157 个产粮大县中有 30 个县耕地压力敏感系数的绝对值始终大于 1，分别是河北宁晋县、定州市，内蒙古临河区，吉林农安县、九台市，黑龙江讷河市、海伦市、青冈县、肇州县、肇源县，江苏宝应县、盱眙县、涟水县、滨海县、阜宁县，安徽临泉县，江西新建县、临川区，山东齐河县、郓城县、滕州市，河南夏邑县、商水县、郸城县、正阳县，湖北枣阳市、钟祥市、天门市和湖南宁乡县、华容县，表明这 30 个县的耕地压力在研究期内始终处于非常敏感的状态；其余 127 个产粮大县的耕地压力敏感系数都在正负之间上下波动，耕地压力敏感状态实时变化。

（4）耕地压力空间分异与集聚

如表 2 - 16 所示，泰尔指数在研究期内波动上升，由 2000 年的 0.136 上升至 2015 年的 0.3565，其中在 2012 年达到最大值 0.4290。泰尔指数总体呈上升趋势表明 157 个产粮大县之间的耕地压力水平差异在研究期内逐渐增大。究其原因，主要是 157 个产粮大县耕地压力水平的南北差异扩大导致的。东北地区与西南地区耕地压力指数的极差由 2000 年的 0.602 增加到了 2015 年的 1.243，出现了耕地压力层面的"马太效应"。

表 2 - 16　　　　粮食主产区 157 个产粮大县耕地压力指数的空间分异情况

年份	2000	2003	2006	2009	2012	2015
T	0.1360	0.2908	0.2373	0.2766	0.4290	0.3565

如表 2 – 17 所示，研究期内 157 个产粮大县耕地压力指数的全局莫兰指数均为正值且均通过 1% 的显著性水平检验。这一显著性结果表明，2000 ~ 2015 年粮食主产区 157 个产粮大县的耕地压力指数具有显著的空间自相关特征，即耕地压力指数相近的县（区）在空间上趋于集中分布。从变化的角度来看，这种空间集聚效应有增强趋势。

表 2 – 17　　　　　中国粮食主产区耕地压力指数的全局莫兰指数

年份	Variables	I	$E(I)$	$sd(I)$	z	$p-value^*$
2000	K	0.194	– 0.006	0.008	26.355	0.000
2003	K	0.177	– 0.006	0.008	24.196	0.000
2006	K	0.421	– 0.006	0.008	55.347	0.000
2009	K	0.350	– 0.006	0.008	46.105	0.000
2012	K	0.474	– 0.006	0.008	62.095	0.000
2015	K	0.453	– 0.006	0.008	59.397	0.000

（5）耕地压力影响因素分析

前文已测算出 157 个产粮大县耕地压力存在显著的空间自相关特征，因此可运用耕地压力影响因子模型进行分析。本书选取了 2015 年我国粮食主产区 157 个县级行政单位的横截面数据，为避免出现异方差，运用 STATA 软件对粮食主产区 157 个产粮大县耕地压力的影响因素进行 WLS 回归估计，采用 White 检验。回归结果显示（见表 2 – 18），空间自回归系数为 1.707，p 值为 0.000，说明粮食主产区 157 个县（区）耕地压力指数之间存在高度的空间正相关关系。5 项因素均对粮食主产区 157 个产粮大县的耕地压力水平有显著影响。其中，耕地质量、化肥投入、种植结构、城镇化水平 4 项因素在 1% 水平上显著，农民收入因素在 5% 水平上显著。

表 2 – 18　　　　　　　　　　耕地压力变动影响因素模型

影响因素	代表性指标	变量	回归系数	t 统计	显著性
耕地质量	标准耕地系数	$\ln Q$	- 0.261 ***	- 3.82	0.000
化肥投入	每公顷化肥折纯量	$\ln F$	0.180 ***	3.00	0.000
种植结构	粮农比	$\ln R$	1.640 ***	6.65	0.000
农民收入	农村居民人均可支配收入	$\ln Y$	- 0.001 **	- 2.19	0.034
城镇化水平	城镇化率	$\ln U$	0.213 ***	3.39	0.000

注：*** 表示在 1% 水平上显著，** 表示在 5% 水平上显著，* 表示在 10% 水平上显著。

　　耕地质量方面，模型回归系数为 - 0.261，p 值为 0.000，与耕地压力指数显著负相关。当其他条件不变时，耕地质量每上升一个单位，耕地压力便减小 0.261 个单位。耕地质量的相关系数较大，说明耕地质量对耕地压力水平的影响较大，是保障粮食主产区 157 个产粮大县粮食安全的关键。截至 2015 年末，中低产田占我国耕地总面积的 70%，耕地退化面积占耕地总面积的 40% 以上[1]。现阶段我国耕地普遍存在占优补劣现象，导致耕地质量下降、耕地压力增大。在此背景下，如何实现耕地质量占补平衡，进一步缓解耕地压力，亟待进一步深入研究探讨。

　　化肥投入（系数为 0.180）对耕地压力的影响为正，表示某地区化肥投入越多该地区耕地压力越大，同时也说明现阶段化肥投入对增加粮食增产的边际效应已经达到最大甚至开始递减。2016 年我国亩均化肥用量为 21.9 公斤，是美国的 2.6 倍，而世界平均水平仅为亩均 8 公斤；我国农药平均利用率仅为 35%，而欧美发达国家的这一指标则是 50% ~ 60%。这一情况表明，过量的化肥农药的使用不但不会带来粮食增产，反而会造成耕地污染，增加耕地压力[2]。现阶段我国尤其是粮食主产区的产粮大县不应再盲目增加化肥农药的投入，而应注重提高化肥农药的利用率，实现耕地产能、经济效益和生态环境的最优化。

　　种植结构方面，模型回归系数为 1.640，表明粮农作物播种面积对一

———————————

[1]　《2016 年全国耕地质量等别更新评价主要数据成果》，http：//www.mnr.gov.cn/。

[2]　原始数据源自中国农业农村部，http：//www.moa.gov.cn/。

个地区的耕地压力水平起着重要作用。粮农比对耕地压力的影响为正，说明在农作物总播种面积一定时，肆意扩大粮食作物的播种面积会使耕地出现"过劳"问题，从而耕地压力增加。在耕地面积日益缩减的严峻现实下，一味增加粮食作物播种面积并不是提高粮食产量、保障粮食安全的有效做法。改良种植结构、改善土地经营管理、改进农业生产技术、提高农业生产效率才是缓解耕地压力、保障产粮大县粮食安全的长久之策。

农民收入方面，模型回归系数为 -0.001，在 5% 的水平下显著。本书认为，可以从以下角度阐释农民收入与耕地压力之间的相关关系。结合近年来粮食价格下降、农药化肥等生产成本不断上升、农村"空心化"、农民生产积极性不高等现实情况来看，农民收入提高很大一部分原因是大批农村青壮年劳动力进城务工，而不是农业生产收入增加。因此，非农收入的增加会挫伤一部分农民的种粮积极性，又由于农业具有风险大、收益低等特点，为降低农业经营风险，一部分农民会选择稳定粮食作物种植面积或减少种植面积、耕地粗放管理甚至荒废。所以，这一现象导致的耕地压力减小并不是由耕地资源利用效率提高带来的。如何提高农民种粮积极性、发展现代化农业、培养新型职业农民这些议题都值得进一步深入研究探讨。

城镇化水平方面，户籍人口城镇化率对耕地压力的影响为正，系数为0.213，p 值为 0.000，影响显著。表明一个地区城镇化水平越高，则该地区耕地压力越大。城镇化对耕地压力的影响主要表现在两个方面：第一，由于城镇基础设施的建设需要，不可避免占用大量耕地，导致耕地面积刚性减少，剩余耕地承载压力变大。第二，城镇化发展会导致农村人口向城镇迁移，一方面农村人口减少，另一方面释放出一定量的宅基地和非农用地，释放的土地经过土地整理可转化为耕地，从而为土地规模化经营创造条件，减缓耕地压力。目前我国城镇化对耕地的影响主要集中在第一个方面，大量耕地非农化导致耕地压力增加。

（6）耕地压力预测结果

根据 2000 年、2003 年、2006 年、2009 年、2012 年、2015 年我国粮食主产区 157 个产粮大县耕地面积、粮农作物播种面积、粮食总产量、人口数量等数据，本书对以上指标以及耕地压力指数在 2018 年、2021 年、

2024 年、2027 年、2030 年等未来 13 年的走势进行了预测。各指标预测模型的平均相对误差都在 5% 以下，说明各指标的模型设置基本合理。图 2 - 16 为耕地压力指数与粮食单产的预测结果，通过与实际值的对比可以看到，耕地压力指数与粮食单产的预测值走势比实际值轨迹更加平滑，实际值围绕预测值上下波动。出现这一现象的主要原因是预测模型未将自然灾害等不可预料的现实因素纳入考虑。

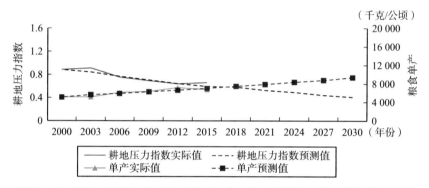

图 2 - 16　2000～2030 年粮食主产区 157 个产粮大县耕地压力指数与单产预测

　　模型预测结果显示，一方面，我国粮食主产区 157 个产粮大县的耕地压力指数在未来 13 年会呈缓慢下降的走势，从而耕地压力会进一步缓解，粮食安全状况良好。产生这一乐观估计的原因主要是基于对未来 13 年粮食总产量大幅提升的向好预期。另一方面，人口增长速度预计会进一步放缓。虽然近年来国家全面放开二胎政策，但政策效果并不尽如人意。2017 年中国新出生人口为 1 723 万人，比 2016 年减少 63 万人；人口出生率为 12.43‰，比 2016 年下降 0.52‰[①]。另外，耕地数量的下降在政策引导下得到有效遏制，因此，实际人均耕地面积会呈现逐渐上升的趋势。随着更先进更高效的耕作技术的推广以及复种指数的提高，产粮大县的粮食单产将呈现持续增加趋势，因此粮食主产区 157 个产粮大县在未来 13 年的耕地压力将呈现出缓慢下降态势。值得注意的是，上述对粮食产量的向好预

---

① 数据源自国家统计局，http://www.stats.gov.cn。

期建立在没有发生严重自然灾害的前提下。随着全球气温上升，极端气候和天气将更大程度地影响粮食产量的稳定。如 2018 年 8 月底，受"温比亚"台风影响，山东省寿光市遭受了严重的洪水灾害，致使全省农作物受灾面积达到 62.05 万公顷。由此，在未来不断改进农业生产技术的同时，应提高应对自然灾害的防范能力。

（7）产粮大县耕地资源压力问题与对策建议

一是粮食主产区的 157 个产粮大县产粮任务重、耕地负荷大。耕地安全是粮食安全之本。长期以来，157 个产粮大县肩负着保障全国粮食安全的重要职责。以粮食主产区 24.96% 的耕地生产了主产区 35.74% 的粮食，以占全国 16.11% 的耕地面积，贡献了全国 27.23% 的粮食。为此，应着眼于粮食安全的可持续性，有序推进粮食主产区农业用地的"休耕"和"减负"。

二是产粮大县耕地压力整体呈降低趋势，但空间格局正趋于固化。我国粮食安全关键在粮食主产区、粮食主产区的关键在产粮大县。2000～2015 年粮食主产区产粮大县粮食总产量大幅提升，但总体耕地压力逐渐缓解。产粮大县中除西南地区的平均耕地压力指数在波动中有所增加外，东北、华北、华东和华中地区的平均耕地压力指数均得到不同程度缓解。耕地压力的空间分布特征是南高北低，西高东低。研究期内五大区域的耕地压力高低位次并未发生明显变化，耕地压力由小到大排序一直是东北地区、华北地区、华东地区、华中地区和西南地区。我国粮食产能和耕地资源已形成以产粮大县为主的新空间格局，并将深刻影响未来我国粮食安全态势。

三是耕地压力总体位于可承载区间，但耕地压力敏感系数波动显著。研究期内，耕地压力承载系数一度达到最大值 -0.09（2003 年），但总体处于可承载区间，并逐渐减小。而敏感系数则在 -3.13～3.85 之间呈"W"形上下波动。耕地压力承载系数的波动表明，157 个产粮大县中有 132 个县的耕地压力得到有效缓解，但仍有 25 个县的耕地压力存在潜在的上升风险。未来应围绕如何提高耕地资源利用效率、缓解产粮大县耕地资源紧张程度、消除潜在耕地压力上升风险等问题做进一步探究。

四是南北耕地压力的空间分异呈扩大趋势，空间集聚程度趋于强化。

根据泰尔指数，东北地区和华北地区耕地压力逐步减小，而西南地区由于受到自然灾害以及实际人均耕地面积快速下滑影响导致耕地压力逐渐增大。全局莫兰指数结果显示，157 个产粮大县具有显著的空间集聚特征，耕地压力水平相近的区域在地理空间上趋于集中分布，且空间集聚程度趋于加强，马太效应显著。针对这一情况，现阶段保障我国粮食安全的重点应放在四川、湖南，应采取措施着力缓解西南地区的耕地紧张状态。

五是耕地质量、种植结构对产粮大县的耕地压力起决定性作用。157 个县（区）耕地压力指数之间存在高度的空间正相关关系。模型回归显示耕地质量、化肥投入、种植结构、农民收入、城镇化水平 5 项因素均对产粮大县的耕地压力水平有显著影响，其中耕地质量和种植结构影响最为显著。因此，探讨如何实现耕地质量占补平衡、改善土地经营管理是保障粮食安全的可持续发展之路。除此之外，一些社会经济因素对耕地压力的影响也在逐步增大。如化肥农药过度使用导致的耕地污染对耕地压力产生的影响，快速城镇化背景下带来的农村劳动力流失、农民种粮积极性不高、耕地资源占优补劣等一系列问题，都需要进一步研究探讨。

六是灰色关联模型预测，产粮大县在 2018 ~ 2030 年耕地压力指数呈缓慢下降趋势。根据人口增长预期以及粮食种植技术和单产水平的提高，在不考虑极端天气等不确定因素的情况下，未来粮食大县耕地压力将进一步缓解，粮食安全趋于乐观。但未来依然要不断改进农业生产技术，同时积极提高应对自然灾害的防范能力。在不断改善耕地资源、提高生产效率的同时，提高风险防范能力，是对我国粮食主产区粮食安全的有效保障。

2.6　本　章　小　结

一是粮食的进出口贸易、耕地压力与粮食安全三者的关系是相互影响、相互作用的。粮食的进出口贸易能有效调节一国或地区内部的粮食供需，协助维持粮食供需平衡；扩大粮食进口有助于缓解国内耕地资源的紧张程度，扩大粮食出口则不利于耕地压力的缓解；耕地资源安全是一国粮食安全最基本的保障，耕地资源的丰裕度直接影响一国的粮食产量，从而影响粮食安全。

二是我国粮食贸易总量大、价格低，粮食贸易结构不平衡。我国是世界第一大粮食进口国，2014 年粮食进口总量突破 1 亿吨，2017 年进一步增长至 1.3 亿吨，粮食出口总量在波动中由 2014 年的 211 万吨增加至 2018 年的 366 万吨，粮食进口远超粮食出口。同期粮食贸易价格下跌，粮食进口单价下降了 91.4 美元/吨，出口单价陡降 350.36 美元至 597.84 美元/吨，但低于同期粮食进口单价。我国进口粮食品种以大豆、高粱、大麦为主，每年的大豆进口量占粮食进口总量的 75% 以上，出口粮食品种以稻米为主，2018 年稻米出口量占粮食出口总量的一半以上[①]。

三是我国目前基本能实现粮食的数量安全，质量安全有待提高，结构安全问题突出，粮食主产区占我国粮食产能的主导地位。全国粮食总产量自 2004 年以来连年增产，2018 年达到 65 789.2 万吨，谷物自给率达到 95% 以上。针对不断出现的各类粮食安全质量问题，国家已发布并实施了一系列的项目与计划，包括建立粮食质量安全检测机构等。我国现阶段粮食结构安全问题表现为：大米、小麦、玉米三大谷物为主的口粮呈阶段性供过于求，但大豆、高粱、小麦等品种却存在大量供给缺口，进口依赖严重。粮食主产区 2017 年粮食总产量为 51 594.32 万吨，占全国粮食总产的 78%，单产水平始终高于全国平均水平，黑龙江的粮食单产和总产增势迅猛。

四是现阶段我国耕地总量下降、耕地质量偏低、耕地利用率不高，粮食主产区存在耕地面积缩减、耕地污染加重两大问题。2011～2017 年我国耕地总面积净减少 31.76 万公顷，人均耕地面积不足世界平均水平的一半。现阶段我国优质耕地面积不足耕地总量的 1/3，东部和中部地区平均耕地质量较高，尤以鄂、湘两省分布较多，东北和西部地区平均耕地质量偏低。我国 66% 的耕地分布在山地、丘陵、高原地区，而盆地、平原和其他地区的耕地仅占 34%；加上用地结构、农作物种植结构不合理，撂荒大范围存在，导致耕地利用效率低下、粮食产能低。13 个主产省中尤以江苏、河北、四川三省耕地面积降幅最为明显，主产区内南方比北方重金属

---

①　资料来源：《中国统计年鉴》（2015～2019 年），下同。

污染严重，主要表现为镉、镍、铜等金属元素污染。

五是传统耕地压力模型下，2001~2017 年粮食主产区每公顷粮食产量持续增长，耕地压力指数整体下降，空间分布格局趋于固化。2001~2017 年粮食主产区总体单产共增长了 1 248 千克，2017 年比全国平均单产水平高 238.08 千克。河北、内蒙古、黑龙江三省份的粮食单产增速最为迅猛，均达到 1 990 千克以上。2017 年主产区总体耕地压力指数为 0.72，仅四川、湖南两省位于轻度压力区间，并有增加趋势，其余省份均呈下降态势，总体压力有所缓解。2001~2017 年主产区总体泰尔指数增加 0.06，区域间差异指数增加 0.05，北、中、东三大区域耕地压力的空间分异扩大明显。莫兰指数在 0.2 左右上下浮动，表现出显著的空间集聚效应，压力指数相似地区的聚集性分布加强，主产区内部耕地压力指数呈南高北低的空间分布。

六是粮食贸易视角下，粮食进口和虚拟耕地净进口使得耕地压力有所缓解。粮食贸易下各省粮食自给率约为 99%，主产区总体的耕地压力指数为 0.81，相比传统模型下的耕地压力指数增加了 0.09。实证估计发现粮食进口分别与粮食自给率、耕地压力指数显著负相关，粮食出口分别与粮食自给率、耕地压力指数显著正相关，且粮食出口对二者的影响程度比粮食进口对其的影响程度更大。2001~2017 年粮食主产区虚拟耕地贸易总体呈净进口状态，净进口量增加了 11.28 万公顷，其中黑龙江、内蒙古两省份一直处于耕地净出口状态；虚拟耕地净进口与耕地压力指数显著负相关，地区人均生产总值、种植结构和人均粮食产量等也对粮食主产区耕地压力指数有显著影响。

七是到 2030 年我国粮食主产区每公顷粮食产量将达到 7 000 千克以上，总体耕地压力指数将下降至 0.63。灰色模型预测结果显示，在不考虑自然灾害等现实因素的前提下，主产区的粮食单产在 2030 年将达到 7 109.8 千克/公顷，是 2017 年的 1.21 倍；耕地压力指数将由 2017 年的 0.81 进一步下降至 2030 年的 0.63，为我国粮食主产区的耕地资源安全与粮食安全提供坚实基础。

第 3 章///

▦基于生态系统服务价值的包容性分析

3.1 生态安全视角下的粮食安全研究述评

3.1.1 生态安全的内涵

生态安全的概念是由布朗在 1977 年首次提出，1989 年国际应用系统分析研究提出广义生态安全的概念，包括自然生态安全、经济生态安全和社会生态安全。陈国阶（2002）从生态系统自身出发，强调生态系统的结构和功能以及生态过程，把系统自身的稳定与安全作为生态安全的核心。肖笃宁，陈文波等（2002）从人类的需求出发，把生态系统的承载能力和对人类的服务功能作为生态安全的核心。张玉玲（2007）从人与自然和谐相处的角度出发，强调生态系统本身的安全与人类需求的满足。彭少麟（2004）认为生态安全涉及自然和社会两个方面，包括环境资源安全、生物和生态系统安全和自然与社会生态安全。尽管不同学者对生态安全的内涵与外延看法有所不同，但都认同生态安全具有战略性、长期性、相对性、动态性、综合性和不可逆性等特点。

3.1.2 粮食安全与生态安全关系研究现状

长期以来，粮食安全研究中生态视角研究是不可或缺的重要一环。康芒和佩林斯（Common and Perrings，1992）研究认为，石油农业是导致农业土地贫瘠的根本原因，未来必然转向生态农业。早在 1995 年莱斯特·R. 布朗（Lester R. Brown）就基于我国耕地资源短缺和农田生态问题提出了"谁来养活中国"的"世纪之问"，使得我国的粮食安全成为全球关注的焦点。莱斯特·布朗（1996）研究认为，传统农业出路在于改进农田生态系统。富兰克林·H. 金（2011）则提出粮食安全保障不能超出生态生产潜力，不能对整个生态系统构成威胁。联合国粮食及农业组织（FAO）和经济合作与发展组织（OECD）在《农业展望 2013 – 2022》（*Agricultural Outlook* 2013 – 2022）甚至预言，在资源环境约束下生态安全和粮食安全的矛盾将不断加深。

国内粮食安全研究，侧重影响因素的多维度考察。生态维度的粮食安全审视逐渐受到关注。形成的主要观点有主要观点包括：

一是将生态安全视为粮食安全的重要构成。如翟虎渠（2004）将粮食安全分为"数量安全、质量安全和生态安全"，生态安全被视为粮食安全可持续化的保障。王国敏、张宁（2015）将生态安全纳入广义粮食安全范畴。胡岳岷（2013）则将生态安全纳入与粮食数量安全、品质安全与健康安全同等重要的价值范畴。黎东升、曾靖（2015）构建了生态安全与产品安全、资源安全、贸易安全"四位一体"的粮食安全体系。

二是视生态安全和粮食安全同等重要且相互影响。张士功（2005）认为，粮食安全与生态安全相互促进、相互影响，其中生态安全是粮食安全的基础。倪国华、郑风田（2012）将粮食安全、生态安全与食品安全置于同一分析框架，提出从生态安全与食品安全维度审视粮食安全。王国敏、张宁（2015）则提出"粮食生态安全"概念。

三是将生态作为影响粮食安全的重要因子，其中主要侧重生态中土地资源与气候变化对粮食安全的影响研究。如李腾飞、亢霞（2016）从气候变化、国际形势、城镇化进程和消费结构转变等维度研究了我国粮食安全问题，认为全球气候变化和资源环境约束等带来粮食安全新矛盾与挑战。关于耕地数量变化与粮食安全的关系，学术界多强调对粮食数量的影响。孔祥斌、张凤荣（2008）认为土地利用通过改变陆地表面形态和土地利用强度对全球粮食安全和生态安全产生着重要影响。严士清、徐敏（2005）

通过实证研究发现，耕地面积与粮食产量正相关，张凤荣、张晋科等
（2006）、胡岳岷（2006）等均提出人地矛盾是我国"粮食安全"短板。聂
英（2015）进一步拓展到研究耕地质量变化与粮食生产相关性，揭示耕地
对粮食生产和粮食安全贡献作用，得出的结论是耕地资源质量已成为我国
粮食安全瓶颈。

　　鉴于我国粮食生态安全面临的严峻形势，对粮食生态安全进行实证测
算与评估成为新的研究热点。田克明、王国强（2005）研究了土地生态安
全对粮食安全和经济安全的影响和作用机制，构建了农用地生态安全评价
方法。刘渝、张俊飚（2010）研究了水资源生态安全与粮食安全关系，并
制定了双重安全评价体系。何玲、贾启建等（2016）以河北省东南部黄骅
市为研究区，利用生态系统服务价值和粮食安全标准进行生态安全底线测
算。杨建利、雷永阔（2014）以我国粮食安全评价指标体系为研究对象，
应用系统综合评价理论和方法，构建粮食安全评价指标体系。

3.2　粮食主产区的生态系统服务价值实证测算

3.2.1　生态系统服务价值的内涵

　　生态系统服务价值（ESV）是评价区域资源环境可持续发展的一项综
合性指标，指人类通过生态系统的结构、过程和功能所能获得的生命支持
产品和服务价值[1]，既包括为人类提供食物、工业原材料、药品等生态系
统产品的直接价值，也包括支撑与维持人类赖以生存环境的间接价值。粮
食安全离不开生态安全的支撑，要考察粮食生产与生态环境的协调性，进
而确保粮食安全和农田生态系统的可持续，就必然要对生态系统服务价值

---

① 谢高地，鲁春霞，冷允法，等. 青藏高原生态资产的价值评估 [J]. 自然资源学报，
2003，18（2）：189 - 196.

进行评估和审视，以发现粮食安全的隐患和问题。

3.2.2 生态系统服务价值的评估模型

ESV 评估方法大致分为两类：一是单位服务功能价格法；二是在科斯坦萨（Costanza）模型扩展出的单位面积价值当量因子法。鉴于单位服务功能价格法的评价标准和参数难以统一，而单位面积价值当量因子法直观易用，因此本文采取科斯坦萨的生态服务价值测算模型对我国 13 个粮食主产省（区）粮食安全生态保障的现状和问题进行实证评估。

（1）当量生态服务价值模型

单位面积价值当量因子法首要是构建当量因子表。谢高地、鲁春霞、冷允法等（2003）在科斯坦萨生态系统服务功能分类的基础上，结合我国国情将生态系统服务功能分为供给服务、调节服务、支持服务、文化服务四个大类和食物生产、原材料、气体调节、气候调节、水源涵养、废物处理、土壤形成与保护、生物多样性保护以及娱乐活动 9 个小类，并通过国内 200 多位生态学学者进行问卷调查，得出了"中国生态系统生态服务价值当量因子表"。将 1 公顷全国平均产量的农田每年自然粮食产量的经济价值设为当量"1"，其他生态类型根据生态服务价值与当量经济价值的比值计算出当量因子。对特定区域某一时期 t 而言，当量生态服务价值记为 Ea，且：

$$Ea_t = \frac{1}{7} \cdot \frac{1}{(1+r)^{t-t_0}} \sum_{i=1}^{n} \frac{m_i p_i q_i}{M} \ (i=1, 2, 3\cdots n) \qquad (3-1)$$

其中 $\dfrac{1}{(1+r)^{t-t_0}}$ 的作用是将当量生态服务价值折现，r 为贴现率，取 10%[①]；t 为评估年份；t_0 为基准年份，取 2015 年为基准年份；i 为作物种类（主要包括稻谷、小麦、玉米）；P_i 为 i 作物评估年份的全国平均价格（元/t）；q_i 为 i 种作物单产（吨/公顷）；m_i 为 i 种作物的粮食播种面积

---

① 冉圣宏，吕昌河，贾克敬，等．基于生态服务价值的全国土地利用变化环境影响评价[J]．环境科学，2006，27（10）：2139 – 2144．

（公顷）；M 为粮食作物播种总面积（公顷）。

（2）单位生态服务价值模型

根据公式（3–1）结合研究省份每个当量的经济价值和当量因子表 e_{ij} 能够得出 t 时期研究区其他生态系统或其他服务功能的单价：

$$E_{ij_t} = e_{ij}Ea_t \quad (i = 1, 2, \cdots, 9; j = 1, 2, \cdots, 7) \quad (3–2)$$

其中，E_{ij_t} 为 t 时期研究区 j 种生态系统 i 种生态服务功能的单价（元/公顷）；e_{ij} 为 j 种生态系统 i 种生态服务功能相对于农田生态系统提供生态服务单价的当量因子；i 为生态系统服务功能类型，包括食物生产、原材料、气体调节、气候调节、水源涵养、废物处理、土壤形成与保护、生物多样性保护和娱乐文化；j 为生态系统类型，包括林地、草地、园地、耕地、湿地、水体和未利用土地。

（3）生态服务价值动态调整模型

目前大部分研究采用的当量因子法是一种静态评估方法，对不同区域经济社会发展水平、自然条件、人类对生态服务功能的认知水平与支付意愿的时空差异缺乏考虑，导致估算结果不能反映生态服务功能的时空动态变化①。因此，要对我国粮食主产省份生态服务价值进行时空动态评估就必须找出影响生态服务功能的各种因素，并筛选出关键因子作为变量或者参数，进而构造 ESV 动态评估模型。

生态服务功能与生物量有密切关系，一般来说，生物量越大，生态服务功能越强②。粮食主产区主要的土地利用类型是耕地与林地，因此本书采用耕地与林地生物量构建空间异质调整模型，由于不同区域耕地与林地生物量相差十几倍，为了避免该因子对评估结果造成太大影响，本书采取对数形式构建模型：

$$S_t = \frac{1}{2} \cdot \left(\frac{\log g}{\log G} + \frac{\log w}{\log W} \right) \quad (3–3)$$

其中 g 与 G 分别是 t 时期研究区与全国平均粮食亩产量，w 与 W 分别是 t 时期研究区与全国林分单位面积蓄积量，S_t 为空间异质系数。

---

① 胡喜生. 福州土地生态系统服务价值空间异质性及其与城市化耦合的关系 [D]. 福建农林大学，2012.

② 李博，杨持，林鹏. 生态学 [M]. 北京：高等教育出版社，1999.

人们对生态服务功能的认识是一个渐进的过程，且随着经济社会的发展，人们对生态服务功能的支付意愿会不断增强。因此，本书根据支付意愿因子，结合不同时期城市化水平构建社会发展调整模型[1][2]：

$$l_t = l_0 h / (1 + e^{-(1/En-3)}) H \qquad (3-4)$$

$$T_t = l_t / l \qquad (3-5)$$

其中 l_t 与 l 分别为 t 时期研究省份与全国社会发展系数；l_0 为极富社会发展阶段的支付意愿，取值为 1；h 与 H 分别为 t 时期研究省份与全国的城镇化水平；T_t 为 t 时期研究区支付意愿系数；E_n 为 t 时期恩格尔系数。

（4）Costanza 模型的 ESV 动态算式

在考虑了不同区域的空间异质系数与社会发展系数后，根据 Costanza 模型计算出 t 时期研究区各类生态系统的服务价值、各项服务功能的价值和生态系统服务总价值：

$$V_{j_t} = S_t T_t \sum_{i=1}^{9} A_{j_t} E_{ij_t} \ (i=1, 2, \cdots, 9; j=1, 2, \cdots, 7) \qquad (3-6)$$

$$V_{i_t} = S_t T_t \sum_{j=1}^{6} A_{j_t} E_{ij_t} \ (i=1, 2, \cdots, 9; j=1, 2, \cdots, 7) \qquad (3-7)$$

$$V_t = S_t T_t \sum_{i=1}^{9} \sum_{j=1}^{6} A_{j_t} E_{ij_t} \ (i=1, 2, \cdots, 9; j=1, 2, \cdots, 7) \qquad (3-8)$$

V_{j_t}、V_{i_t}、V_t 分别为研究区 t 时期 j 类土地生态系统的生态服务价值、i 项生态服务功能的价值和生态系统服务的总价值；A_{j_t} 为研究区 t 时期 j 类土地生态系统的面积。

3.2.3　粮食主产区生态系统服务价值时空动态评估实证结果

（1）研究年份粮食主产区当量生态系统服务价值 E_a 测算

本节以"中国生态系统生态服务价值当量因子表"为基础，对 2003 年、2009 年、2015 年我国粮食主产省份生态系统服务价值进行评估测算。根据

---

① 栾维新，崔红艳. 基于 GIS 的辽河三角洲潜在海平面上升淹没损失评估［J］. 地理研究，2004（6）：805－814＋880.

② 肖杨，毛显强. 区域景观生态风险空间分析［J］. 中国环境科学，2006（5）：623－626.

公式（3-1），以 2015 年为基期，得到研究年份粮食主产区单位当量生态系统服务价值 E_a，部分原始结果（附表 11）与运算数据见表 3-1，其中 Q 为粮食产量（单位：千吨），M 为粮食播种面积（单位：平方公里）。

表 3-1　2003 年、2009 年、2015 年粮食主产区当量生态系统服务价值

单位：元/公顷

地区	2003 年			2009 年			2015 年		
	E_{a03}	Q_{03}	M_{03}	E_{a09}	Q_{09}	M_{09}	E_{a15}	Q_{15}	M_{15}
河北	1 678	23 878	5 944	1 762	29 102	6 217	1 643	33 638	6 393
内蒙古	1 130	13 607	4 052	1 132	19 817	5 424	1 389	28 270	5 727
辽宁	2 133	14 983	2 743	1 921	15 910	3 124	1 933	20 025	3 297
吉林	2 203	22 596	4 014	2 084	24 600	4 428	2 264	36 470	5 078
黑龙江	1 006	25 123	8 115	1 314	43 530	11 391	1 720	63 240	11 765
江苏	2 351	24 719	4 660	2 491	32 301	5 272	2 340	35 613	5 425
河南	1 775	35 695	8 923	2 160	53 890	9 684	1 960	60 671	10 267
山东	2 235	34 355	6 415	2 322	43 163	7 030	2 005	47 127	7 492
湖北	2 343	19 210	3 558	2 369	23 091	4 013	2 192	27 033	4 466
湖南	2 455	24 427	4 530	2 564	29 027	4 799	2 278	30 029	4 945
江西	2 268	14 503	3 051	2 402	20 026	3 605	2 212	21 487	3 706
安徽	1 490	22 148	6 157	1 875	30 699	6 606	1 856	35 381	6 633
四川	1 852	30 541	6 387	1 727	31 946	6 419	1 573	34 428	6 454
全国	1 762	430 695	99 410	1 823	530 821	108 986	1 767	621 439	113 343

根据表 3-1 和图 3-1，对 2003～2009 年、2009～2015 年我国粮食主产区当量生态系统服务价值、粮食总产、粮食单产与粮食播种面积变化率进行测算，结果见表 3-2 和图 3-2，其中 ΔE_a、ΔQ、ΔM、ΔP 分别为当量生态服务价值的变化率，粮食总产的变化率、粮食播种面积的变化率与粮食单产的变化率。

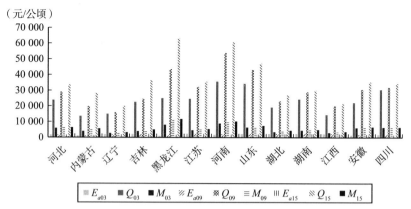

图 3-1 2003 年、2009 年、2015 年粮食主产区当量生态系统服务价值

表 3-2　　　　　2003 年、2009 年、2015 年粮食主产区当量

生态系统服务价值变化率　　单位：%

地区	ΔE_{a1}	ΔQ_1	ΔM_1	ΔP_1	ΔE_{a2}	ΔQ_2	ΔM_2	ΔP_2
河北	5.01	21.88	4.59	16.53	-6.75	15.59	2.83	12.40
内蒙古	0.18	45.64	33.86	8.80	22.70	42.66	5.59	35.11
辽宁	-9.94	6.19	13.89	-6.76	0.62	25.86	5.54	19.26
吉林	-5.40	8.87	10.31	-1.31	8.64	48.25	14.68	29.28
黑龙江	30.62	73.27	40.37	23.44	30.90	45.28	3.28	40.66
江苏	5.95	30.67	13.13	15.50	-6.06	10.25	2.90	7.14
河南	21.69	50.97	8.53	39.11	-9.26	12.58	6.02	6.19
山东	3.89	25.64	9.59	14.65	-13.65	9.18	6.57	2.45
湖北	1.11	20.20	12.79	6.57	-7.47	17.07	11.29	5.20
湖南	4.44	18.83	5.94	12.17	-11.15	3.45	3.04	0.40
江西	5.91	38.08	18.16	16.86	-7.91	7.30	2.80	4.37
安徽	25.84	38.61	7.29	29.19	-1.01	15.25	0.41	14.78
四川	-6.75	4.60	0.50	4.08	-8.92	7.77	0.55	7.18
全国	3.46	23.25	9.63	12.42	-3.07	17.07	4.00	12.57

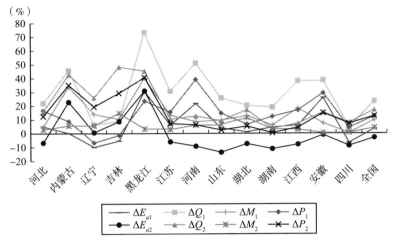

图 3 - 2 2003 年、2009 年、2015 年粮食主产区当量生态系统服务价值变化率

（2）研究期内粮食主产区生态服务价值动态模型调整系数

根据公式（3 - 3）、公式（3 - 4）、公式（3 - 5）计算得到不同时期空间异质系数 S_t、社会发展系数 I_t、支付意愿系数 T_t，见表 3 - 3 和图 3 - 3。

表 3 - 3　　　　2003 年、2009 年、2015 年粮食主产区生态服务价值动态模型调整系数

地区	2003 年			2009 年			2015 年		
	S_t	L_t	T_t	S_t	L_t	T_t	S_t	L_t	T_t
河北	0.81	0.40	0.79	0.86	0.46	0.91	0.88	0.52	0.89
内蒙古	0.91	0.55	1.09	0.88	0.56	1.11	0.94	0.63	1.08
辽宁	1.00	0.71	1.39	0.94	0.63	1.25	0.97	0.70	1.22
吉林	1.14	0.64	1.26	1.09	0.56	1.11	1.13	0.58	0.99
黑龙江	0.90	0.66	1.30	0.94	0.58	1.15	1.01	0.61	1.05
江苏	0.91	0.58	1.14	1.02	0.58	1.15	1.01	0.68	1.18
河南	0.85	0.34	0.66	1.00	0.40	0.78	1.00	0.48	0.82
山东	0.81	0.52	1.03	0.98	0.51	1.00	0.98	0.58	1.00
湖北	0.96	0.52	1.03	0.98	0.48	0.95	0.96	0.58	1.01
湖南	0.95	0.42	0.82	0.99	0.45	0.89	0.94	0.52	0.89

续表

地区	2003 年			2009 年			2015 年		
	S_t	L_t	T_t	S_t	L_t	T_t	S_t	L_t	T_t
江西	0.91	0.40	0.80	0.98	0.45	0.89	0.96	0.53	0.91
安徽	0.82	0.40	0.78	0.92	0.44	0.87	0.95	0.52	0.89
四川	1.08	0.37	0.74	1.04	0.41	0.80	1.02	0.49	0.84
全国	1	0.51	1	1	0.51	1	1	0.58	1

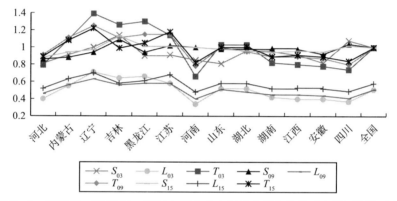

图 3-3　2003 年、2009 年、2015 年粮食主产区生态服务价值动态模型调整系数

（3）研究年份粮食主产区生态服务价值与耕地 ESV 贡献率

由式（3-2）构建粮食主产区各省份单位面积陆地生态系统的服务价值表，然后分别代入公式（3-6）和公式（3-8），可计算出不同生态系统的服务价值（附表12、附表13），A 表示研究年份粮食主产区生态系统服务价值的耕地 ESV 贡献率，结果如表 3-4 和图 3-4 所示。

（4）研究年份粮食主产区食物生产与原材料供给 ESV 及其贡献率

由公式（3-7）得出粮食主产区不同生态服务功能的生态价值，重点考察食物生产与原材料生态服务功能的生态价值，其中 B_1 表示研究年份粮食主产区生态服务价值的食物生产 ESV 贡献率，B_2 表示原材料供给的 ESV 贡献率，见表 3-5。

表 3 - 4　研究期内粮食主产区生态服务价值

单位：10^7 元

地区	2003 年			2009 年			2015 年		
	耕地 ESV	ESV	A（%）	耕地 ESV	ESV	A（%）	耕地 ESV	ESV	A（%）
河北	5 581.44	30 212.89	18.47	6 874.93	39 136.61	17.57	6 645.02	36 041.22	18.44
内蒙古	6 670.91	190 805.1	3.50	6 241.40	198 511.9	3.14	10 195.63	244 856.0	4.16
辽宁	8 918.16	82 128.70	10.86	7 276.77	61 717.59	11.79	9 000.20	67 730.13	13.29
吉林	15 310.82	123 465.7	12.40	10 624.00	91 132.50	11.66	14 105.39	91 423.49	15.43
黑龙江	9 889.45	114 094.1	8.67	13 269.45	134 215.9	9.89	22 866.75	189 606.9	12.06
江苏	10 279.75	50 504.18	20.35	10 984.31	59 935.83	18.33	10 089.16	66 149.19	15.25
河南	6 828.65	21 626.42	31.58	10 539.89	37 421.93	28.17	10 314.76	36 525.07	28.24
山东	10 309.53	50 435.78	20.44	13 496.24	61 950.89	21.79	11 845.49	51 607.72	22.95
湖北	6 096.35	64 537.51	9.45	5 759.78	59 321.80	9.71	5 743.12	74 308.25	7.73
湖南	6 359.08	81 964.79	7.76	6 759.37	95 849.87	7.05	6 252.08	83 037.25	7.53
江西	3 016.49	65 914.28	4.58	4 674.79	82 254.79	5.68	4 717.93	76 975.07	6.13
安徽	3 377.40	20 189.87	16.73	4 940.64	30 807.05	16.04	5 196.99	36 425.90	14.27
四川	5 012.77	107 929.2	4.64	5 750.96	139 136.1	4.13	4 251.79	105 354.0	4.04
合计	97 650.79	1 003 808.	9.73	107 192.5	1 091 392.	9.82	121 224.3	1 160 040.	10.45

表 3-5　研究期内粮食主产区食物生产与原材料供给 ESV

单位：10^7 元

地区	2003 年				2009 年				2015 年			
	食物生产	原材料	B_1（%）	B_2（%）	食物生产	原材料	B_1（%）	B_2（%）	食物生产	原材料	B_1（%）	B_2（%）
河北	999.23	1 680.55	3.31	5.56	1 380.53	2 581.09	3.53	6.60	1 184.31	2 285.29	3.29	6.34
内蒙古	5 254.50	8 946.78	2.75	4.69	5 551.41	12 054.98	2.80	6.07	5 902.58	13 847.4	2.41	5.66
辽宁	1 942.50	5 343.99	2.37	6.51	1 679.35	4 573.92	2.72	7.41	1 755.45	4 535.34	2.59	6.70
吉林	3 203.28	8 476.86	2.59	6.87	2 515.02	6 979.35	2.76	7.66	2 642.41	6 645.16	2.89	7.27
黑龙江	2 407.21	7 588.17	2.11	6.65	3 323.96	10 068.20	2.48	7.50	4 676.04	12 511.8	2.47	6.60
江苏	1 660.03	1 214.78	3.29	2.41	2 026.16	2 040.67	3.38	3.40	1 791.85	2 221.57	2.71	3.36
河南	1 022.06	1 191.66	4.73	5.51	1 792.44	2 601.61	4.79	6.95	1 590.53	2 347.24	4.35	6.43
山东	1 706.93	2 165.81	3.38	4.29	2 419.24	3 217.04	3.91	5.19	1 891.42	2 434.46	3.67	4.72
湖北	1 412.80	4 289.77	2.19	6.65	1 450.12	4 780.02	2.44	8.06	1 460.50	5 111.37	1.97	6.88
湖南	1 642.32	5 808.35	2.00	7.09	2 031.68	7 777.54	2.12	8.11	1 657.40	6 393.86	2.00	7.70
江西	1 076.91	5 141.15	1.63	7.80	1 597.98	7 172.28	1.94	8.72	1 405.12	6 207.49	1.83	8.06
安徽	612.21	1 259.99	3.03	6.24	1 001.39	2 200.77	3.25	7.14	986.50	2 204.77	2.71	6.05
四川	2 471.31	7 781.99	2.29	7.21	3 301.20	11 686.37	2.37	8.40	2 107.44	7 858.67	2.00	7.46
合计	25 411.29	60 889.85	2.53	6.07	30 070.48	77 733.83	2.76	7.12	29 051.55	74 604.46	2.50	6.43

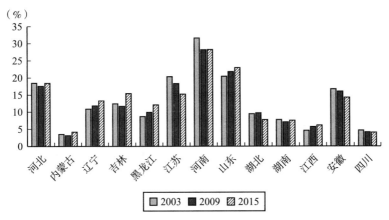

图 3-4　研究年份粮食主产区耕地 ESV 贡献率

3.3　粮食主产区生态系统服务价值的时空演化分析

3.3.1　粮食主产区农田生态系统的粮食供给服务价值与能力

从粮食总产量和粮食播种面积来看，研究期内黑龙江、河南、山东粮食总产量与播种面积较高。其中 2009 年、2015 年黑龙江粮食总产量分别为 4 353 万吨、6 324 万吨，总产量全国最高；2003 年河南粮食总产量 3 569.5 万吨，总产量全国最高。研究期内内蒙古粮食总产最低，2003 年、2009 年、2015 年内蒙古粮食总产分别为 1 360.7 万吨、1 981.7 万吨、2 827.0 万吨。研究期内主产区粮食总产逐年增加，北方内蒙古、东北粮食主产区的黑龙江、吉林以及黄淮海粮食主产区的河南、山东粮食总产高且增速快，是我国粮食安全最重要的保障基地。2009 年、2015 年黑龙江的粮食播种面积位居 13 个粮食主产区之首，2003 年河南粮食播种面积最大。辽宁粮食播种面积最小，2003 年、2009 年、2015 年辽宁粮食播种面积分别为 2 743 平方公里、3 124 平方公里、3 297 平方公里。研究期内主产区耕地面积逐年递增,内蒙古、黑龙江在 2003~2009 年中粮食播种面积增长最快,增速均超过 40%,2009~2015 年主产区粮食播种面积增长速度均减缓,仅吉林与湖北粮食播种面积增速超过 10%,且仅吉林粮食播种面积增速超过 2009 年增速。说明近年来,主产区在维持粮食增产的同时,注重提升粮食生产效率,严控耕地红线。

从单位面积粮食产量来看,研究期内主产区粮食单产逐年增加。2003 年、2009 年、2015 年主产区粮食单产分别为 4.33 吨/平方米、4.87 吨/平方米、5.48 吨/平方米。其中 2003 年吉林、辽宁、江苏、湖北、湖南粮食单产较高,均超过 5.3 吨/平方米,内蒙古、黑龙江最低,分别为 3.36 吨/平方米、3.10 吨/平方米;2009 年江苏、山东粮食单产最高,分别为 6.14 吨/平方米、6.13 吨/平方米,内蒙古粮食单产最低,为 3.65 吨/平方米。2015 年江苏粮食单产最高,为 6.56 吨/平方米,内蒙古粮食单产最低,为 4.94 吨/平方米。2003~2009 年,粮食单产增速最快的省份是河南,为 39.11%,仅辽宁、吉林粮食单产增长速度是负数;2009~2015 年,粮食单产增速最快的省份是黑龙江,主产区所有省份增速均为正,增速最慢的省份是湖南。

从单位面积农田生态系统提供食物生产服务功能的生态价值 E_a 来看,2003 年湖北、湖南、江苏农田生态系统的所能提供的产粮价值位居粮食主产区前三位,分别为 2 343 元/公顷、2 455 元/公顷、2 351 元/公顷,1 公顷耕地能带来的粮食作物价值均超过 2 340 元,黑龙江和内蒙古两省份单位面积农田生态系统提供食物生产服务功能则严重偏低;2009 年湖北、湖南、江西当量生态系统服务价值较高,内蒙古、黑龙江仍严重偏低;2015 年江苏当量生态服务价值最高,内蒙古最低。粮食总产高的省份,农田生态系统的生态产出严重偏低,粮食主产区粮食产能与生态产出存在一定的偏离现象。黄淮海粮食主产区的山东、河南在研究年份粮食总产量与粮食播种面积一直位于粮食主产区前五,而当量生态服务价值却一直较低,说明该区域耕地侵占其他生态效率高的土地利用类型现象较为严重,导致区域生态服务功能与生态效率的损失,生态产出与粮食产能不协调。从时间维度来看,粮食主产区当量生态服务价值 E_a 总体为先升后降趋势,与粮食单产、粮食总产趋势不一致,粮食主产区粮食产能与农田生态系统提供食物生产服务功能的生态价值存在冲突。其中，内蒙古和河北农田生态系统单位面积的生态价值 E_a 提升缓慢，而粮食总产呈倍数增加，农田生态系统服务功能价值与粮食产出呈严重错配现象；长江流域的湖北、湖南与江西农田生态系统单位面积的生态价值 E_a 较高且呈增长趋势，而粮食总产缓慢增长。由于北方内蒙古与河北生态环境脆弱，水资源分布非常不均匀或严重缺水，粮食生产活动严重受制于自然环境与地理条件，且石油农业与粗放的粮食生产活动导致农田生态系统的生态产出与粮食产能严重错配，因此尽管粮食年年增产，但当量生态价值却很低。长江流域各省份生态环境优良，农田生态系统当量生态价值较高且增速较快，粮食产能与生态产出潜力较大，应更多地承担主产区粮食安全的责任。

3.3.2 粮食主产区生态系统服务价值与耕地 ESV 贡献率分析

研究期内粮食主产区生态系统服务价值呈逐年递增的趋势，2003 年、2009 年、2015 年粮食主产区生态系统服务价值分别为 100 380.86 亿元、109 139.28 亿元、116 004.03 亿元。2003 年生态系统服务价值从高到低依次为内蒙古 > 吉林 > 黑龙江 > 四川 > 辽宁 > 湖南 > 江西 > 湖北 > 江苏 > 山东 > 河北 > 河南 > 安徽，2009 年生态系统服务价值从高到低依次为内蒙古 > 四川 > 黑龙江 > 湖南 > 吉林 > 江西 > 山东 > 辽宁 > 江苏 > 湖北 > 河北 > 河南 > 安徽，2015 年粮食主产区生态系统服务价值从高到低依次为内蒙古 > 黑龙江 > 四川 > 吉林 > 湖南 > 江西 > 湖北 > 辽宁 > 江苏 > 山东 > 河南 > 安徽 > 河北。其中 2003 年、2009 年、2015 年内蒙古生态系统服务价值均最高，分别为 19 080.51 亿元、19 851.19 亿元和 24 485.61 亿元，由于土地利用类型与土地面积的原因，内蒙古生态服务价值高，而单位面积生态服务价值严重偏低，说明内蒙古粮食生产活动的生态安全潜力较低。研究期内黄淮海粮食主产区的山东、河北和河南以及安徽生态系统服务价值均较低，说明这四省生态系统的土地利用类型分布不利于整个区域生态服务价值的提升，生态系统提供的水源涵养、气体调节、气候调节、生物多样性保护功能等功能实现能力均不足。具体到各省而言，研究期内生态系统服务价值逐年递增的省份有内蒙古、黑龙江、江苏和安徽；研究期内生态系统服务价值先增加后减少的省份有河北、河南、山东、湖南、江西和四川；研究期内生态服务价值先减少后增加的省份有辽宁、吉林和湖北。

就耕地对整个陆地生态系统的 ESV 贡献率分析，研究期内粮食主产区耕地的 ESV 贡献率逐年增加。2003 年粮食主产区生态服务价值中耕地 ESV 贡献率为 9.73%，2009 年粮食主产区耕地 ESV 贡献率为 9.82%，2015 年粮食主产区耕地 ESV 贡献率为 10.45%，农田生态系统的生态产出效率与潜力逐渐改善。其中河南、江苏耕地对整个陆地生态系统的 ESV 贡献率相对较高，2003 年河南与江苏耕地对整个陆地生态系统的 ESV 贡献率分别为 31.58%、20.35%，2009 年耕地的 ESV 贡献率分别为 28.17%、18.33%，2015 年耕地的 ESV 贡献率分别为 28.24%、15.25%，2003~2009 年这两省耕地面积增长均超过 8%，2009~2015 年耕地面积增速均超过 2%，耕地面积不断增加而耕地的 ESV 贡献率不断降低，说明这两省农田生态系统的生态产出效率较低。内蒙古、黑龙江耕地对陆地生态的 ESV 贡献率较低，其中内蒙古 2003 年、2009 年、2015 年耕地对陆地生态 ESV 贡献率分别为 3.50%、3.14%、4.16%，黑龙江 2003 年、2009 年、2015 年耕地对陆地生态 ESV 贡献率分别为 8.67%、9.89%、12.06%，2003~2009 年黑龙江、内蒙古两省份耕地面积增长率超过 30%，2009~2015 年耕地面积增长率超过 3%，说明内蒙古、黑龙江农田生态系统的生态产出效率严重偏低，且耕地对陆地生态 ESV 贡献率的增长主要源自耕地面积增长。辽宁、吉林、山东、湖北、湖南与江西等省份耕地对陆地生态 ESV 贡献率逐渐增长或相对稳定。

3.3.3 粮食主产区食物生产与原材料供给的 ESV 贡献率分析

生态系统服务功能包括供给服务、调节服务、支持服务和文化服务。从粮食主产区确保粮食安全职能属性的角度考虑，供给服务（食物生产和提供原材料服务功能）价值应是粮食主产区生态服务价值中最重要的构成。但研究期内粮食主产区粮食作物和原材料供给服务对 ESV 贡献均严重偏低，呈先增加后减少的变化趋势。2003 年、2009 年、2015 年食物生产的 ESV 贡献率分别为 2.53%、2.76%、2.50%，2003 年、

2009 年、2015 年原材料供给的 ESV 贡献率分别为 6.07%、7.12%、6.43%。就具体省份而言,研究期内河南的食物供给贡献率最高,仅为 4.73%、4.79%、4.35%,研究期内江西的食物供给贡献率最低,仅为 1.63%、1.94%、1.83%。江西的原材料供给贡献率最高,分别为 7.80%、8.72%、8.06%,江苏的原材料供给贡献率最低,分别为 2.41%、3.40%、3.36%。粮食主产区供给服务价值对生态系统服务价值的贡献率严重偏低,因此从生态系统服务价值构成来看,13 个粮食主产区耕作引发的生态服务价值损失现象突出。

3.3.4 生态系统服务价值的空间异质性分析[①]

从粮食主产区生态系统服务价值时空演变来看,2015 年我国北方内蒙古以及东北粮食主产区的黑龙江、吉林生态系统服务价值最高,其次是位居长江流域的四川、湖南、湖北、江西四省,而黄淮海粮食主产区的山东、河南、河北以及安徽生态系统服务价值则较低。2015 年单位面积生态系统服务价值从高到低排序依次为:江苏 > 江西 > 湖南 > 辽宁 > 吉林 > 湖北 > 黑龙江 > 山东 > 安徽 > 四川 > 河南 > 河北 > 内蒙古。2009 年单位面积生态系统服务价值从高到低排序依次为:江苏 > 湖南 > 吉林 > 江西 > 辽宁 > 湖北 > 山东 > 四川 > 黑龙江 > 安徽 > 河南 > 河北 > 内蒙古,2003 年单位面积生态系统服务价值从高到低排序依次为:吉林 > 辽宁 > 湖北 > 江苏 > 湖南 > 江西 > 山东 > 四川 > 黑龙江 > 安徽 > 河北 > 内蒙古 > 河南。

研究期内内蒙古单位面积生态服务价值最低,说明内蒙古粮食生产活动受到较大的生态资源限制,粮食安全保障的潜能有限。研究期内黄淮海粮食主产区的山东、河南、河北与安徽无论生态系统服务总价值还是单位面积生态系统服务价值均严重偏低,粮食种植活动的生态安全问题在 13 个粮食主产区中较为突出。长江流域粮食主产区基本保持与其自然资源相匹配的生态服务价值与单位面积生态服务价值,粮食生产活动有可靠的生

---

① 宋焱. 我国粮食主产区粮食生产与生态环境的协调性研究 [D]. 南昌大学,2018.

态安全保障。

3.3.5 小结

一是粮食主产区粮食产能、农田生态系统供给当量价值与耕地面积存在偏离与失调现象。研究期内粮食播种面积与粮食播种面积增速排名靠前的河南、山东、安徽、河北、四川、黑龙江等省份并未形成与之相应的粮食产量地位以及当量生态系统服务价值地位。其中黑龙江、山东、河南，粮食总产量与粮食播种面积一直位于主产区前五，而当量生态服务价值却一直严重偏低，耕地侵占高生态效率的其他土地利用类型现象严重，生态产出与粮食产能不协调。黄淮海粮食主产区的河北、河南与北方内蒙古，粮食总产量年均增长20%，当量生态服务价值年均增长不超过10%甚至减少，粗放型农业生产活动与石油农业对农业可持续发展带来严重隐患。

二是粮食主产区生态系统服务价值与生态效率差异显著，研究期内黄淮海粮食主产区的山东、河北、河南与安徽的林地、草地、耕地、湿地、水体、未利用地等土地利用类型不利于整个生态服务价值的提升，农田生态系统的生态服务价值偏低。由于土地利用类型与土地面积，内蒙古生态服务价值高而单位面积生态服务价值严重偏低，内蒙古粮食生产活动的生态安全潜力较低。耕地对整个陆地生态系统的 ESV 贡献率相对较高的河南与江苏，耕地面积不断增加而耕地的 ESV 贡献率不断降低，说明这两省农田生态系统的生态产出效率较低。耕地对陆地生态 ESV 贡献率较低的黑龙江与内蒙古，耕地面积大幅度增长而耕地对陆地生态 ESV 小幅增长，耕地对陆地生态 ESV 贡献率的增长主要来源于耕地面积增长，耕地生态效率严重偏低。因此粮食主产区应挖掘农田生态系统的生态效率。

三是粮食生产活动带来的生态服务价值与生态效率损失问题突出，生态供给服务价值严重偏低，生态产出效率和粮食产能效率损失的问题正逐渐成为粮食主产区粮食安全和生态安全保障的巨大隐患。我国粮食主产省份总体生态资源丰裕，应注重承担粮食安全主体功能与重要的生态安全保

障功能。其中首要的是生态调节服务职能，如土壤形成与保护、水源涵养
与气候调节等功能。生态用地和农业用的矛盾正在粮食主产区显现，生态
系统的食物生产和原材料供给服务价值对整个陆地生态系统的 ESV 贡献
率偏低。生态安全和粮食安全的冲突和矛盾较为尖锐。

四是粮食主产区生态系统服务价值时空分异明显。生态服务价值最高
的省份集中在我国生态脆弱性问题较严峻的北方内蒙古与东北黑龙江、吉
林。生态资源较好的长江流域各省份（湖南、湖北、江西、江苏、四川）
基本保持了与其生态资源相匹配的生态系统服务价值。而中东部四省（山
东、河南、河北、安徽）的当量生态服务价值、生态系统服务总价值与单
位面积生态系统服务价值均偏低，区域粮食生产与生态环境协调性较差，
粮食生态安全问题突出。

3.4　粮食主产区粮食产能与生态价值的空间自相关分析

3.4.1　空间自相关内涵与模型构建

空间自相关基于的原理是地理学第一定律：所有的地理事物都存在关
系，但较近的事物比较远的关联性更强。粮食生产与生态保护是一对矛盾
综合体，粗放的粮食生产活动与石油农业严重制约生态承载，而生态环境
支撑粮食生产活动的可持续发展。因此，本节基于空间自相关模型分析研
究粮食产出与生态产出的空间自相关，以期发现粮食生产与生态环境的空
间协调性。

（1）全局空间自相关

全局空间自相关是用来检验整个研究区域某一空间属性是否存在空间
依赖性，进而分析所有对象之间的平均空间关联、空间分布模式及其显著
性。一般用莫兰指数表示，其中莫兰指数计算公式为：

$$I = \frac{\sum_{i=1}^{n} \sum_{j=1, j \neq i}^{n} W_{ij} (Y_i - \overline{Y})(Y_j - \overline{Y})}{S^2 \sum_{i=1}^{n} \sum_{j=1, j \neq i}^{n} W_{ij}} \tag{3-9}$$

莫兰指数取值范围是 $[-1, 1]$，得出指数值后进行 z 检验[①]。当 $z_I >$ 1.96 时，表示观测值之间存在显著空间正相关，即高观测值与高观测值空间聚集（H–H 聚集，高属性–高空间滞后聚集）或低观测值与低观测值空间聚集（L–L 聚集，低属性–低空间滞后聚集），呈现空间聚集格局；当 $z_I < -1.96$ 时，表示观测值之间存在显著负相关，高观测值与低观测值聚集（H–L 异常，高属性–低空间滞后异常），低观测值与高观测值聚集（L–H 异常，低属性–高空间滞后异常），呈现空间异常格局：

$$z_I = \frac{I - E(I)}{\sqrt{Var(I)}} \tag{3-10}$$

（2）局部空间自相关

安瑟兰（Anselin, 1995）认为局部空间自相关性可以研究不同地理位置上可能存在的空间关联模式，从而发现局部区域空间聚集性和分异性。局部空间自相关（Local Moran's Ⅰ）的计算公式为：

$$I_i = \frac{Y_i - \overline{Y}}{S^2} \sum_{j=1, j \neq i}^{n} W_{ij}(Y_j - \overline{Y}) \tag{3-11}$$

式中，$S^2 = \frac{1}{n} \sum_{i=1}^{n} (Y_i - \overline{Y})^2$；$\overline{Y} = \frac{1}{n} \sum_{i=1}^{n} Y_i$；$Y_i$ 和 Y_j 分别表示第 i 个第 j 个地区的属性值，I_i 是第 i 个区域局部莫兰指数，n 为地区总数（本节中地区划分为 13 个），W_{ij} 是基于地区 ij 空间邻接关系建立的权重矩阵，$E(I)$ 是莫兰指数期望，$Var(I)$ 是莫兰指数方差。

（3）双变量空间自相关

为了分析多个变量之间的空间关联性，安瑟兰（2002）等提出双变量空间自相关分析方法。双变量空间自相关分析所产生的莫兰值是用所有相邻位置区域属性的加权平均值来评估一个位置的变 x 量值与其他变量的相

---

① 孟斌，王劲峰，张文忠，刘旭华. 基于空间分析方法的中国区域差异研究 [J]. 地理科学，2005，25（4）：11–18.

关程度。其定义为：

$$I_{lm}^{i} = z_l^i \sum_{j=1}^{n} w_{ij} z_m^j \qquad (3-12)$$

式中，w_{ij} 是基于区域 i 和 j 空间邻接关系建立的权重矩阵，$z_l^i = \dfrac{X_l^i - \overline{X}_l}{\sigma_l}$，$z_m^j = \dfrac{X_m^j - \overline{X}_m}{\sigma_m}$，$X_l^i$ 是空间单元 i 属性 l 的值、X_m^j 是空间单元 j 属性 m 的值，$\overline{X}_l$、$\overline{X}_m$ 是属性 l、m 的平均值，σ_l、σ_m 是属性 l、m 的方差。

3.4.2　生态服务价值与粮食产能空间自相关及分异的实证分析

（1）单变量空间自相关及分异

刘旭华等（2002）认为传统的空间权重矩阵可按照空间边界邻近关系，或者从地方区域中心出发依照一定距离设置空间关系矩阵，以探索不同空间范围内所形成的空间组织关系。由于四川与湖北、湖南间隔重庆市，所以本节采用基于距离标准的方法建立空间权重矩阵，运用 Arcgis 软件建立含有主产区各省份质心经纬度、各指标属性的 shp 文件，然后导入到 Geoda 中进行单变量全局空间自相关与局部空间自相关分析。得到研究年份全局空间自相关 Moran's Ⅰ 指数见表 3-6。

表 3-6　　　　　　　　单变量全局空间自相关结果

年份	实证结果	生态价值	粮食产能	
			粮食产量	粮食单产
2015	Moran's Ⅰ	0.013	0.015	0.04
	p Value	<0.005	<0.005	<0.001
	z(I)	2.187	3.5	16.67
2009	Moran's Ⅰ	0.011	0.012	0.0382
	p Value	<0.01	<0.01	<0.001
	z(I)	5.129	3.837	10.286

年份	实证结果	生态价值	粮食产能	
			粮食产量	粮食单产
2003	Moran's I	0.541	0.850	−0.0315
	p Value	<0.001	<0.001	<0.001
	z(I)	73.784	105.481	−3.313

注：p 表示概率，z(I) 为检验值，z < −1.96 或 z >1.96 时，p <0.05，置信度大于95%。

由表 3 - 6 可知，除 2003 年粮食单产全局空间自相关莫兰指数均负，主产区生态服务价值、粮食总产量与粮食单产的全局空间自相关莫兰指数均为正且 p 值小于0.01。粮食主产区粮食产量、单产以及生态系统服务价值在单一变量分布上不具随机性，而是呈现空间自相关性，具有一定聚集效应。

从粮食主产区生态服务价值看，主要呈现两个聚集区，一是内蒙古、黑龙江、吉林、四川、湖南、湖北、江西生态服务高价值聚集区，二是山东、河南、河北、安徽等低生态价值组团。生态系统服务价值当量来看，我国东北和长江流域的黑龙江、吉林、辽宁和湖南、湖北、江西是生态服务高价值聚集区，位处我国东中部的山东、河南、河北、安徽生态系统价值当量则较低，仍属低价值组团。综合而言，13 个粮食主产省（区）无论是单位面积还是总生态系统价值均呈现出高、低两个价值聚集区，具有显著的同向溢出效应。

从粮食主产区的粮食产能来看，粮食产量形成了黑龙江、吉林以及河南、山东、江苏、安徽高价值聚集区，其中 2015 年黑龙江、河南的粮食产量分别为 6 240 万吨和 6 067.1 万吨，2009 年黑龙江、河南的粮食产量分别为 4 353 万吨和 5 389 万吨，远远高于周边各省。从粮食单产方面来看，2015 年粮食单产从高到低排序依次为：吉林 > 江苏 > 山东 > 湖南 > 湖北 > 江西 > 河南 > 辽宁 > 黑龙江 > 河北 > 四川 > 安徽 > 内蒙古。粮食产量最高的黑龙江和河南在粮食单产排名仅位于中游，粮食单产高的省份集中分布在中、东部四省以及长江流域三省和吉林。综合来看，粮食主产区粮食产能存在明显的空间分异特征。东北的黑龙江、吉林以及中、东部的山东、江苏、河南是中国粮食安全的最重要保障地区。长江中游各省无论粮食单产还是粮食产量均稳定，是粮食安全的重要保障地区。中、东部的河南、山东、安徽粮食产量大，但是粮食单产较低。

从生态服务价值与粮食产能的全局空间自相关莫兰指数时空演变来看，生态服务价值与粮食总产的空间聚集效应越来越弱，粮食单产由空间分异逐渐演变成空间聚集。说明虽然生态产出价值与粮食总产呈上升趋势，但区域相互影响越来越弱，而粮食单产区域相互影响越来越强。因此相邻省份应增强区域生态保护合作，培养跨省（区）协同发展意识，走绿色农业发展道路。

（2）双变量全局空间自相关分析

基于距离标准建立空间权重矩阵，分别计算粮食产能（粮食产量、粮食单产）与全域生态系统服务价值的全局空间自相关莫兰指数。双变量空间自相关分析所产生的莫兰值是用所有相邻位置某变量的加权平均值评估一个位置的变 x 量值与该变量的相关程度。由表 3 - 7 可知，粮食总产量、粮食单产与生态服务价值的双变量莫兰指数均小于 0，且均通过了显著性检验，说明粮食总产量、粮食单产与生态服务价值存在显著的空间负相关。其中粮食产量与生态服务价值的空间负相关性较强，2003 年、2009 年、2015 年莫兰指数分别为 - 0.238、- 0.179、- 0.137；粮食单产与生态服务价值的空间负相关性较弱，莫兰指数分别为 - 0.085、- 0.047、- 0.017。说明由于受到地貌、土地利用结构等因素的影响，主产区粮食产能与生态服务价值呈现空间负相关，但粮食单产与生态服务价值的空间负相关更小，因此提升粮食生产效率是保障主产区粮食生产活动与生态环境协调发展的有效途径。

粮食生产对生态系统服务功能结构的影响及关系来看，粮食总产量、粮食单产与食物生产功能、废物处理功能呈现空间正相关，与其他服务功能均呈现空间负相关。粮食总产量与粮食单产的提升对区域食物生产服务功能产生空间正影响。其中粮食单产的提升对食物生产功能的空间正影响大于粮食总产量的提升对食物生产功能的空间正影响，说明粮食生产效率的提升对保障区域粮食安全更为重要。粮食产能与生态服务价值中的废物处理功能呈现空间正相关，说明高质量农田生态系统较其他土地类型有更好的废物处理能力。粮食总产量与生态系统的气体调节价值呈现空间负相关，说明大气环境对区域土地转变为耕地和化肥农药滥用造成的生态影响更敏感。粮食单产的提升对土壤的形成与保护功能的空间负影响最大，说明改善耕地、提高粮食单产不利于土壤生态的形成与保护。总体来看，我国粮食主产区粮食总产量的提升对生态服务功能的空间负影响均大于粮食单产的提升对生态服务功能的空间负影响。为此，强调粮食生产规模而不关心粮食生产效率，会对区域生态环境造成严重负影响，区域粮食安全和生态安全将得不到保障。

表3-7　　　　粮食产能与生态系统服务价值的双变量空间自相关性

生态服务功能	2003 年		2009 年		2015 年	
	粮食产量	粮食单产	粮食产量	粮食单产	粮食产量	粮食单产
食物生产	0.033 **	0.138 **	0.028 **	0.109 **	0.014 **	0.078 **
原材料	− 0.263 **	− 0.093 **	− 0.219 **	− 0.067 **	− 0.157 **	− 0.045 **
气体调节	− 0.288 **	− 0.085 **	− 0.236 **	− 0.058 **	− 0.178 **	− 0.035 **
气候调节	− 0.223 **	− 0.090 **	− 0.187 **	− 0.072 **	− 0.104 **	− 0.057 **
水源涵养	− 0.184 **	− 0.013 **	− 0.105 **	− 0.009	− 0.078 **	− 0.005
废物处理	0.079 **	0.125 **	0.049 *	0.093 **	0.018 *	0.065 **
土壤形成与保护	− 0.274 **	− 0.137 **	− 0.184 **	− 0.105 **	− 0.155 **	− 0.084 **
生物多样性保护	− 0.243 **	− 0.125 **	− 0.196 **	− 0.092 **	− 0.145 **	− 0.075 **
娱乐文化	− 0.345 **	− 0.293 **	− 0.308 **	− 0.185 **	− 0.209 **	− 0.103 **
生态服务价值	− 0.238 **	− 0.085 **	− 0.179 **	− 0.047 **	− 0.137 **	− 0.017 *

注：** 和 * 分别表示在置信度为99% 和95% 时，相关性是显著的。

就时间维度来考察粮食生产活动对生态系统服务功能的影响，2003 ~ 2015 年，粮食产能与生态服务价值、生态系统各项服务功能价值的空间影响逐渐减弱。说明区域粮食生产与生态环境的空间协调性逐渐好转，但粮食产能与区域生态价值仍为空间负影响。

（3）双变量局部空间自相关分析①

在 z 检验的基础上（$P = 0.05$）绘制双变量局部空间自相关 LISA 聚集图，用于表征研究年份区域生态服务价值与其邻域粮食产能均值之间的局域空间关系，即高—高（high - high）、低—低（low - low）的空间正相关和低—高（low - high）、高—低（high - low）的空间负相关。

生态服务价值与粮食总产量、粮食单产的双变量 LISA 分布图显示分异明显，但整体上空间分异性相似。研究期内生态服务价值与粮食产量高—低聚集区集中分布在辽宁、吉林与内蒙古，区域生态服务价值较邻近省高，粮食产量较邻省低，表明这些省份土地生态资源的利用有利于整个区域生态服务功能提升，但粮食产出较低。低—高聚集区集中分布在河北、河南、山东和安徽四省，生态服务价值较邻近省低，粮食产量较邻近省份高，表明四省耕地侵占其他土地生态系统现象严重，粮食生产活动受到资源环境约束，粮食生态安全得不到保障。高—高聚集区集中分布在长江流域各省和黑龙江，这些省份生态服务价值与粮食产量均较邻省高，且相互影响具有同向外溢作用。

研究期内生态服务价值与粮食单产高—低聚集区集中分布在辽宁、吉林与内蒙古，区域生态服务价值较邻近省高，粮食单产较邻省低，由于受到自然资源禀赋、地貌、土地利用结构等因素影响，这些省份粮食生产活动受到生态环境制约，粮食单产较低而除供给服务之外的其他生态服务功能良好。低—高聚集区集中分布在河北、河南、山东和安徽四省，生态服务价值较邻近省低，粮食单产较邻近省份高，这些省份粮食生产潜力较大，但粗放型农业与石油农业发展方式严重制约区域农业生态安全，生态系统各项调节功能实现不足。高—高聚集区集中分布在我国自然资源丰富的长江流域，这些省份生态服务价值与粮食单产均较邻省高，粮食生产潜力较大，生态系统各项调节功能为区域农业活动提供有效支撑。

（4）小结

本节基于生态系统服务价值的视角，运用空间自相关模型莫兰指数对中国粮食主产区粮食产能与生态价值的空间相关性进行料实证测算和评

---

① 宋焱. 我国粮食主产区粮食生产与生态环境的协调性研究［D］. 南昌大学，2018.

估，初步形成如下研究结论：

一是粮食主产区生态服务价值、粮食产能空间聚集效应明显。2015 年生态服务价值、粮食总产量、粮食单产全局空间自相关莫兰指数分别为 0.013、0.015、0.040，2009 年生态服务价值、粮食总产量、粮食单产全局空间自相关莫兰指数分别为 0.011、0.012、0.038，2003 年生态服务价值、粮食总产量、粮食单产全局空间自相关莫兰指数分别为 0.541、0.850、−0.032。生态服务价值、粮食产能空间属性相同的区域会趋向聚集到一起，呈现"俱乐部效应"，即会对周边邻近区域产生同向外溢作用。研究期内生态服务价值与粮食总产的空间聚集效应越来越弱，粮食单产由空间分异逐渐演变成空间聚集。说明虽然生态产出价值与粮食产能呈上升趋势，但区域粮食总产与生态服务价值之间的影响越来越弱。因此相邻省份应增强区域生态保护合作，培养跨省（区）协同发展意识，走绿色农业发展道路。

二是生态服务价值、粮食产能局部双变量空间自相关不协调。除黑龙江、四川二省在生态价值和粮食产能呈现"高—高"价值聚集外，其他粮食主产区均表现出不同程度的粮食产能与生态价值的地位以及资源配置上的空间不协调。"高—低"空间自相关的有内蒙古、吉林和辽宁，"低—高"自相关的有河北、河南、山东和安徽。

三是粮食主产区的粮食生产对生态系统服务功能具有显著影响，粮食产量、粮食单产与整个陆地生态系统的生态服务价值存在显著的空间负相关，其中粮食产量与生态服务价值的空间负相关性较强。粮食产能与生态服务价值中食物生产、废物处理功能呈现空间正相关，与气体调节、土壤形成与保护、水源涵养等生态服务功能呈现空间负相关。粮食产量增加会对区域耕地生态环境产生负影响，而粮食单产产生了正影响。可见粮食生产效率提升是确保粮食安全和生态安全双重目标的重要途径，粮食安全应立足于粮食生产效率，而不单纯粮食产量的提高，否则粮食生态安全将得不到保障。

四是由于受到地貌、土地利用结构等因素的影响，某些省份生态功能较明显而粮食产出相对较低，导致粮食产出与生态服务功能的空间负相关与空间不协调现象。为了使生态价值得到合理补偿，应该建立生态补偿机制，促进农业的供给侧改革，走食物生产与生态服务功能协调发展的路子。

3.5　粮食主产区粮食产量与生态价值的协调度分析

3.5.1　协调度内涵

协调度是衡量协调状况好坏的指标，指的是系统之间或系统要素之间在发展过程中相互影响到达和谐一致的平衡状态。目前主要的协调度分析方法有：指标体系分析法、数据包络法、能值分析法等，其中指标体系法运用最为广泛。黄建欢等（2014）通过系统分析法，分析研究我国资源、环境和经济的协调度和不协调度来源，研究表明资源、环境和经济不协调的首要来源是环境无效率，但资源无效率和经济无效率也不容忽视；环境无效率主要源自烟尘和固体废物的产出无效率，资源无效率主要来源于耕地、人力资源和水的投入无效率。李名升（2009）运用面板数据对1996年以来各省份经济—环境协调度进行了研究，研究表明协调度经历了下降后上升的"U"型曲线过程，但总体上大幅提高，经济—环境协调发展历程受经济发展影响较大。刘定惠（2011）在阐述区域经济、旅游业与生态环境相互协调发展的作用机理的基础上，建立了区域经济—旅游—生态环境耦合协调度指标体系，并引入耦合协调度数学模型及计算方法对安徽省1990～2008年经济—旅游—生态环境耦合协调度进行了实证分析。研究发现近年来三者的耦合协调关系处于颉颃状态，生态环境已经成为制约耦合协调度进一步提高的瓶颈。

生态系统提供的服务功能是粮食生产活动可持续发展的基础，而生态服务价值作为表征区域可持续发展的一项综合指标，分析研究生态服务功能价值与粮食产能的协调度，对分析研究我国粮食安全与生态安全协同发展问题有重要意义。

3.5.2　粮食产量与生态价值协调度模型

吴建寨（2007）以区域土地利用/覆被数据为基础，分析了天山北坡生态系统服务价值的时空变化特征，并通过构建生态经济协调度（EEH）指数评价了区域生态经济发展水平及区域差异性。由当量生态服务价值定义可知，粮食单产与当量生态服务价值正相关，而粮食总产与生态系统服务价相关性更大，因此本节在参考相关文献[1][2]的基础上，提出生态农业协调度（EAH）来评价粮食主产区粮食总产与生态价值的协调水平，计算公式：

$$EAH = \frac{V_r}{Q_r} \tag{3-13}$$

$$V_r = \frac{V_j - V_i}{V_i} \tag{3-14}$$

$$Q_r = \frac{Q_j - Q_i}{Q_i} \tag{3-15}$$

其中，V_i、V_j 分别为研究区某时期始、末年份的生态服务价值；Q_i、Q_j 分别为研究区某时期始、末年份粮食总产量。

$EAH < -1$ 表明研究期生态系统服务价值显著降低，且降低速度严重高于粮食总产的增长速度。粮食总产与生态服务价值已经呈严重的负相关，一方面粮食单产降低导致单位面积农田生态系统的生态价值 E_a 降低，另一方面生态产出效率低的耕地侵占生态效率高的其他土地利用类型。此时，粮食产能显著地受制于生态环境的制约。

$-1 \leqslant EAH < 0$ 表明研究期间生态系统服务价值的增长为负，粮食总产与生态服务价值呈负相关，区域生态农业发展水平不协调。$-0.5 \leqslant EAH < 0$ 表明该区域生态农业轻度冲突，$-1 \leqslant EAH < -0.5$ 表明该区域

---

①　魏晓旭，赵军，魏伟，颉斌斌. 基于县域单元的中国生态经济系统协调度及空间演化［J］. 地理科学进展，2014，33（11）：1535-1545.

②　刘海龙，石培基，李生梅，童华丽，聂晓英，魏伟. 河西走廊生态经济系统协调度评价及其空间演化［J］. 应用生态学报，2014，25（12）：3645-3654.

生态农业中度冲突。

$0 \leqslant EAH < 1$ 表明研究期间生态系统服务价值增长速度低于粮食产能增长速度。粮食总产与生态服务价值呈正相关，但存在潜在的危机。EAH 越小表示生态农业协调水平越低，$0 \leqslant EAH < 0.5$ 说明该区域生态农业轻度协调，$0.5 \leqslant EAH < 1$ 说明该区域生态农业中度协调。

$EAH > 1$ 表示研究期内生态系统服务价值的增长不低于粮食总产增长速度。此时区域现实情景会有两种：一是生态环境与粮食生产协调性非常好，研究区生态农业发展为高度协调水平；二是如果区域在研究期的初始段内，生态环境已经遭遇到严重破坏，为提高区域生态系统对粮食安全的现实支撑能力，不得不进行生态保育、提高生态系统的服务功能，此时，粮食产能受制于生态环境的约束。

3.5.3　研究年份粮食主产区生态农业协调度

由公式（3-13）、公式（3-14）、公式（3-15）得出研究年份粮食主产区生态农业协调度以及区域生态农业协调水平，见表 3-8 和图 3-5。

表 3-8　　　　　研究年份粮食主产区生态农业协调度

地区	2003~2009 年		2009~2015 年		2003~2015 年	
	生态农业协调度指数（EAH）	生态农业协调水平	生态农业协调度指数（EAH）	生态农业协调水平	生态农业协调度指数（EAH）	生态农业协调水平
河北	1.35	高度协调	-0.51	中度冲突	0.47	低度协调
内蒙古	0.09	低度协调	0.55	中度协调	0.26	低度协调
辽宁	-4.02	高度冲突	0.38	低度协调	-0.52	中度冲突
吉林	-2.95	高度冲突	0.01	低度协调	-0.42	低度冲突
黑龙江	0.24	低度协调	0.91	中度协调	0.44	低度协调
江苏	0.61	中度协调	1.01	高度协调	0.70	中度协调
河南	1.43	高度协调	-0.19	低度冲突	0.98	中度协调

续表

地区	2003~2009 年		2009~2015 年		2003~2015 年	
	生态农业协调度指数（EAH）	生态农业协调水平	生态农业协调度指数（EAH）	生态农业协调水平	生态农业协调度指数（EAH）	生态农业协调水平
山东	0.89	中度协调	-1.82	高度冲突	0.06	低度协调
湖北	-0.40	低度冲突	1.48	高度协调	0.37	低度协调
湖南	0.90	中度协调	-3.87	高度冲突	0.06	低度协调
江西	0.65	中度协调	-0.88	中度冲突	0.35	低度协调
安徽	1.36	高度协调	1.20	高度协调	1.35	高度协调
四川	6.29	高度协调	-3.13	高度冲突	-0.19	低度冲突
主产区	0.29	低度协调	0.33	低度协调	0.28	低度协调

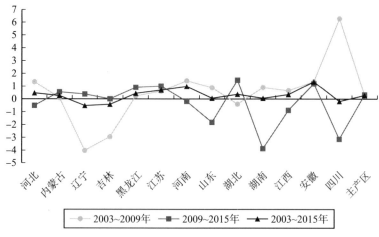

图 3-5　研究期内粮食主产区生态农业协调度

总体来看，主产区粮食总产与生态服务价值协调性越来越好，2003~2009 年主产区生态农业协调度为 0.29，2009~2015 年生态农业协调度为 0.33，但主产区生态农业为轻度协调，存在潜在的危机。

就具体省份而言，2003~2009 年，生态农业高度协调的省份是河北、河南、安徽和四川，这四省粮食总产不断提升的同时，表征生态系统服务功能综合指标的生态服务价值也不断提升且增速高于粮食总产的提升速度，说明生态环境与粮食生产协调性非常好；生态农业中度协调的省份是江苏、湖南、四川、山东，这四省粮食总产不断提升的同时生态服务价值也不断提升，但增速低于粮食总产的提升速度，生态环境与粮食生产协调性较好，生态农业低度协调的省份是内蒙古、黑龙江与湖北；生态农业高度冲突的省份是辽宁与吉林两省，生态产出与粮食总产协调性很差，粮食安全严重受制于生态环境。2009～2015年，生态农业高度协调的省份是江苏、湖北与安徽，中度协调的省份是内蒙古与黑龙江，低度协调的省份是辽宁与吉林，生态农业高度冲突的省份是四川、湖南与山东，中度冲突的省份是河北与江西，低度冲突的是河南。

从粮食主产区生态农业协调度时间演变来看，2003～2009年生态农业协调的省份有10个，生态农业冲突的省份有3个，2009～2015年生态农业协调的省份有7个，生态农业冲突的省份有6个，生态农业冲突的省份增加三个。其中河北、河南、山东、湖南、江西与四川生态农业协调度由中高度协调转变为中高度冲突，2003～2009年生态服务价值增速超过粮食总产增速，而2009～2015年生态服务价值减少速度超过粮食总产提升速度。2003～2009年这些省份当量生态服务价值增速均超过3.5%，尤其是河南当量生态服务价值增速为21.69%。另外，这些省份的支付意愿系数T_t由均值0.8提升到均值0.9，人们对于生态系统服务功能的支付意愿不断提升，导致虽然耕地面积与粮食单产不断增加，但区域生态服务价值增速仍高于粮食总产增速。2009～2015年这些省份当量生态服务价值均大幅降低9%左右，其中山东当量生态服务价值降低13.65%，而经过环保意识的觉醒后，区域人们对于生态系统服务功能的支付意愿系数T_t基本没变，并且区域耕地面积不断侵占其他生态效率较高的土地利用类型，导致区域生态服务价值增速远低于粮食总产增速。因此这些省份粮食生产活动与生态环境协调性越来越差，区域的粮食安全没有可靠生态环境保障。

辽宁、吉林与湖北生态农业协调度由冲突转变为协调，2003～2009年辽宁与吉林当量生态服务价值分别下降了9.94%与5.40%，加之耕地面积的快速增长，导致了生态农业冲突，湖北生态农业冲突的原因主要是耕地面积增大与支付意愿的下降。2009～2015年，辽宁与吉林当量生态服务价值与生态用地面积增多，导致生态农业协调，湖北生态农业协调的主要原因是支付意愿的增强与生态用地的增加。研究期内黑龙江、江苏与安徽生态农业协调度稳定在协调状态。

3.5.4 粮食主产区生态农业协调度的时空分异

从粮食主产区生态农业协调度空间演变来看[1]，2003～2009年，生态农业中高度协调的省份主要位于中东部四省（河南、河北、山东、安徽）与长江流域四省（四川、湖南、江西、江苏），生态农业中高度冲突的省份主要位于东北两省（辽宁、吉林），2009～2015年，生态农业中高度协调的省份主要位于北方两省（区）（内蒙古、黑龙江）和长江流域两省（湖北、江苏），生态农业中高度冲突的省份主要位于中部两省（河北、山东）与长江流域三省（湖南、四川、江西）。由于主产区各省份的当量生态服务价值、对生态服务功能的支付意愿以及土地利用状况各不相同，粮食总产与生态服务价值的协调性差异显著。其中黄淮海粮食主产区的河南、河北、山东不仅生态系统服务总价值、单位面积生态系统服务价值严重偏低，而且粮食总产与生态服务价值的协调度严重下降，粮食生产与生态环境协调性问题在13个粮食主产区中较为突出。长江流域的湖北与江苏保持了与其自然资源相匹配的生态服务价值与当量生态服务价值，且粮食总产与生态服务价值协调性良好，粮食安全有可靠的生态安全保障。长江流域的四川、湖南、江西与安徽生态农业协调度由中高度协调转变为中高度冲突，虽然生态服务总价值与单位面积生态服务价值较高，但粮食总产与生态产出的协调性问题较为突出，粮食生态安全存在较大隐患。

3.5.5 小结

一是粮食主产区部分省份存在不同程度的生态破坏和生态失调，严重威胁到主产区粮食安全。2003～2015年粮食主产区生态农业协调度正在逐

---

[1] 宋焱．我国粮食主产区粮食生产与生态环境的协调性研究 ［D］．南昌大学，2018.

渐改善，但生态农业总体上处于低度协调水平的边缘，区域粮食生产与生态产出存在不协调水平的可能。长江流域的四川、湖南、江西、安徽以及黄淮海粮食主产区的河南、河北、山东生态农业协调度由中高度协调转变为中高度冲突，粮食生态安全存在较大隐患。

二是尽管粮食主产区粮食总产量年年提升，但由于主产区各省份的当量生态服务价值、人们对生态服务功能的支付意愿以及土地利用状况等各不相同，生态农业协调度时空分异显著。因此，为保障粮食主产区"粮食安全"与"生态安全"的双重职能，需提高粮食生产效率与生态产出效率，逐步提高人们环保意识，严控耕地红线与生态红线，走粮食生产与生态环境协同发展道路。

3.6 本 章 小 结

粮食主产区粮食产能与生态产出存在不协调现象。一是粮食主产区耕地面积、粮食产能与耕地当量生态服务价值存在错配和偏离现象。研究期内粮食播种面积与粮食播种面积增速排名靠前的河南、山东、安徽、河北、四川等省未形成与之相应的粮食产量地位以及耕地当量生态服务价值地位。黄淮海粮食主产区的河北、河南与北方内蒙古，粮食总产量年均增长20%，当量生态服务价值年均增长不超过10%甚至减少，粗放性农业生产活动与石油农业对农业可持续发展问题带来严重隐患；二是尽管粮食安全主体职能要求主产区各省份粮食总产量年年提升，但由于各省份的当量生态服务价值、人们对生态服务功能的支付意愿以及土地利用状况等各不相同，粮食总产量与生态服务产出协调性较差。2003~2015年粮食主产区生态农业总体上处于低度协调水平的边缘（0.28），区域粮食生产与生态产出存在不协调水平的可能。长江流域的四川、湖南、江西、安徽以及黄淮海粮食主产区的河南、河北、山东生态农业协调度由中高度协调转变为中高度冲突，粮食生态安全存在较大隐患。

粮食主产区粮食生产与生态服务价值存在地理空间不协调现象。一是生态服务价值最高的省份集中在我国生态脆弱性问题较严峻的北方内蒙古与东北黑龙江、吉林。生态资源较好的长江流域各省份（湖南、湖北、江西、江苏、四川）基本保持了与其生态资源相匹配的生态系统服务价值。而中东部四省（山东、河南、河北、安徽）的当量生态服务价值、生态系统服务总价值与单位面积生态系统服务价值均偏低。二是生态服务价值与粮食产能空间分异显著。除黑龙江、四川两省在生态价值和粮食产能呈现"高—高"价值聚集外，其他粮食主产区均表现出不同程度的粮食产能与生态价值的地位以及资源配置上的空间不协调。"高—低"空间自相关的有内蒙古、吉林和辽宁；"低—高"自相关的有河北、河南、山东和安徽。三是由于受到地貌、土地利用结构等因素的影响，某些省区生态功能较明显而粮食产出相对较低，导致了粮食产出与生态服务功能的空间负相关与空间不协调现象。粮食产量、粮食单产与整个陆地生态系统的生态服务价值存在显著的空间负相关，其中粮食产量与生态服务价值的负相关性较强。粮食产能与生态服务价值中食物生产、废物处理功能呈现出空间正相关，与气体调节、土壤形成与保护、水源涵养等生态服务功能呈现空间负相关。

粮食生产活动带来的生态服务价值与生态效率损失问题较为严峻。一是生态供给服务价值严重偏低，生态产出效率和粮食产能效率损失的问题正逐渐成为粮食主产区粮食安全和生态安全保障的巨大隐患。研究期内粮食主产区粮食作物和原材料供给服务对 ESV 贡献均严重偏低，供给服务占生态系统服务价值比不超过10%，粮食主产区生态用地和农业用地矛盾突出，生态安全和粮食安全的冲突和矛盾较为尖锐。二是耕地的生态产出效率较低，2003 年粮食主产区生态服务价值的耕地 ESV 贡献率为9.73%，2009 年粮食主产区耕地 ESV 贡献率为9.82%，2015 年粮食主产区耕地 ESV 贡献率为10.45%。耕地对整个陆地生态系统的 ESV 贡献率相对较高的河南与江苏，存在耕地面积不断增加而耕地的 ESV 贡献率不断降低的现象，说明这两省农田生态系统的生态产出效率较低。耕地对陆地生态 ESV 贡献率较低的黑龙江与内蒙古，存在耕地面积大幅度增长而耕地对陆地生态 ESV 小幅增长的现象，耕地对陆地生态 ESV 贡献率的增长主要源自耕地面积增长，耕地生态效率严重偏低，粮食主产区应挖掘农田生态系统的其他生态服务功能，提高生态效率。

第 4 章///

▓▓▓基于生态足迹的包容性分析

4.1 生态足迹方法与模型

4.1.1 生态足迹研究研究评述

国内外学者对生态足迹方法的研究主要集中在两大方向，一是生态足迹方法的应用范围，二是生态足迹模型的改进与完善。

关于生态足迹方法的应用范围：谢新源（2008）和吴隆杰（2006）通过梳理生态足迹的研究进展，发现其应用范围已遍及全球不同区域和领域的可持续发展测度，有针对某一年份的静态分析，也有时间序列上不同年份的动态研究；徐中民（2003）以 1999 年的统计数据为基础，计算出中国和部分省份的生态足迹；哈伯尔（Haberl，2001）对奥地利 1926 ~ 1995 年达 70 年的生态足迹进行度量，是目前时间序列最长的生态足迹研究；张颖（2007）对 1990 ~ 2003 年北京市的生态足迹变化进行了评估；特纳（Turner，2007）将投入产出和生态足迹相结合的方法运用到国际贸易领域，研究了国际贸易带来的资源利用和污染转移；曼奇尼（Mancini，2018）将生态足迹用于探索评价生态系统服务的作用，通过案例研究发现国家生态承载力与森林服务的经济价值高度相关；付恭华（2013）运用生态足迹指数法预测了我国 2030 年粮食生产的生态可持续水平；刘秀丽（2013）基于生态足迹理论，测算出甘肃省在保持社会经济可持续发展下的最佳耕地资源容量，并按照社会经济指标对耕地资源可持续发展容量进行情景预测；田玲玲（2016）用生态足迹分析法对湖北省的生态足迹和生物承载力进行时空动态研究，预测了湖北省内部可持续发展趋势；亚历山德拉（Alexandra，2017）把生态足迹作为人类生态需求的表征指标，结合全球化的 KOF 指数，对全球化的生态后果进行了实证分析；林永钦（2019）运用生态足迹模型对我国食物消费结构的环境影响进行评估，结果显示我国食物消费的生态环境压力呈现上升趋势。

关于生态足迹方法的改进和完善：作为生态足迹模型的两个重要参数，产量因子和均衡因子决定着生态足迹值的准确性。随着生态足迹方法的应用范围不断扩展，涌现出一些对均衡因子和产量因子进行调整的研究。伦岑（Lenzen，2001）运用投入产出模型针对全球公顷不能准确反映区域实际的缺陷进行修正，重新计算了澳大利亚的生态足迹；刘某成（2010）基于净初级生产力计算出我国各种类型土地的产量因子和均衡因子，修正后的计算结果更能真实地反映区域消费的生态影响；曼奇尼（2015）对生态足迹方法中碳足迹组成部分的一个关键参数平均森林固碳量进行更新了计算。部分研究基于其他方法、理论或者模型改进生态足迹模型。曹淑艳（2007）通过实践检验证明，基于投入产出分析的生态足迹模型不仅保留了传统生态足迹模型的优点，而且结构性能好，识别性强，准确性高；宋辉（2015）构建生态足迹的投入产出模型对河北省山区县国民经济部门的生态足迹进行测算；赵建强（2016）构建改进型旅游生态足迹模型，分析了旅游生态系统的发展能值；马楠（2018）将能值理论与生态足迹模型相结合，以 2016 年统计数据为分析依据，对陕西省的生态安全进行评估。

4.1.2　生态足迹测算

生态足迹是研究人类对资源利用程度的分析工具，它用生态生产性面积表达特定区域内资源和能源的消费量，并与该地区实际提供的生态生产性面积相比较，能定量判断一个地区生产消费活动的可持续发展程度。生态生产性土地包括化石能源用地、草地、耕地、林地、建筑用地和水域等六大类。人类经济活动所占用的土地面积即为生态足迹（ecological footprint，EF），区域实际提供给人类的生态生产性土地面积总和为生态承载力（ecological capacity，EC）。若生态足迹大于生态承载力，出现生态赤字（ecological deficit，ED），说明这一区域人类占用的自然资源大于生态系统所能提供的资源；反之，出现生态盈余（ecological surplus，ES），表示这一区域的生产消费活动在生态承载力允许范围内，属于可持续发展。

根据生态足迹的内涵和计算方法，粮食主产区粮食生产的生态足迹是指为生产满足社会生存发展所需要的粮食产量对生态生产性土地面积的需求。本章对粮食主产区粮食生产的生态足迹和生态承载力进行分析和计算，涉及的粮食作物有：稻谷、小麦、玉米、豆类、薯类和其他谷物等。生态足迹的计算公式为：

$$EF = N \cdot \sum_{j=1}^{6} (r_j \cdot aa_j) = N \cdot \sum_{j=1}^{6} \left[r_j \cdot \sum_{i=1}^{n} (a_i) \right] = N \cdot \sum_{j=1}^{6} \left[r_j \cdot \sum_{i=1}^{n} \left(\frac{c_i}{p_i} \right) \right]$$

$$(4-1)$$

式中：EF 为粮食主产区粮食生产的生态足迹；N 为人口数；r_j 为均衡因子；aa_j 为各类生态生产性土地面积（j 表示 6 类生态生产性土地类型）；a_i 为人均第 i 种粮食作物生产折算的生态生产性面积（i 表示种植的粮食作物类型）；p_i 为第 i 种粮食作物的平均生产能力；c_i 为第 i 种粮食作物的人均年消费量（n 为粮食作物的数量）。

4.1.3　生态承载力测算

生态承载力是指资源和环境的供容能力，是生态系统面临外部干扰破坏的自我调节和自我维持能力。粮食主产区粮食生产的生态承载力是指粮食主产区实际拥有的生态生产性土地面积总和，反映了生态系统对粮食生产活动的供给程度。生态承载力的计算公式为：

$$EC = N \cdot ec = N \cdot \sum_{j=1}^{6} (a_j \cdot r_j \cdot Y_j) = N \cdot \sum_{j=1}^{6} \left(a_j \cdot r_j \cdot \frac{Y_{lj}}{Y_{nj}}\right) \cdot (1 - 12\%)$$

$$(4-2)$$

式中：EC 为粮食主产区粮食生产的生态承载力；N 为区域总人口；ec 为人均生态承载力；a_j 为实际人均占有的 j 类生态生产性土地面积；r_j 为均衡因子；Y_j 为产量因子；Y_{nj} 为 j 类土地的全国平均生产能力；Y_{lj} 为粮食主产区 j 类土地的平均生产能力。$1-12\%$ 是根据世界环境与发展委员会的报告《我们共同的未来》的建议，在生态供给中扣除 12% 作为生物多样性保护面积。

4.1.4 生态盈亏测算

生态盈亏包括生态盈余和生态赤字两种情况，用来表示区域的生态可持续状况。由于生态盈亏是绝对量，不利于可持续发展程度的横向和纵向比较。为了更好地评估区域可持续发展状况，吴隆杰提出用生态足迹指数衡量可持续发展程度。生态足迹指数（ecological footprint index，EFI）用生态承载力与生态足迹的差额占生态承载力的百分比表示，可以认为是区域为未来保留的可持续发展的能力[①]。本章在对粮食主产区粮食生产的生态供给和需求状况研究的基础上，引入生态足迹指数对粮食主产区粮食安全的可持续性进行度量。生态足迹指数的计算公式为：

$$EFI = \frac{EC - EF}{EC} \qquad (4-3)$$

如表 4-1 所示，当 $EFI < 0$ 时，即出现生态赤字，区域处于不可持续发展状态，其中 $EFI < -100\%$ 时，为严重不可持续发展状态。当 $EFI > 0$ 时，即出现生态盈余，认为区域处于可持续发展状态，其中 $0 < EFI \leqslant 20\%$ 时，区域处于弱可持续发展状态；当 $20\% < EFI < 100\%$ 时，为强可持续发展状态。当 $EFI = 0$ 时，区域处于可持续与不可持续发展的临界点，

---

① 吴隆杰. 基于生态足迹指数的中国可持续发展动态评估 [J]. 中国农业大学学报，2005 (6)：94-99.

$EFI = 100\%$ 则说明生态足迹很小，可以忽略不计。根据生态足迹指数值可将可持续发展程度分为四个等级两个临界点。

表 4 - 1　　　　　　　　生态足迹指数分级评价标准

类型	可持续利用状况	EFI
生态盈余	生态足迹产生的临界点	$EFI = 100\%$
	强可持续	$20\% < EFI < 100\%$
	弱可持续	$0 < EFI \leqslant 20\%$
生态平衡	可持续与不可持续临界点	$EFI = 0$
生态赤字	弱不可持续	$(-100)\% \leqslant EFI < 0$
	强不可持续	$EFI < -100\%$

4.2　粮食生产的生态足迹与生态承载力时间维度分析

根据构建的粮食生产的生态足迹模型测算出粮食主产区 2007～2016 年粮食生产的生态足迹、生态承载力和生态盈亏变化（见表 4 - 2）[①]。

表 4 - 2　　　　　　粮食主产区粮食生产的生态盈亏实证结果

年份	生态承载力（EC）	生态足迹（EF）	生态盈亏	生态足迹指数（EFI）
2007	122 961.87	137 888.45	- 14 926.59	- 12.14
2008	124 886.57	140 231.82	- 15 345.25	- 12.29
2009	139 188.44	141 469.43	- 2 280.99	- 1.64
2010	141 688.06	144 241.64	- 2 553.58	- 1.80
2011	143 854.24	145 648.49	- 1 794.25	- 1.25
2012	143 128.12	145 694.67	- 2 566.55	- 1.79

---

① 罗海平，朱勤勤，罗逸伦，等. 耕地生态足迹与生态承载力研究——基于中国粮食主产区 2007－2016 年面板数据 [J]. 华东经济管理，2019，33（5）：68－75.

年份	生态承载力（EC）	生态足迹（EF）	生态盈亏	生态足迹指数（EFI）
2013	144 234.78	146 816.82	-2 582.04	-1.79
2014	142 269.39	146 874.21	-4 604.83	-3.24
2015	142 750.70	148 176.81	-5 426.11	-3.80
2016	142 229.91	147 615.47	-5 385.56	-3.79

4.2.1 生态足迹时间维度分析

粮食主产区粮食生产的生态足迹与粮食产量具有基本一致的变化趋势，即粮食产量增加的年份大多导致生态足迹的增加，而粮食产量下降的年份，常常都伴随生态足迹的下降。生态足迹从 2007 年的 137 888.45 千公顷增加到 2015 年的 148 176.81 千公顷，2016 年出现轻微下降，但相比 2007 年增加 9 727.02 千公顷，增长率为 7.05%。粮食产量受到耕地资源数量决定的粮食播种面积和耕地资源质量决定的粮食单产水平双重作用，粮食主产区粮食产量增加给资源环境带来巨大压力。从各粮食作物种植结构来看，生态足迹从大到小依次为：玉米、稻谷、小麦、豆类、薯类、其他谷物。其中，玉米、稻谷的年均耕地生态足迹贡献率高达 35.85% 和 26.65%，分别是豆类的 3.7 倍和 2.7 倍。

4.2.2 生态承载力时间维度分析

粮食主产区粮食生产的生态承载力于 2009 年大幅度提升，相比 2008 年增加 11.5%，究其原因，经历 2007~2008 年的世界粮食危机后，全国尤其是粮食主产区耕地面积扩大，为粮食生产供给更多的耕地资源。当耕地后备资源开发到极限，生态环境基础遭到破坏，耕地退化和产量因子下降决定了生态承载力下降的必然趋势。2011 年后，耕地生态承载力波动中逐渐缩减，从 143 854.24 千公顷减少到 2016 年的 142 229.91 千公顷。2016 年，黑龙江的生态承载力达到 22 452.93 公顷，占粮食主产区当年总生态承载力的比重为 16%，是粮食主产区内生态系统供给能力最强的地区。

河南、山东、江苏生态承载能力逐渐减弱，河南省由 2007 年的 15 813 千公顷，下降到 2016 年的 14 707.42 千公顷，累积减少 1 105.57 千公顷，10 年间山东下降 7.66%，江苏下降 11.2%。与此同时，内蒙古、吉林、辽宁的生态承载能力呈现逐年增长趋势。

4.3　粮食生产的生态足迹与生态承载力空间维度分析

鉴于数据较多且篇幅有限，粮食主产区 13 个省份粮食生产的生态足迹、生态承载力和生态盈亏计算结果仅选取 2007 年、2012 年和 2016 年 3 个时间节点进行分析（见表 4 - 3）。

表 4 - 3　　　2007 年、2012 年、2016 年粮食主产区各省粮食生产的生态盈亏实证结果

省份	2007 年			2012 年			2016 年		
	EC	*EF*	*EFI*	*EC*	*EF*	*EFI*	*EC*	*EF*	*EFI*
河北	9 220	10 506	- 14	9 589	10 765	- 12	9 842	11 002	- 12
内蒙古	8 009	8 010	0	11 796	9 308	21	12 281	9 418	23
辽宁	7 597	6 404	16	9 131	6 330	31	8 926	6 311	29
吉林	9 930	8 748	12	14 435	10 387	28	14 288	11 228	21
黑龙江	12 007	14 529	- 21	22 495	19 472	13	22 453	20 268	10
江苏	9 066	13 582	- 50	8 224	13 408	- 63	8 049	12 954	- 61
安徽	8 156	10 383	- 27	8 291	10 617	- 28	8 329	10 711	- 29
江西	4 838	5 455	- 13	4 964	5 616	- 13	4 934	5 733	- 16
山东	14 230	15 132	- 6	13 575	14 838	- 9	13 139	14 785	- 13
河南	15 813	19 347	- 22	14 856	18 694	- 26	14 707	18 663	- 27
湖北	8 112	6 978	14	8 771	7 074	19	8 334	7 219	13
湖南	7 134	7 817	- 10	7 209	8 226	- 14	6 915	7 949	- 15
四川	8 849	10 997	- 24	9 793	10 959	- 12	10 031	11 375	- 13

4.3.1 生态足迹空间维度分析

粮食主产区各省粮食生产的生态足迹变化存在差异，总体表现为增长趋势。如图 4-1 所示，2007～2012 年，黑龙江、吉林和内蒙古出现显著增长，增长率分别为 34%、18.7% 和 16.2%，辽宁、江苏、山东、河南、四川 5 省出现轻微下降。2012～2016 年，总体变化不显著，辽宁、江苏、山东、河南持续下降，四川增加了 3.8%，湖南相较 2012 年却降低了3.4%。粮食主产区粮食生产的生态足迹较高的地区主要集中在黑龙江、河南和山东三个产粮大省，以及经济发展水平高的江苏。

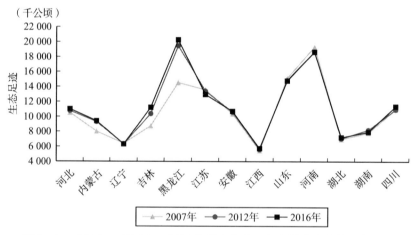

图 4-1　2007 年、2012 年、2016 年粮食主产区各省粮食安全的生态足迹

从粮食作物种植结构来看，主导黑龙江生态足迹变化的粮食作物有 3 种：玉米、豆类和稻谷，其中玉米的生态足迹增长较快，稻谷的生态足迹波动中有所上升，豆类的生态足迹逐年下降；小麦的生态足迹占据河南粮食作物生态足迹的 60%，玉米生态足迹接近 30%；决定山东生态足迹走向的同样是小麦和玉米，小麦生态足迹持续上升，玉米生态足迹基本保持不变；江苏小麦和豆类生态足迹有所下降，稻谷和玉米生态足迹贡献增加。

4.3.2　生态承载力空间维度分析

如图 4 - 2 所示，2007～2012 年，粮食主产区各省粮食生产的生态承载力总体呈现增长趋势，平均增长率为 16.3%。除了江苏、山东和河南出现轻微下降，其余省份均出现不同程度的增加。其中，黑龙江最为显著，增长率达到 87.35%，其次是内蒙古 47.3%，吉林 45.4%，辽宁 20.2%。2012～2016 年，粮食主产区粮食安全保障的耕地生态承载力除河北、内蒙古、安徽和四川有所增长外，其他 9 个省份均呈下降态势。

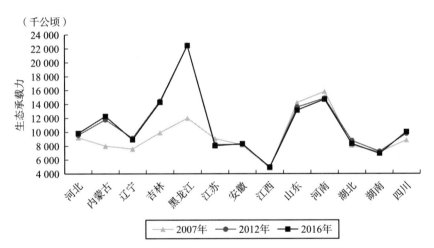

图 4 - 2　2007 年、2012 年、2016 年粮食主产区各省粮食安全的生态承载力

4.4　粮食生产的生态盈亏时空维度分析

4.4.1　生态盈亏时间维度分析

无论粮食生产的生态承载力如何变化，始终小于生态足迹，粮食主产区粮食生产的生态环境一直处于赤字状态。在这种情况下，若要保证未来

粮食主产区粮食生产活动的顺利进行，必须扩大进口或消耗自然资本存量以平衡生态承载力的差额。从粮食生产的生态足迹指数可以看出，2007年和2008年粮食主产区粮食生产的生态赤字最为严重，2009年因生态承载力大幅度提升，生态赤字状态得到明显缓解，之后因生态承载力下降和生态足迹增加又逐渐恶化，主产区粮食生产的生态安全正从弱不可持续状态向强不可持续状态转变。

4.4.2 生态盈亏空间维度分析

2007年，粮食主产区除了辽宁、吉林、湖北以外，其他地区都出现不同程度的生态赤字。生态足迹指数最小的是江苏，生态足迹超出生态承载力的一般，粮食生产的生态赤字最为严重。2012年和2016年，辽宁、吉林、内蒙古生态状况改善，由弱不可持续状态转变为强可持续发展状态，黑龙江由生态赤字区转变为生态盈余区，而其余地区的生态赤字在不断加大，生态足迹指数持续减小。

根据罗海平等（2019）粮食主产区粮食生产的生态安全状况在2007年、2012年和2016年三个时点的空间分布特征。生态赤字最为严重的地区主要集中在河南、安徽和江苏，东北产区和湖北生态状况良好。2007年，除辽宁、吉林和湖北外，其他地区均出现不同程度的生态赤字，河南和江苏等级最高，其次是安徽、黑龙江和四川。2012年，黑龙江和四川生态状况得到改善，生态足迹等级下降，湖北等级有所提高。2016年黑龙江生态足迹等级持续下降，东北三省、内蒙古和湖北出现生态盈余。

4.5 粮食产能与生态足迹指数的空间自相关分析

空间自相关原理是基于地理学第一定律：任何事物都存在相关关系，但较近的事物比较远的相关性更强。空间自相关分析就是通过度量某要素空间单元属性值的集聚程度，判断相邻位置属性相关性的空间统计方法。空间自相关包括空间正相关和空间负相关两种结果，空间正相关是指某要素空间单元属性值与其相邻的空间单元属性值具有同步变化趋势；空间负相关则相反，空间单元属性值与其邻近空间单元属性值呈相反变化趋势。本章中的空间自相关用空间自相关系数来检验，包括全局空间自相关和局部空间自相关[①]。

4.5.1 单变量全局空间自相关分析

（1）全局空间自相关内涵与模型建立

全局空间自相关是用来描述某要素属性值在整个研究区域的平均关联程度、空间分布模式及其显著性的方法。通常用全局莫兰指数表示，全局莫兰指数的计算公式为：

$$I = \frac{n \sum\limits_{i=1}^{n} \sum\limits_{j=1}^{n} w_{ij}(x_i - \bar{x})(x_j - \bar{x})}{\sum\limits_{i=1}^{n} \sum\limits_{j=1}^{n} w_{ij} \sum\limits_{i=1}^{n} (x_i - \bar{x})^2} = \frac{\sum\limits_{i=1}^{n} \sum\limits_{j=1}^{n} W_{ij}(x_i - \bar{x})(x_j - \bar{x})}{S^2 \sum\limits_{i=1}^{n} \sum\limits_{j=1}^{n} w_{ij}}$$

$$(4-4)$$

式中，n 为研究区域内空间单元的个数；x_i、x_j 是空间单元 i 和 j 的观测值；w_{ij} 表示空间单元 i 和 j 的邻近关系，当 i 和 j 为邻近空间位置时，$w_{ij} = 1$，反之，$w_{ij} = 0$；全局莫兰指数的取值范围是 [-1, 1]，数值大于 0，表示存在空间正相关且值越大相关程度越强；数值小于 0，则表示存在空间负相关且值越小相关程度越强；数值趋近于 0 时，说明要素的属性值在空间上是随机分布的，不存在空间自相关。

对于莫兰指数，可以用标准化统计量 Z 来检验 n 个空间单元之间是否存在空间自相关关系，Z 的计算公式为：

$$Z = \frac{I - E(I)}{\sqrt{Var(I)}} = \frac{\sum\limits_{j=1}^{n} w_{ij}(d)(x_j - \bar{x}_i)}{S_i \sqrt{w_i(n - 1 - w_i)/n - 2}}$$

$$(4-5)$$

式中，$E(I)$ 是莫兰指数期望，$Var(I)$ 是莫兰指数方差。当 Z 值为

① 罗海平，余兆鹏，艾主河，等. 我国粮食主产区粮食产能与生态足迹的空间相关性研究 [J]. 统计与决策，2019，35（19）：87-91.

正且显著时，表示要素属性值存在空间正相关，相似的观测值趋于空间集聚，即高值被高值包围（高—高），或低值被低值包围（低—低）；当 Z 值为负且显著时，表示要素属性值存在空间负相关，趋于分散分布（低—高或高—低）；当 Z 值为零时，则表示要素属性值呈现随机分布。

（2）全局空间自相关结果分析

基于单变量全局空间自相关模型运算，得到粮食主产区粮食安全的生态足迹指数、粮食产量、粮食单产三个指标在 2007 年、2012 年和 2016 年的全局莫兰指数。

从表 4－4 可以看出，粮食主产区的粮食单产数据在 2007 年、2012 年和 2016 年三个年份均未通过显著性检验，Z 统计量的值小于 1.65，P 值远超过 10%，无法拒绝零假设，粮食单产在研究年份不存在空间自相关，整体呈现随机分布特性。2007 年粮食产量的莫兰指数为正，表现为全局空间正相关，且 $Z > 1.65$，在 10% 的显著水平下认为通过检验；2012 年和 2016 年粮食产量数据则呈现随机模式。2007 年生态足迹指数未通过显著性检验，不存在全局空间自相关关系；而 2012 年和 2016 年两个年份生态足迹指数则表现出显著的全局空间自相关现象且空间自相关程度越来越高，莫兰指数 >0，$P < 0.01$，即有 99% 的把握认为在粮食主产区整个研究区域内存在空间正相关。

表 4－4　　　　　　　　全局空间自相关分析结果

年份	实证结果	生态足迹指数	粮食产能	
			粮食产量	粮食单产
2017	Moran's I	0.066987	0.205325	－0.106733
	p－Value	0.417188	0.091343	0.833640
	z－score	0.811310	1.688358	－0.210036
2012	Moran's I	0.400026	0.108152	－0.094187
	p－Value	0.007604	0.283135	0.883869
	z－score	2.669160	1.073304	－0.146067

年份	实证结果	生态足迹指数	粮食产能	
			粮食产量	粮食单产
2016	Moran's Ⅰ	0.449516	0.134666	− 0.068967
	p – Value	0.003056	0.220354	0.966127
	z – score	2.962063	1.225586	0.042466

注：p 表示概率，z 为检验值，当 $z < -1.65$ 或 $z > 1.65$ 的临界值时，$p < 0.10$，即认为存在空间自相关。

全局空间自相关统计结果表明，在研究期内，粮食产能在粮食主产区的空间自相关性不强，相邻空间单元关联性较弱，一个地区粮食产能的高低并不能对邻近省份造成影响；生态足迹指数则呈现显著的空间正相关，即高生态足迹指数区被高生态足迹指数区包围或者低生态足迹指数区被低生态足迹指数区包围的空间集聚现象，这说明 13 个粮食主产区之间存在生态溢出效应，即相邻地区生态环境状况会相互影响。全局自相关统计量是对整个研究区域空间自相关情况的总体描述，还需要结合局部空间自相关统计量全面分析空间自相关关系。

4.5.2　单变量局部空间自相关分析

（1）局部空间自相关模型建立

局部空间自相关分析主要通过探测整个研究区域内不同空间单元局部区域的空间关联模式，寻找可能被掩盖的局部空间自相关位置，识别空间异质性。局部空间自相关莫兰指数的计算公式为：

$$I_i = \frac{(x_i - \bar{x})}{S^2} \sum_{j=1}^{n} w_{ij}(x_j - \bar{x}) \tag{4-6}$$

式中，x_i 和 x_j 分别表示第 i 个、第 j 个空间单元的属性值；I_i 是第 i 个空间单元的局部莫兰指数；n 为研究区域内空间单元总数；w_{ij} 是基于空间单元 i、j 的临接关系建立的空间权重矩阵。

（2）局部空间自相关结果分析

全局莫兰指数仅仅为各研究指标在粮食主产区的空间相关性提供了一

个总体描述，该统计量认为粮食主产区是均匀同质的。然而，13 个粮食主产区的同质性假设很难保证，即当不存在全局空间自相关时，可能有被隐藏的局部空间自相关位置；当存在全局空间自相关时，又可能发现局部不相关的存在，或者部分空间单元出现空间正相关，另一部分则呈现空间负相关。局部自相关分析可以确定空间异常值或强烈影响点的位置，寻找可能存在的与全局空间自相关不一致的局部空间自相关位置。因此，本章通过测算空间关联局域指标（LISA）显著水平，用局部莫兰指数分析粮食主产区各省份与其邻近省份间就粮食产量、粮食单产、生态足迹指数三个指标的局部空间差异程度，有如下发现①：

其一，当 2007 年粮食单产不存在全局空间自相关时，寻找到被掩盖的局部空间自相关位置。2007 年除安徽以外的其他 12 个粮食主产区仍然无空间自相关关系，这与全局空间自相关分析结论一致，而在安徽却出现低观测值与高观测值的聚集（L－H）。安徽的粮食单产水平明显低于与其相邻的江苏、河南、山东、江西、湖北五个省份，呈现低被高包围的空间异常格局。

其二，当 2007 年粮食产量存在全局空间正相关时，寻找到具体影响位置以及与全局空间正相关结论不一致的局部空间负相关位置。从图 4－5 可以直观看出，2007 年粮食产量在粮食主产区存在空间异质性，主要呈现三个聚集区，一是高观测值与高观测值的聚集区（H－H），包括山东、河南、河北、江苏、安徽；二是低观测值与低观测值聚集区（L－L），有湖南、江西、湖北；三是高观测值与低观测聚集区（H－L），具体表现为四川较高的粮食产量与其周围省份较低的粮食产量。

结果表明，粮食安全的生态足迹指数在粮食主产区的空间特征随时间不断变化，然后趋于稳定。生态足迹指数存在全局空间正相关时，同时存在空间异质性。2012 年出现湖南的低观测值被江西、湖北的高观测值包围的空间异常，2016 年又出现河北地区的低观测值被内蒙古、吉林、辽宁的高观测值包围的现象。总体看来主要呈现两大聚集区，一个是以内蒙古、

①　罗海平，朱勤勤，罗逸伦，黄晓玲. 耕地生态足迹与生态承载力研究——基于中国粮食主产区 2007－2016 年面板数据［J］. 华东经济管理，2019，33（5）：68－75.

吉林、黑龙江为代表的高生态足迹指数聚集区（H－H）；另一个是以山东为中心逐渐发展起来的包括河南、安徽、江苏在内的低生态足迹指数聚集区（L－L）。

4.5.3　双变量空间自相关分析

（1）模型构建

为了分析多个变量之间的空间关联性，安瑟兰等（2002）提出双变量空间自相关分析方法。双变量空间自相关分析所产生的 Moran's Ⅰ值是用所有相邻位置区域属性的加权平均值来评估一个位置的变量值与其他变量的相关程度。其定义为：

$$I_{lm}^i = z_l^i \sum_{j=1}^n w_{ij} z_m^j \tag{4-7}$$

$$Z_m^j = \frac{X_m^j - \overline{X}_m}{\sigma_m} \tag{4-8}$$

$$Z_l^i = \frac{X_l^i - \overline{X}_l}{\sigma_l} \tag{4-9}$$

式中，w_{ij} 是基于区域 i 和 j 空间邻接关系建立的权重矩阵；X_l^i 是空间单元 i 属性 l 的值；X_m^j 是空间单元 j 属性 m 的值；$\overline{X}_l$、$\overline{X}_m$ 是属性 l、m 的平均值；σ_l、σ_m 是属性 l、m 的方差。

在 z 检验的基础上绘制双变量局部空间自相关 LISA 聚集图，用于表征研究年份区域生态服务价值与其邻域粮食产能均值之间的局域空间关系，即高—高（high－high）、低—低（low－low）的空间正相关和低—高（low－high）、高—低（high－low）的空间负相关。粮食主产区 2007 年、2012 年、2016 年三个年份粮食产能与生态足迹指数的双变量局部空间自相关分析如下。

（2）粮食产量与生态足迹指数的空间自相关分析

生态足迹指数与粮食产量的双变量空间自相关结果显示[①]，主产区粮

---

① 朱勤勤. 基于生态足迹的我国粮食主产区粮食安全可持续性研究［D］. 南昌大学，2019.

食产量与生态足迹指数在研究年份存在空间异质性，空间自相关关系发生变化的地区主要集中在东北三省。2007 年、2012 年和 2016 年三个年份粮食产量与生态足迹指数总体呈现三个聚集区：一是低粮食产量—高生态足迹指数聚集区；二是高粮食产量—高生态足迹指数聚集区；三是高粮食产量—低生态足迹指数聚集区。

2007 年粮食产量和生态足迹指数的低—高聚集区分布在内蒙古与吉林，黑龙江和辽宁无显著的空间自相关现象；高—低聚集区分布在山东，山东粮食产量较周围省份高，生态环境较周围省份差。相对于 2007 年的空间分布格局，2012 年粮食主产区粮食产量和生态足迹指数的空间分布发生变化，形成以黑龙江、吉林为主的高—高聚集区，辽宁则出现在低—高聚集区，山东省稳定地居于高—地聚集区。2016 年粮食产量和生态足迹指数的空间分布格局与 2012 年保持一致，内蒙古和辽宁的生态足迹指数较高，但粮食产量低、贡献小；山东粮食产量贡献大，但生态环境恶化，粮食高产是以牺牲资源环境为代价的；黑龙江和吉林保持高粮食产量与良好生态环境的协调发展，是值得借鉴的可持续粮食生产模式。

（3）粮食单产与生态足迹指数的空间自相关分析

生态足迹指数与粮食单产的双变量空间自相关结果显示[1]，主产区粮食单产与生态足迹指数在研究年份同样存在空间异质性，且空间分布格局随时间不断变化。2007 年和 2012 年有三个聚集区，分别是粮食单产与生态足迹指数的低—高聚集区、高—高聚集区和高—低聚集区；2016 年在此基础上增加了粮食单产与生态足迹指数的低—低聚集区。

2007 年，粮食单产与生态足迹指数的低—高聚集区主要分布在内蒙古，高—高聚集区分布在吉林，高—低聚集区分布在山东。2012 年，黑龙江出现在低—高聚集区，即粮食单产较邻近省低，生态足迹指数较邻近省高；辽宁出现在高—高聚集区，即粮食单产和生态足迹指数均高于相邻地区。2016 年，增加的低—低聚集区分布在安徽，表明随着时间推移，安徽的生态环境基础逐渐恶化，粮食单产水平并未相对提升。内蒙古粮食产量和粮食单产水平均显著低于邻近省份，并且具有优越的生态环境支撑，粮

---

① 朱勤勤 . 基于生态足迹的我国粮食主产区粮食安全可持续性研究［D］. 南昌大学，2019.

食生产潜力大。辽宁受到耕地资源和粮食播种面积的制约，粮食产量低于邻近省份，但良好的资源环境条件使其保持较高的粮食单产。吉林的粮食产量、单产水平、生态足迹指数均高于邻近省份，黑龙江粮食单产水平较低。尽管山东、河南、江苏、安徽目前粮食产能保持较高水平，但生态足迹指数低，生态安全问题制约着粮食的可持续性供给。

4.6　粮食主产区粮食安全的可持续性预测

4.6.1　灰色系统预测模型构建

（1）灰色系统预测模型概述

灰色系统预测模型是对含有不完全信息的灰色系统进行预测而建立的灰色模型，灰色模型通过将离散随机数经过生成变为随机性被显著削弱而且较有规律的生成数，建立起的微分方程形式的模型。数列预测的单变量、一阶微分 GM(1，1) 模型是目前使用最广泛的灰色系统预测模型。GM(1，1) 模型以随机的原始时间序列为基础，经按时间累加后形成新的数据序列，可用一阶线性微分方程的解对呈现出的规律进行逼近①。

（2）GM(1，1) 模型的建立

在建立灰色模型之前需要对已知的原始数据作检验处理，以保证建模方法的可行性。本章采用级比检验方法对粮食安全的生态足迹与生态承载力、粮食产量和单产的原始数据进行级比判断，所有级比都落入可容性覆盖区间内，检验合格，能够成为灰色预测 GM(1，1) 模型的试验数据。

首先，设粮食主产区粮食安全的生态足迹或生态承载力的原始时间序列为 $x^{(0)}$，经一次累加运算后生成一次累加序列 $x^{(1)}$，首先，对 $x^{(1)}$ 建立白化形式的微分方程，即 GM(1，1) 模型，见式（4-10）。

---

① 罗海平，邹楠，潘柳欣，朱勤勤. 生态足迹视域下中国粮食主产区粮食生产安全态势的时空属性研究：2007-2025 [J]. 江苏农业学报，2019，35（6）：1468-1475.

$$\frac{\mathrm{d}X^{(1)}}{\mathrm{d}t} + aX^{(1)} = b \qquad (4-10)$$

其次，构造数据矩阵 B 及数据向量 Y 和 u，计算出 a 和 b 的值，代入式（4-10）可得到一次累加序列 $x^{(1)}$ 的预测值，见式（4-11），然后将一次累加序列的预测值还原成原始序列估计值，见式（4-12）。

$$\hat{X}^{(1)}(k) = \left(x^{(0)}(1) - \frac{b}{a}\right)e^{-a(k-1)} + \frac{b}{a} \qquad (4-11)$$

$$B = \begin{bmatrix} -\frac{1}{2}(x^{(1)}(1) + x^{(1)}(2)) & 1 \\ -\frac{1}{2}(x^{(1)}(2) + x^{(1)}(3)) & 1 \\ \vdots \\ -\frac{1}{2}(x^{(1)}(n-1) + x^{(1)}(n)) & 1 \end{bmatrix} \quad Y = \begin{bmatrix} X^{(0)}(2) \\ X^{(0)}(3) \\ \vdots \\ X^{(0)}(n) \end{bmatrix}$$

$$\hat{u} = (\hat{a}, \ \hat{b})^T = (B^T B)^{-1} B^T Y$$

$$\hat{x}^{(0)}(k) = \hat{x}^{(1)}(k) - \hat{x}^{(1)}(k-1) \qquad (4-12)$$

（3）模型精度检验

运用上述方法建立的灰色系统预测 GM（1，1）模型对粮食主产区 2007~2016 年粮食安全的生态足迹与生态承载力变化进行模拟。拟合结果见图 4-3，生态足迹和生态承载力表现出相同的趋势特征，即预测值从超过计算值到低于计算值再到超过计算值，始终围绕计算值上下浮动，预测结果较为可靠。

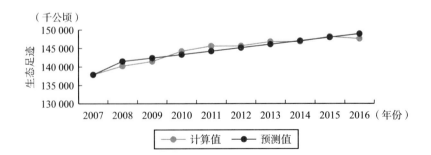

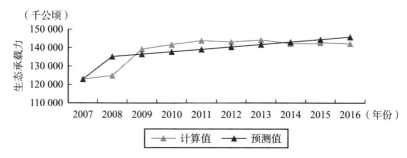

图 4 - 3 粮食主产区粮食安全的生态足迹与生态承载力模拟结果

经相对误差和级比偏差检验的模型精度结果如表 4 - 5 所示。表中数据显示,粮食安全的生态足迹与生态承载力的级比偏差值均小于 0.1,预测精度较高。经计算,生态足迹的平均相对误差为 0.51% <1%,精度等级为一级;生态承载力的平均相对误差为 2.42% <5%,精度等级为二级。因此,模型达到了灰色系统理论的预测等级精度要求,可以用于对粮食主产区未来一定时期粮食安全的生态足迹与生态承载力的预测。

表 4 - 5　　　　粮食主产区粮食安全的生态足迹与生态

承载力预测及误差检验　　　　　单位:千公顷

年份	EF				EC			
	计算值	预测值	相对误差	级比偏差	计算值	预测值	相对误差	级比偏差
2007	137 888	137 888	0.0000		122 962	122 962	0.0000	
2008	140 232	141 504	0.0091	0.0104	124 887	135 214	0.0827	0.0060
2009	141 469	142 414	0.0067	0.0024	139 188	136 499	0.0193	0.0942
2010	144 242	143 329	0.0063	0.0129	141 688	137 797	0.0275	0.0083
2011	145 648	144 250	0.0096	0.0033	143 854	139 107	0.0330	0.0057
2012	145 695	145 177	0.0036	0.0061	143 128	140 430	0.0189	0.0147
2013	146 817	146 111	0.0048	0.0013	144 235	141 765	0.0171	0.0018
2014	146 874	147 050	0.0012	0.0060	142 269	143 113	0.0059	0.0235
2015	148 177	147 995	0.0024	0.0024	142 750	144 474	0.0121	0.0061
2016	147 615	148 946	0.0090	0.0103	142 230	145 848	0.0254	0.0132

4.6.2　粮食安全的可持续性预测结果分析

运用预测模型对粮食主产区 2017～2025 年粮食安全的生态足迹与生态承载力进行预测，以预测结果为基础计算出粮食主产区粮食安全的生态足迹指数。同样运用上述方法，对粮食主产区粮食产量和单产进行灰色系统预测。

如表 4－6 所示，粮食主产区粮食安全的生态足迹与生态承载力均呈现稳定增长趋势，生态足迹从 2017 年的 149 903.36 千公顷上升至 2025 年的 157 786.87 千公顷，年均增长率为 0.64%；生态承载力以 0.95% 平均增长率从 2017 年的 147 234.57 千公顷上升至 2025 年的 158 814.17 千公顷。分阶段来看，2017～2022 年，粮食主产区粮食安全的生态足迹始终大于生态承载力，表现为生态赤字，粮食安全处于弱不可持续状态。在粮食产量和粮食单产水平保持当前水平的情况下，2023～2025 年，生态承载力超出生态足迹，表现为生态盈余，粮食安全逐渐从弱不可持续向弱可持续状态转变。在粮食生产的资源环境基础未遭到持续破坏的前提下，2017～2025 年粮食主产区粮食产量和单产将保持逐年增长的态势。

表 4－6　　　　　　　　　粮食安全的可持续性预测结果

年份	2017	2018	2019	2020	2021	2022	2023	2024	2025
EF（千公顷）	149 903	150 867	151 837	152 812	153 795	154 783	155 778	156 779	157 787
EC（千公顷）	147 236	148 635	150 048	151 475	152 915	154 369	155 837	157 318	158 814
EFI（%）	-1.81	-1.50	-1.19	-0.88	-0.58	-0.27	0.04	0.34	0.65
粮食产量（万吨）	49 229	50 398	51 595	52 820	54 074	55 357	56 672	58 017	59 394
粮食单产（吨/公顷）	5.96	6.06	6.15	6.25	6.36	6.46	6.56	6.67	6.78

基于预测结果，在现有农业生产投入、资源环境状况，粮食种植结构和粮食产能等不发生较大变动的前提下，主产区粮食安全的生态承载力的增长速度要高于生态足迹的增长速度，其生态赤字状况有得到改善的迹

象。然而，随着城市化工业化的快速推进、膳食结构改变，粮食需求刚性增长，主产区面临资源环境的约束、持续增产的压力和调整粮食生产结构的迫切要求，其粮食安全前景不容乐观。

4.7 本 章 小 结

一是粮食主产区的可持续粮食安全面临巨大压力和严峻考验。目前，粮食主产区粮食产量供应充足，但粮食单产水平已接近极限，2016 年甚至出现 1.03% 的负增长现象，在现有农业生产方式下，依靠提高粮食单位面积产量来实现总产量增加的难度将持续加大；省际间粮食产能差异显著，粮食生产的结构矛盾性矛盾突出；耕地面积和粮食播种面积缩减且占全国的比重下降，耕地质量退化，耕地生态系统日趋失衡；农药化肥等农业生产资料过量投入使用给主产区资源环境造成严重的危害。这些现实问题是制约主产区实现粮食可持续安全的瓶颈，亟待解决。

二是粮食主产区持续的粮食增产在保障国家粮食安全的同时加剧了资源的消耗进程和生态环境的恶化。粮食主产区粮食安全的生态承载力始终小于生态足迹，生态赤字在波动中变化，2015 年和 2016 年 EFI 值处于赤字稳定的弱不可持续状态；从粮食作物种植结构来看，玉米和稻谷类粮食作物是生态足迹的主要贡献源；粮食安全的生态足迹与生态承载力在 13 个粮食主产区差异明显，空间分布不均衡，生态赤字最为严重的地区主要集中在河南省、安徽省和江苏省，东北三省、湖北和内蒙古生态状况良好。

三是粮食主产区粮食安全的生态足迹指数空间正相关显著，同时存在空间异质性，粮食产能空间关联性不强。生态足迹指数与粮食产能总体呈现三个聚集区低粮食产能—高生态足迹指数聚集区、高粮食产能—高生态足迹指数聚集区、高粮食产能—低生态足迹指数聚集区。其中，高—高聚集区主要分布在东北三省，低—高聚集区主要分布于内蒙古地区，高—低聚集区主要包括山东、河南、江苏、安徽。内蒙古粮食产能显著低于邻近省份，但具有优越的生态环境支撑，粮食生产潜力大，而以山东为中心发展起来的高—低聚集区，粮食生产的生态环境基础遭受不可逆的损毁，严重透支了中长期的粮食生产潜力，粮食生产重心逐渐向生态足迹指数较高的北部移动。

四是粮食安全的生态足迹与生态承载力预测结果表明，主产区在 2017～2025 年期间，将逐步实现从生态赤字向生态平衡或生态盈余的过渡，但仅仅是从弱不可持续向弱可持续状态转变，2025 年 EFI 值仅为 0.65%，远未达到强可持续水平，粮食安全前景不容乐观，主产区生态安全保护任重而道远。

第 5 章 |||

基于指标耦合的包容性分析

5.1 粮食安全与生态安全耦合机理

5.1.1 农业生态安全研究述评

（1）国外对于生态安全方面的研究较早

1987 年，世界环境与发展委员会在《我们共同的未来》中首次出现和定义"环境安全"这一名词。此后，为了对现有的重大经济、社会和环境问题进行定义和研究，"资源安全"和"生态安全"等相关概念也被联合国世界环境与发展委员会相应提出①。

迈尔斯（Myers，1993）在资源区域性短缺与环境质量下降等矛盾所引发的社会、经济和政治的不安全背景下提出了"生态安全"，为后来的生态安全概念探讨提供了方向。罗纳根（Lonergan，2000）认为可持续发展和生态安全是互利共存的状态，并且这两个状态服务于人类安全这个终极目标。生态安全从本质上决定了人类安全的发展方向，而可持续发展则为解决人类安全存在的问题提供了科学手段。但由于生态环境恶化趋势的

---

① Mason M. , Zeitoun M. . Questioning Environmental Security [J]. Geographical Journal, 2013, 179（4）：294 – 297.

难以抑制，外国学者在生态安全方面的工作已从整个生态系统本身逐步扩展到生产潜力和能量转换方面①②。

从微观角度看，国外学者在生态安全方面的研究集中在生态环境风险和生态环境安全这两方面，多从生态环境的监测、评价与预警三个角度入手。从宏观角度看，国外的研究着重从生态安全与经济、社会、政治、全球发展之间的关系展开，并注重对生态安全内涵进行延伸扩展③④⑤。

（2）国内对生态安全的研究起步较晚

直到 20 世纪 90 年代后期，我国生态安全问题才逐渐得到学术界和社会大众的关注。目前，国内学术界对生态安全概念、指标体系和评价等方面进行了深入研究。

一是生态安全概念方面的研究：肖笃宁等（1996）等认为，对生态安全的定义要从生态环境的破坏对人类正常生产活动所造成影响的大小作为出发点，从保障程度的角度诠释生态安全的内涵。张宪洲等（2015）也从人类生存发展的角度出发，以生态承载力的变化给人类在生存和发展过程中带来的风险大小来判定生态安全的状况。曲格平（2002）认为生态安全要从两个维度切入：一方面是防止人类社会的经济发展受到生态资源退化的严重制约，主要是指生态条件和资源变化阻滞了经济可持续发展的脚步；另一方面是防止因生态承载力下降或自然灾害的发生而造成深度贫困人口的增加。也有学者判定区域生态安全的标准是假定在特定地区内的生

① Su S. , Chen X. , Degloria S. D. , et al. Integrative Fuzzy Set Pair Model for Land Ecological Security Assessment: A Case Study of Xiaolangdi Reservoir Region, China [J]. Stochastic Environmental Research & Risk Assessment, 2010, 24 (5): 639 – 647.

② Slocombe D. S. . Implementing Ecosystem-based Management: Development of Theory, Practice, and Research for Planning and Managing a Region [J]. Bioscience, 1993, 43 (9): 612 – 622.

③ Mason M. , Zeitoun M. Questioning Environmental Security [J]. Geographical Journal, 2013, 179 (4): 294 – 297.

④ Obi C. . Oil, Environmental Conflict and National Security in Nigeria: Ramifications of the Ecology-security Nexus for Sub-regional Peace [J]. 29 Program for Arms Control, Disarmament, and International Security (ACDIS): University of Illinois at Urbana – Champaign, 1997.

⑤ Mittermeier R. A. , Myers N. , Thomsen J. B. , et al. . Biodiversity Hotspots and Major Tropical Wilderness Areas: Approaches to Setting Conservation Priorities [J]. Conservation Biology, 1998, 12 (3): 516 – 520.

态环境和自然资源状况健康稳定情况下，能否支撑起其社会、经济的可持续发展，是为安全，反之则不安全。

二是生态安全指标体系构建：目前生态安全的评价指标体系构建主要有以下两个体系：一是自然－社会－经济的体系，二是压力－状态－响应的体系。徐勇等（2006）从特定地区的生态环境、经济效益和可持续发展三个方面建立了生态安全评价指标体系；海全胜等（2015）则通过压力－状态－响应三个角度构建了地区生态安全评价的指标体系。

三是生态安全评价方法：肖荣波等（2004）提出生态安全系数定义和测算公式，通过设定生态安全系数来评价区域生态安全。吴开亚等（2008）通过相关的实证分析建立了区域生态安全的主成分投影评价方法。罗贞礼（2002）运用分层聚类法，对湖南省 14 个地区的土地生态安全进行了分层聚类分析。吴国庆（2001）从资源生态环境压力、资源生态环境质量和整治建设能力三个角度入手，测算了地区生态不安全程度，并以此反映农业生态安全状态。

5.1.2　粮食安全与农业生态安全相互关系研究

（1）国外研究

目前国外关于生态环境与粮食安全之间的相互关系的研究，大部分侧重于单向影响机制的分析，少部分以两者的发展平衡点作为研究重点。

学术界普遍认为，农业生态系统的弱化已然成为粮食安全的瓶颈。丹尼斯·米都斯（Dennis Meadows，1997）在《增长的极限》中指出，根据全球农业资源保有量、粮食生产潜力的情况，现有的农业生产力难以填补未来人口增加带来的粮食需求缺口。另外，整个生态系统中存在过量的化肥堆积，内部的生态转化效率已经削弱，长期粮食生产力正处于下降趋势，农用化工品的滥用使粮食生产的边际报酬出现递减的状况[①]。贝利斯（Bayliss，2010）认为，之所以发展中国家在保障粮食供应和资源的循环利用方面面临较大的阻力，是因为存在大面积贫困和农业人力素质欠缺问

---

① E. 戈德史密斯著；程福祜译. 生存的蓝图 [M]. 北京：中国环境科学出版社，1987.

题。同时，人口剧增、农业投入水平低下、自然资源的退化、基础设施不足和市场的低效等也是阻力的来源。联合国粮农组织（FAO）和经济合作与发展组织（OECD）在《OECD - FAO 农业展望报告（2013～2022）》也提到，按照当前资源环境发展态势，粮食生产和生态资源的矛盾将不断加深。

只有改善农业生态环境，才能寻求粮食安全的出路。康芒（Common，1992）研究表明，土地质量关系到粮食产能，转向生态农业是解决石油农业造成的农业土地贫瘠的唯一出路。就中国农业生态问题和耕地资源不足的情况，布朗在 1995 年提出了"谁来养活中国"的"世纪之问"。这使得我国粮食安全现状成为全球关注的焦点。法德·卡西诺斯（Fatta - Kassinos，1996）、埃利泽（Elisee，2007）认为，传统农业模式与生态资源现状存在严重互斥的问题，所以要更注重改善农田生态系统。汉森（Hansen，1996）通过研究生态与可持续之间的关系，发现可持续性应有两个必要条件支撑：一是包容性，可持续性要求维护生态环境，并在保障人类所必需的粮食同时促进经济发展和社会福利提升；二是在时间走势上保证社会经济的可持续发展。奥尼尔（O'Neill，2001）梳理了生态经济学与可持续性的相关研究，认为发展生态经济学有助于理解和评估人类活动对生态环境的影响，同时强调资源环境对于农业生产至关重要。弗里森（Frison，2020）则提出粮食生产活动须在生态潜力阈值内进行，否则将会对整个生态系统造成不可逆的损害。

（2）国内研究

国内关于粮食安全与农业生态安全相互关系的辨析，主要的研究角度和观点有以下三个方面。

一是将农业生态安全归于粮食安全的体系下：如梅方权（1995）、罗海平等（2019）认为，合理利用农业资源和保护生态环境是确保 21 世纪前期国内粮食供需平衡的关键一环，即生态安全"托底"粮食安全发展。翟虎渠（2004）则认为，粮食安全应由"数量安全、质量安全和生态安全"三大部分组成，而粮食安全受到的挑战主要源于生态安全问题。因此，生态安全从属粮食安全，是其不可替代的驱动因素。王国敏等（2015）将粮食安全的可持续发展内涵延展至生态领域，认为生态安全是我国粮食安全的逻辑延伸，且国内石油密集型农业模式正制约着粮食生态安全。

二是将粮食安全和生态安全处于同等地位。在研究二者发展同步性上：张士功（2005）认为，粮食安全和农业生态安全共同发展、相互制约，资源环境质量为粮食安全创造发展空间，粮食生产活动也应根据生态承载力的变化进行调整。倪国华等（2012）将 1949 年以来粮食供需状态分为"巨大生态环境压力下的粮食供给短缺"与"农业面源污染加重下的粮食供应"两个阶段，并认为要在可持续发展角度下寻找粮食安全与生态安全平衡点。此外，在二者协同测度上：姜俊红等（2005）考察了粮食生产活动对土地生态服务价值的影响，通过实证测算得出它们存在较强的反作用关系。刘渝等（2010）通过研究水资源生态安全与粮食安全发展特征和关系，发现当前两者存在冲突状况。何玲等（2016）测算了河北省黄骅市的粮食安全标准下的生态安全底线。而在对粮食生产与生态可持续性问题上，付恭华等（2013）、刘慕华等（2019）通过计量模型测算的结果得出目前粮食生产方式将导致农业生态不可持续性问题，必须进行生态补偿。

三是将生态安全作为影响粮食安全的自变量：胡靖（2000）认为粮食安全受生态潜力的影响最大，并将粮食安全潜力解构成三个安全空间，认为当粮食生产处于生态潜力≥经济潜力时，长期粮食安全才得以实现。胡元坤（2001）认为我国是资源约束型国家，耕地减少、中低产田数量激增和生态资源的流失与枯竭等生态问题正严重威胁粮食供应。张凤荣等（2006）、张红宇等（2011）和孔涛等（2014）均认为国内粮食安全发展的瓶颈在于土地制度下的"人地矛盾"。聂英（2015）则探究了土地生态安全对粮食安全的影响，认为目前我国耕地质量状况已严重限制了粮食安全发展。

5.1.3　粮食主产区粮食安全与生态安全关系的理论分析

（1）粮食安全对农业生态安全的影响

粮食安全是农业生态安全的最终归宿。在食不果腹的年代，人们会利用一切手段进行粮食生产，并不会考虑农业生态系统服务价值损失的问题。随着农业生产进程的推移，贫困和饥饿消除之后，人们才开始关注农业生态安全对粮食安全的作用，并寻求"粮食生产—农业生态环境"两个系统协同配合的科学运转方式，以求达到"双安全"的状态。

我国是一个农业"体大质弱"的国家。国情的基本特征决定了我国长期必须将粮食数量安全作为农业生产和国家发展全局的核心来对待。但通过回顾现代农业发展进程可以发现，为了保障粮食安全，我国遗留下了很多值得重新思考和重视的问题。首先，在过去很长时间内，我国农业经营主体的生态意识不强，粮食生产盲目追求产出而不考虑生态成本。在农业技术限制下，为了保障粮食的正常供应，人们普遍是通过边际垦殖、抢占林木和湖泊等资源的方式满足耕地面积需求。同时，通过增加耕地复种比例和次数，施用大量的化肥、农药甚至使用植物激素等手段实现单位面积粮食产出的增加。这样的增产方式不具备可持续发展条件。另外，很多发达国家在粮食供需实现基本平衡时，便开始重点关注农业生态安全。以美国为例，从1985年起便有计划地实施了较大规模的土地休耕保护储备计划，此外还有湿地储备计划、农地保护储备加强计划等。相比之下，我国对农业生态环境的响应速度较慢，使得许多难修复、不可逆的生态资源遭到破坏。其次，我国粮食市场发展程度不高，存在过分压制粮价、种植农户零散等问题，使得粮食生产的生态补偿机制还不够完善。农业经营主体获得的外部激励不足，无法驱使他们实现粮食生产重心从"量"到"质"的转变。实际上，由于我国粮食生产方式及资源大多表现出"小而散"的特征，无论从农业财政倾向还是从粮食种植效果来看，生态友好型粮食生产行为带来的正生态外部效益都很难得到有效的补偿。结果是，在过去一段时间，我国以牺牲农业生态价值为代价来换取粮食数量的增加，严重忽略了粮食生产的隐性成本。因此，粮食安全各个环节都可能影响到农业生态安全的现状及未来发展。

（2）农业生态安全对粮食可供量与稳定性的影响

农业生态安全对粮食可供量与稳定性的负面影响。农业生态安全的目标是使生态环境更好地发挥供给、调节、支持和文化服务功能。2003年，受农业生态环境抗灾能力弱化的影响，我国农作物受灾面积、绝收面积同比上升了115.7%、130.3%，分别达到54 506千公顷、8 546千公顷，占农作物总播种面积的 35. 76% 、5. 61%①。可见，农业生态系统的健康程度直接影响粮食可供量与稳定性。在生态脆弱性突显的地区，粮食生产遭遇旱涝灾害等自然灾害时，农作物成灾率则会突增，出现大范围粮食生产歉收情况。长此以往，粮食安全系统应对风险能力下降，粮食安全脆弱性将更凸显。所以，生态功能的缺失将牵制着我国粮食安全发展。

此外，农业财政支出有助于农业生产方式转变，能有效解决农业生产中市场失灵现象，如忽略代际公平等行为导致的生态破坏问题。但从支出力度、合理性以及精准度来看，我国农业财政政策与发达国家还是存在相当大的差距。这导致了许多问题在短时间内得不到有效解决：一是"小而散"的粮食种植难以进行科学化管理，农用土地无法进行有效的休耕轮耕，低产耕地翻新比例不足；二是经营模式多呈分散化、细碎化，耕地难以流转；三是在粮食价格受限且农业补贴低的条件下，农业边际生产收益低导致农业劳动力流失，致使耕地空置率上升；四是农业科技人员比例较低，机械化程度不高，水利灌溉设施不到位，仍有很大一部分农业生产采用原始的耕作方式。因此，这些农业生态安全问题必然会威胁粮食可供量与稳定性。

农业生态安全对粮食可供量与稳定性的正面影响。生态系统服务价值与粮食生产活动存在正向相关的关系，农业生态安全程度越高，粮食安全潜力与稳定性则越高。研究表明，在粮食主产区中生态系统提供的调节服务价值最高，为 74 647 亿元，占生态系统服务总价值的 55. 86%②。就粮食主产区而言，一方面，生态调节服务如抵御灾害冲击、净化生态污染等功能将粮食生产活动紧密相关的自然资源质量及外部环境波动稳定在一个可控的合理区间。它能避免粮食可供量在自然灾害频发的年份出现"断供"的可能性，缓冲粮食生产过程的外界干扰因素，从而保证粮食主产区功能稳定性；另一方面，生态系统支持服务是能量流动、物质循环的通道，可以促进粮食作物生长过程中养分循环补充。生态系统良性循环促使

① 马九杰，崔卫杰，朱信凯. 农业自然灾害风险对粮食综合生产能力的影响分析 [J]. 农业经济问题，2005（4）：14 - 17 + 79.

② 罗海平，宋焱，彭津琳. 基于 Costanza 模型的我国粮食主产区生态服务价值评估研究 [J]. 长江流域资源与环境，2017，26（4）：585 - 590.

自然资源与动植物关系网不间断更新替换，为粮食种植创造并保持最优外部条件，从而保证了粮食的可供量与稳定性。

此外，农业生产满足大部分人的粮食需求后，人们便开始关注农业生态环境的潜力性、地域性和整体性，通过科学的管理办法来减少资源无效使用，进而提高农业生态供给服务的数量与质量。研究发现，科技进步对粮食生产的贡献率达 51.70%[①]。作为生态系统产出与人类生存需求之间的"润滑剂"，农业科学技术能解决农业生产代际不公平问题，降低生态价值损耗，有效缓解粮食生产中的资源困境。从发展经济学的角度来看，中国在步入城市化与工业化中后期阶段，通过城市支援农村、工业辅助农业的方式来统筹协同城乡发展，为绿色农业提供科技条件。因此，农业生态的发展带动农业技术的革新，推动农业先进技术的推广普及，从而为保障粮食可供量和稳定性提供了有力的科技支撑。

（3）农业生态安全对粮食生产资源与粮食获取能力的影响

农业生态安全对粮食生产资源与获取能力的负面影响。农业生态环境正面临的城镇化进程加速和人口基数持续上升等压力，这将威胁粮食生产资源安全。城镇化和工业化进程的加速迫使城市外延扩张，伴随着大量生活污染和工业污染堆积，导致大量的后备耕地资源转为城市建设用地。这造成许多资源安全问题，如耕地缩减、土壤毒化和水体污染等。此外，截至 2017 年底，我国城镇化率已达到 58.52%，同比增长 1.17%[②]。农村劳动力流失和人口老龄化的现象，使得农业劳动力的发展趋势向妇女化、弱质化和老龄化方向倾斜[③]。面对长期的农业劳动要素紧缺的状况，人们往往选择减少休耕次数，以牺牲资源"寿命"的方式换取当下的粮食供应。长此以往，容易形成"粮食供应压力上升→过度依赖石油密集农业→生态环境质量下降→粮食质量与生产能力削弱→粮食供应压力持续上升"的恶性循环。

---

① 姜松，王钊，黄庆华，等. 粮食生产中科技进步速度及贡献研究——基于 1985～2010 年省级面板数据［J］. 农业技术经济，2012（10）：40-51.

② 原始数据采集自 2018 年《中国统计年鉴》。

③ 蒲艳萍. 劳动力流动对西部农村经济发展的影响——基于西部 289 个自然村的调查问卷分析［J］. 中国经济问题，2010（6）：48-56.

目前，以石油密集农业为内核的农业生产模式将限制农业生态安全，是制约粮食生产资源利用效率的关键因素。在有限的耕地资源约束下，国内庞大粮食需求驱使粮食生产通过加大化肥、农药和农膜的施用强度实现单位耕地面积增产的目的。到 2013 年，我国化肥、农膜使用强度分别达到 359.1 千克/公顷、10.95 千克/公顷，化肥利用率仅为 40% 左右，每年约有 50 万吨农膜残留于土壤，农药在土壤中的残留率则达到 60% ~ 70%[①]。所以，粮食生产方式隐含着很大风险：一是土地荒漠化、石漠化的现象得不到有效抑制，不宜耕土地面积占比偏高[②]；二是传统石油密集农业的生产模式难以兼顾粮食数量与粮食质量安全，难以缓解农业非点源污染，是粮食安全系统性风险源头。

此外，居民粮食获取能力受限于农业生态脆弱程度，而农业生态安全决定了粮食生产经济效益及粮食市场发展程度。农业生态安全与粮食获取能力两者之间存在双向作用的关联机制。当农业生态安全受到破坏时，粮食获取能力也将随着生态服务价值损失而显著下降。其作用机制为：生态系统紊乱→粮食边际产出下降→农民预期粮食生产经济效益降低→粮食生产积极性严重下降→粮食供需不平衡→推高国内粮食价格水平。而由于生产成本过高以及生产主体行为惯性，粮食生产积极性和经济效益将受影响，粮食需求端对粮食贸易的依赖加重，进而削弱国内粮食获取能力。因此，农业生态问题将会削弱粮食获取能力，不利于我国粮食安全发展。

农业生态安全对粮食获取能力的正面影响。农业生态安全为发展农产品市场提供条件，扫除人们进入粮食市场的障碍，提高和丰富人们获取粮食的能力和途径。一方面，高效活跃的农产品市场提振了农民生产的信心动力，减少了农产品市场信息不对称现象，使得农业主体更及时地获取市场信息，有效促进农业生产结构的调整，提高农民农业生产收入；另一方面，第一产业产值的上升，促使地区政府加大对农业农村基建的财政投入，推动农业现代化进程，从而降低了农村贫困人口的发生率。

① 朱立志. 对新时期我国生态农业建设的思考［J］. 中国科学院院刊，2013，28（3）：322 - 328.

② 倪国华，郑风田. 粮食安全背景下的生态安全与食品安全［J］. 中国农村观察，2012（4）：52 - 58 + 94.

从供应的角度来看，粮食生产在农业生态系统的配合下，通过利用优质的自然资源获得更多的粮食产出，达到兼顾人们对粮食数量与质量的要求，从而降低了国内粮食消费的成本。从国际贸易的角度来看，粮食生产能力的增强，强化了国家粮食战略储备能力，有助于国家通过国际间贸易实现不同类别农产品之间的交换。这不但满足人们不同的需求偏好，更能改善区域粮食种植结构，达到因地制宜的要求，进而提高经济和农业生态效用。因此，农业生态安全是粮食获取能力的基础保障。

5.2 粮食主产区粮食安全与农业生态安全耦合协同度测算及实证分析

5.2.1 粮食安全与农业生态安全评价指标体系与耦合协同模型构建

（1）粮食安全与农业生态安全评价指标体系构建

粮食安全的指标体系从粮食生产资源—粮食可供量与稳定性—粮食获取能力这三个Ⅰ级指标进行构建，全面反映粮食安全的状态。其中，粮食生产资源是基础条件。在生产资源的约束下，粮食生产难以摆脱石油密集型农业模式，这将加剧农业面源污染。为此，本节选取人均耕地面积、单位耕地面积水资源拥有量、单位耕地面积劳动力和单位耕地面积机械动力4个Ⅱ级指标；粮食可供量与稳定性是粮食安全状况的直观体现。为此，本节选取粮食总产量、人均粮食占有量、粮食自给率、粮食总产量波动系数4个Ⅱ级指标；粮食获取能力是粮食生产的最终指向。为此，本节选取道路密集度、国内粮食价格水平、农村居民恩格尔系数3个Ⅱ级指标。

农业生态安全的指标体系参照国际对于环境问题的研究框架，从农业生态的 pressure（压力）- state（状态）- response（响应）这三个Ⅰ级指标进行构建。其中，农业生态压力是指农业生态环境面临的外部压力，它反映了生态平衡受到的威胁。为此，本节选取人口增长率、城镇化率、化

肥使用强度、农膜使用强度和农药使用强度 5 个 Ⅱ 级指标；农业生态状态
是农业生态环境的质量体现。为此，本节选取森林覆盖率、水土流失比
例、自然灾害成灾率、有效灌溉比例、年均降水量 5 个 Ⅱ 级指标；农业生
态响应是人们在农业生态环境发生变化时作出的响应。为此，本节选取财
政支农支出、水土流失治理比例、农村科技人员比例 3 个 Ⅱ 级指标予以反
映，具体指标体系及其权重见表 5 - 1。

表 5 - 1　　　粮食安全与农业生态安全耦合协同评价的指标体系及其权重

系统	Ⅰ级指标	Ⅱ级指标	类型	单位	权重
粮食安全	粮食生产资源	人均耕地面积	正向	公顷/人	0.168
		单位耕地面积水资源拥有量	正向	立方米/公顷	0.124
		单位耕地面积劳动力	正向	人/公顷	0.086
		单位耕地面积机械动力	正向	千瓦/公顷	0.095
	粮食可供量与稳定性	粮食总产量	正向	万吨	0.103
		人均粮食占有量	正向	千克/人	0.082
		粮食自给率	正向	%	0.060
		粮食总产量波动系数	负向	%	0.050
	粮食获取能力	道路密度	正向	千米/平方千米	0.081
		国内粮食价格水平	正向	%	0.079
		农村居民恩格尔系数	负向	%	0.072
农业生态安全	农业生态压力（P）	人口增长率	负向	%	0.029
		城镇化率	负向	%	0.070
		化肥使用强度	负向	吨/公顷	0.089
		农膜使用强度	负向	吨/公顷	0.098
		农药使用强度	负向	吨/公顷	0.081
	农业生态状态（S）	森林覆盖率	正向	%	0.088
		水土流失比例	负向	%	0.088
		自然灾害成灾率	负向	%	0.071
		有效灌溉面积比例	正向	%	0.093
		年平均降水	正向	毫米	0.053

系统	Ⅰ级指标	Ⅱ级指标	类型	单位	权重
农业 生态 安全	农业生态响应 （R）	财政支农支出	正向	亿元	0.124
		水土流失治理比例	正向	%	0.049
		农村科技人员比例	正向	人/万人	0.067

（2）粮食安全与农业生态安全耦合协同评价模型

①指标标准化与赋权。对初始数据做标准化处理，再采用熵权系数法对指标赋权。针对正负两类指标，其标准化处理的方法如下：

正向指标：$X'_{ij} = (X_{ij} - \min X_j)/(\max X_j - \min X_j) + 0.001$

负向指标：$X'_{ij} = (\max X_j - X_{ij})/(\max X_j - \min X_j) + 0.001$ （5－1）

第 i 年份第 j 项指标值的比重：$Y_{ij} = X'_{ij}/\sum_{i=1}^{m} X'_{ij}$ （5－2）

指标信息熵：$e_j = - (\ln m)^{-1} \sum_{i=1}^{m} Y_{ij}\ln Y_{ijk}$ （5－3）

信息熵冗余度：$d_j = 1 - e_j$ （5－4）

指标权重的确定：$w_j = d_j/\sum_{j=1}^{n} d_j$ （5－5）

式中：X'_{ij} 和 X_{ij} 分别为第 i 年第 j 项单项指标标准化后的值和原始值，$\max X_j$ 和 $\min X_j$ 分别为所有年份中第 j 项单项指标的最大值和最小值。其中，m 为评价年数，n 为指标数。

②指标的合成。根据所构建的评价指标体系，农业生态安全和粮食安全的综合发展水平通过以下加权函数计算得到：

$$A(X) = \sum_{i=1}^{3}\sum_{j=1}^{3} X'_{ij} \cdot w_j \qquad (5-6)$$

$$F(Y) = \sum_{i=1}^{3}\sum_{j=1}^{3} Y'_{ij} \cdot w_j \qquad (5-7)$$

式中：$A(X)$ 为农业生态安全综合发展水平，$F(Y)$ 为粮食安全综合发展水平。

③耦合协同度模型构建。根据加权函数计算结果，粮食安全与农业生态安全的耦合协同度计算公式为：

$$C = \left\{ \left[A(X) \cdot F(Y) \right] \Big/ \left[\frac{A(X) + F(Y)}{2} \right]^2 \right\}^k \qquad (5-8)$$

$$D = \sqrt{C \cdot T}, \quad T = \alpha A(X) + \beta F(Y) \qquad (5-9)$$

式中：C 为粮食安全系统与农业生态安全系统的耦合度，K 为协同系数（$K \geqslant 2$），取 $K = 2$。D 为耦合协同度，它反映了同级水平下粮食安全系统与农业生态安全系统的协同程度。T 为相互作用的综合效应，α 和 β 为待定系数，本节认为粮食安全系统和农业生态安全系统同等重要，因此设 $\alpha = \beta = 0.5$。

为了更直观反映粮食安全与农业生态安全耦合协同程度，对两个系统的耦合协同度进行了等级划分，如表 5 - 2 所示。

表 5 - 2　　　　粮食主产区耦合协同水平的等级划分标准

耦合协同度	等级	耦合协同度	等级
0 ~ 0.09	极度失调	0.50 ~ 0.59	勉强协同
0.10 ~ 0.19	严重失调	0.60 ~ 0.69	初级协同
0.20 ~ 0.29	中度失调	0.70 ~ 0.79	中级协同
0.30 ~ 0.39	轻度失调	0.80 ~ 0.89	良好协同
0.40 ~ 0.49	濒临失调	0.90 ~ 1.00	优质协同

（3）指标数据来源

人口增长率、城镇化率、财政支农支出等数据主要源自 1995 ~ 2017 年《中国统计年鉴》；农业机械总动力、耕地面积、自然灾害成灾面积等数据主要来自 1995 ~ 2017 年《中国农业统计年鉴》；化肥施用量、农膜施用量、农药施用量、粮食总产量、有效灌溉面积等数据主要来自 1995 ~ 2017 年《中国农村统计年鉴》；森林覆盖率、降水量、水土流失治理面积等数据主要来自 1995 ~ 2017 年《中国环境统计年鉴》；道路密度来自 1995 ~ 2017 年《中国交通运输统计年鉴》；部分数据从各省历年统计年鉴及《环境状况公报》补充。

5.2.2 粮食主产区粮食安全评价及分析

由表5-3可知，粮食主产区内部的粮食安全发展水平存在明显差异。从它们的发展水平和潜力来看，可分别排序为：黑龙江>内蒙古>吉林>安徽>湖南>湖北>辽宁>河北>江西>河南>山东>江苏>四川。其中，黑龙江是粮食主产区中粮食安全潜力最高的主产区。2017年，黑龙江的粮食安全水平达到0.848，与1995年的水平相比，增长了239.2%，处于领跑位置，与部分主产区拉开差距。同样，内蒙古、吉林和安徽这三个主产区的粮食安全发展水平也处于较高的位置。在研究期内，它们的粮食安全地位有明显的上升，近年来也都保持在了（0.7，0.8）的高区间范围内。而排名靠后的两个主产区分别为江苏、四川。其中，四川属于人口大省，需求量巨大，其粮食安全发展水平均值仅为0.485。近年来，由于工业化强势发展、城市化迅速推进，四川的农业用地受到挤占，农业人口流失。这些问题使得四川粮食安全发展乏力。总的来看，虽然13个粮食主产区粮食安全发展水平存在一定差距，但它们之间表现出了趋同性，大多数主产区保持了良好的上升态势。

表5-3　　　　　　　　　　粮食安全发展水平

主产区	1995年	2000年	2005年	2010年	2015年	2017年
	$F(Y)$	$F(Y)$	$F(Y)$	$F(Y)$	$F(Y)$	$F(Y)$
河北	0.483	0.398	0.401	0.539	0.557	0.634
内蒙古	0.228	0.321	0.441	0.605	0.722	0.713
辽宁	0.303	0.302	0.570	0.688	0.641	0.684
吉林	0.290	0.300	0.530	0.698	0.697	0.794
黑龙江	0.250	0.314	0.387	0.648	0.723	0.848
江苏	0.472	0.513	0.429	0.501	0.578	0.586
安徽	0.450	0.416	0.435	0.616	0.717	0.704
江西	0.413	0.437	0.459	0.772	0.650	0.672

续表

主产区	1995 年	2000 年	2005 年	2010 年	2015 年	2017 年
	$F(Y)$	$F(Y)$	$F(Y)$	$F(Y)$	$F(Y)$	$F(Y)$
山东	0.523	0.400	0.459	0.679	0.566	0.645
河南	0.260	0.326	0.460	0.684	0.589	0.633
湖北	0.616	0.464	0.407	0.635	0.658	0.708
湖南	0.432	0.544	0.481	0.639	0.666	0.682
四川	0.475	0.461	0.468	0.565	0.569	0.576
总体	0.399	0.399	0.456	0.636	0.641	0.683

5.2.3　粮食主产区农业生态安全评价及分析

根据表 5-4 的计算结果，将粮食主产区的农业生态安全发展态势划分为攀升、稳定、波动和下降四种类型。第一种类型为攀升型，处于该阶段的主产区有江苏、安徽、江西、湖北和四川。处于农业生态安全水平上升通道的四个省份均具有丰富的自然资源，农业生态可塑性强。其中，四川近年大力实施"农业创新绿色发展行动方案"，通过强化农业生态安全保护、优化农业资源利用方式、加快推进农业非点源污染综合治理以及严格落实环境影响评价制度来巩固和提升农业生态安全质量。到 2017 年，四川的农业生态安全水平发展比 1995 年的 0.321 值高出了 0.399。第二种类型为稳健型，分别有辽宁、河南和湖南。在研究期间，这三个主产省份的发展水平均稳定在 0.5 左右，但粮食安全发展水平有显著提升，说明这三个主产区充分挖掘了农业生态潜力，在保障粮食安全的大前提下对农业生态安全作出了较好的保护，生态承载力在一定程度上有所增强。第三种类型为波动型，分别有河北、黑龙江和山东。这三个主产省份的发展水平在研究期内呈现"高—低—高"的波动形态。其中，波动幅度最大的是山东，最低为 0.343，最高则达到 0.689，说明了其农业生态安全状态极不稳定，生态脆弱性问题凸显。第四种类型为下降型，处于该类型的主产区有吉林、内蒙古。作为农业大省，吉林农村污染问题非常突出，如水污染、土壤污染等，且未能引起足够重视，导致其农业生态质量有逐年下降的危险。而内蒙古也同样存在农业生态脆弱性突出的问题。由于受到植被面积减少、耕地质量下降等威胁，内蒙古将长期面临着严重的水土流失和土地荒漠化等生态问题。

表 5 - 4　　　　　　　　　　农业生态安全发展水平

主产区	1995 年	2000 年	2005 年	2010 年	2015 年	2017 年
	$A(X)$	$A(X)$	$A(X)$	$A(X)$	$A(X)$	$A(X)$
河北	0.438	0.479	0.450	0.501	0.553	0.512
内蒙古	0.469	0.381	0.451	0.526	0.385	0.434
辽宁	0.467	0.541	0.509	0.468	0.518	0.480
吉林	0.485	0.469	0.464	0.454	0.433	0.432
黑龙江	0.544	0.422	0.500	0.507	0.617	0.635
江苏	0.408	0.358	0.340	0.552	0.722	0.736
安徽	0.386	0.426	0.425	0.538	0.651	0.631
江西	0.452	0.502	0.413	0.516	0.635	0.663
山东	0.516	0.429	0.412	0.562	0.669	0.689
河南	0.460	0.472	0.498	0.467	0.551	0.520
湖北	0.395	0.430	0.399	0.415	0.635	0.605
湖南	0.452	0.546	0.427	0.447	0.555	0.546
四川	0.321	0.367	0.454	0.515	0.733	0.720
总体	0.446	0.448	0.442	0.498	0.589	0.585

5.2.4　粮食主产区粮食安全与农业生态安全水平的动态分析

根据粮食主产区粮食安全与农业生态安全发展水平的数量关系，可以将两个系统的发展状态划分为粮食安全发展滞后型与农业生态安全发展滞后型这两个阶段。从图 5 - 1 可知，第一阶段（1995~2004 年），粮食主产区粮食安全与农业生态安全两个系统的发展水平表现为"一升一降"的走势，其中，农业生态安全发展水平逐年下跌，而粮食安全发展水平则波动上升。但在该期间，除了 1997 年，粮食主产区的粮食安全发展水平均低于农业生态安全发展水平，属于粮食安全发展滞后型。第二阶段（2005~2017

年），粮食主产区粮食安全与农业生态安全两个系统的发展水平表现出同步上涨的趋势。具体来说，除了 2006 年跌到最低值 0.411 外，农业生态安全发展状况得到持续好转，2015 年则是达到了 0.589。与此同时，粮食安全发展水平也保持了上升势头，从 2004 年的较低值 0.392 一直上升到 2017 年的 0.683。

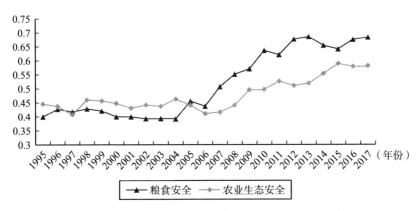

图 5-1　粮食主产区整体粮食安全与农业生态安全发展水平的变化趋势

通过比较可知，在研究期间，粮食主产区对农业生态安全和粮食安全这两个系统的建设和发展取得显著的成效。具体来看，粮食安全发展态势迅猛，粮食生产潜力在规模化和技术化的背景下得以充分释放。而农业生态安全虽然也处于发展阶段，但却与粮食安全拉开了差距。因此，在发展粮食安全的同时，必须要明确农业生态安全是农业发展的根基，进一步巩固其支撑粮食安全的地位，探求可持续化的农业发展道路。

5.2.5　粮食主产区粮食安全与农业生态安全耦合协同性分析

（1）粮食主产区两大系统耦合协同水平的时间演化分析

如表 5-5 所示，从时间演化来看，大部分粮食主产区两大系统的耦合协同水平时间演化规律表现出稳步上升的态势，只有个别主产区存在耦合协调水平在个别年份下降的情况。具体来看，粮食主产区的耦合协同水平时间演化规律呈现 3 个变化特征：稳步攀升、先降后升和先升后稳。其中，处于稳步攀升的主产区有黑龙江、辽宁、河南、安徽、江西和四川。黑龙江在期初的耦合协同水平仅为 0.443，处于 13 个主产区中倒数第二的位置，但随着生态环境优化和粮食生产效率的提高，2017 年黑龙江的耦合协同水平达到了 0.699，比期初上升了 57.79%。同样，安徽从 1995 年的 0.543 上升至 2017 年的 0.738，增长率达到了 35.91%，耦合协同状况持续向好。除了黑龙江和安徽之外，江西的表现也同样出色。从 2010 年开始，江西两大系统耦合协同水平就已经上升并稳定在 0.68 左右，2017 年更是达到了 0.719。另外，处于先降后升的主产区有 5 个，分别为湖南、湖北、河北、山东和江苏。山东在期初时的耦合协同水平处于 13 个主产区首位，为 0.621。但随后，其耦合协同水平逐年下降，2002 年跌到谷值，仅为 0.510。而从 2002 年开始，山东的耦合协同状态不断得到改善，2015 年达到峰值 0.680。同样，湖北也存在类似情况。湖北从 1995 年的 0.577 波动下降至 2006 年的 0.492，而后一路上涨至 2015 年的 0.704。而处于先升后稳的主产区有吉林和内蒙古。在研究期前半段，内蒙古的耦合协同水平一直处于上升的阶段，从 1995 年的 0.420 上升至 2010 年的 0.648。但在近几年，内蒙古的耦合协同水平回落并稳定在 0.580 左右。值得注意的是，2015 年之后，部分主产区耦合协同水平出现回落的状况。这是因为近年来粮食主产区的粮食增产情况较为理想，而农业生态环境的发展步伐处于相对落后的位置，导致耦合协同水平有所下降。粮食主产区需要重新梳理粮食安全与农业生态安全的发展关系，避免差距被进一步拉大。

表 5-5　　　　　　　粮食主产区耦合协同水平的时间演化

耦合协同水平	1995 年	2000 年	2005 年	2010 年	2015 年	2017 年
黑龙江	0.443	0.493	0.555	0.649	0.713	0.699
吉林	0.483	0.490	0.602	0.625	0.611	0.576
辽宁	0.492	0.497	0.632	0.633	0.653	0.652
河北	0.577	0.556	0.550	0.620	0.645	0.586
内蒙古	0.420	0.488	0.568	0.648	0.575	0.582

耦合协同水平	1995 年	2000 年	2005 年	2010 年	2015 年	2017 年
山东	0.621	0.543	0.558	0.681	0.680	0.646
江苏	0.560	0.539	0.512	0.624	0.696	0.687
安徽	0.543	0.549	0.555	0.656	0.725	0.738
河南	0.454	0.510	0.591	0.632	0.654	0.628
湖北	0.577	0.568	0.535	0.592	0.704	0.668
四川	0.507	0.535	0.579	0.633	0.694	0.685
湖南	0.565	0.638	0.571	0.614	0.675	0.659
江西	0.556	0.582	0.558	0.671	0.702	0.719

（2）粮食主产区两大系统耦合协同水平的空间演化分析

根据 1995 年、2000 年、2005 年、2010 年和 2015 年 13 个粮食主产区粮食安全与农业生态安全耦合协同度的计算结果，绘制出 13 个粮食主产区两个系统耦合协同的时空特征情况，见罗海平等（2020）。

从空间演化来看，粮食主产区两大系统耦合协同水平的空间演化呈现出四个特征：第一，粮食主产区耦合协同等级在濒临失调至中级协同四个等级范围内波动；第二，粮食主产区耦合协同等级的演化分布呈现由"南高北低"到"南北齐升"的变化趋势；第三，华中地区和华东地区的主产区耦合协同发展趋势优异，而华北地区则差强人意；第四，2017 年粮食主产区整体耦合协同水平有轻微下降的现象。从研究期初看，位于北方的主产区耦合协同状态表现较差。其中，内蒙古、黑龙江、吉林和辽宁的耦合协同等级处于濒临失调的状态，说明他们在发展粮食安全的同时没能很好协调农业生态环境的发展问题。相反，南方的大部分主产区处于勉强协同的状态，发展步伐领先于北方的主产区。从研究期末看，北方的主产区耦合协同等级已经缩小了与南方主的差距。2005 年，大部分主产区耦合协同等级升级为勉强协同。到了 2010 年，绝大部分主产区的耦合协同等级继续上升一个台阶，处于初级协同状态，只有湖北还处于勉强协同等级。而随着农业生态环境意识的不断深入，粮食生产活动已经向着生态友好型的目标进发。到了 2015 年，除了内蒙古耦合协同等级下降至勉强协同外，其余主产区均处于初级协同以上的等级，耦合协同发展趋势持续向好。而到了 2017 年，可以看到黑龙江和湖北的耦合协同等级从中级协同降级至初级协同，同时，河北也从初级协同降级至勉强协同。总体来看，南方主产区的耦合协同等级整体高于北方主产区，且华中地区和华北地区的表现更佳。值得肯定的是，虽然北方主产区的耦合协同等级一直处于落后的地位，但是今年来，北方主产区两个系统配合协同情况有所改善，正逐步缩小了与南方主产区的差距。这也使得 13 个粮食主产区之间耦合协同度的均衡性得到很大提升。

5.3 粮食主产区粮食安全与农业生态安全耦合协同的时空演化

5.3.1 耦合协同水平的区域差距及动态演进的模型构建

（1）达格姆（Dagum）基尼系数模型构建

为了更进一步考量粮食主产区粮食安全与农业生态安全耦合协同水平的区域平衡性，本节选用卡米罗·达格姆在 1997 年提出的达格姆基尼系数模型，用于分解和测算耦合协同水平的基尼系数 G：地区内差距贡献 G_w、地区间差距贡献 G_{nb} 和超变密度贡献 G_t。

$$G = \frac{\sum_{j=1}^{k} \sum_{h=1}^{k} \sum_{i=1}^{n_j} \sum_{r=1}^{n_h} |y_{ji} - y_{hr}|}{2n^2\mu} \tag{5-10}$$

式（5-10）中，$y_{ji}(y_{hr})$ 为 $j(h)$ 地区内第 $i(r)$ 个主产区的耦合协同水平，μ 为 13 个主产区耦合协同水平的均值，主产区数量 $n=13$，划分区域数量 $k=4$。

$$\mu_h \leqslant \cdots \leqslant \mu_j \leqslant \cdots \leqslant \mu_k \tag{5-11}$$

$$G = G_w + G_{nb} + G_t \tag{5-12}$$

$$G_{jj} = \frac{1}{2\mu_j\mu_j^2} \sum_{i=1}^{n_j} \sum_{r=1}^{n_j} |y_{ji} - y_{jr}| \tag{5-13}$$

$$G_w = \sum_{j=1}^{k} G_{jj} p_j s_j \tag{5-14}$$

$$G_{jh} = \frac{\sum_{i=1}^{n_j} \sum_{r=1}^{n_h} |y_{ji} - y_{hr}|}{n_j n_h (\mu_j + \mu_h)} \tag{5-15}$$

$$G_{nb} = \sum_{j=2}^{k} \sum_{h=1}^{j-1} G_{jh} (p_j s_h + p_h s_j) D_{jh} \tag{5-16}$$

$$G_t = \sum_{j=2}^{k} \sum_{h=1}^{j-1} G_{jh} (p_j s_h + p_h s_j)(1 - D_{jh}) \tag{5-17}$$

$$D_{jh} = \frac{d_{jh} - p_{jh}}{d_{jh} + p_{jh}} \tag{5-18}$$

式（5-11）~式（5-18）中，G_{jj} 为 j 地区内基尼系数，G_w 为地区内差距的贡献，G_{jh} 为区域 j 和区域 h 间基尼系数，G_{nb} 为地区间差距的贡献，G_t 为超变密度的贡献，$p_j = n_j/n$，$s_j = n_j u_j/n\mu_j$，D_{jh} 为 j、h 地区间耦合协同水平的相对影响。

$$d_{jh} = \int_0^{\infty} dF_j(y) \int_0^{y} (y - x) dF_h(x) \tag{5-19}$$

$$p_{jh} = \int_0^{\infty} dF_h(y) \int_0^{y} (y - x) dF_j(x) \tag{5-20}$$

式（5-19）中，d_{jh} 为 j、h 地区间耦合协同水平的差值，表示当 $y_{ji} - y_{hr} > 0$ 时的所有耦合协同水平差异（$y_{ji} - y_{hr}$）的加权平均数；式（5-20）中，p_{jh} 为超变一阶距，表示当 $y_{ji} - y_{hr} < 0$ 时的所有耦合协同水平差异（$y_{hr} - y_{ji}$）的加权平均数。

根据地理位置，我国 13 个粮食主产区划分成四大产区，包括东北地区、华北地区、华东地区和华中地区，涵盖 13 个粮食主产区（见表 5-6）。

表 5-6　　　　　　　　　粮食主产区四大区域及主要城市

大区分类	主要粮食主产区
东北地区	黑龙江省、吉林省、辽宁省
华北地区	河北省、内蒙古自治区
华东地区	山东省、江苏省、安徽省
华中地区	河南省、湖北省、湖南省、四川省、江西省

（2）核密度（Kernel）非参数估计模型构建

核密度非参数估计属于非参数估计，反映随机变量，即粮食安全与农业生态安全耦合协同水平的分布态势。假定 $f(x)$ 为密度函数，如式（5 – 21）所示：

$$f(x) = \frac{1}{Nh} \sum_{i=1}^{N} K\left(\frac{X_i - \bar{x}}{h}\right) \tag{5 – 21}$$

其中，N 为观测值数量，X_i 为独立且同分布的观测值，$\bar{x}$ 为均值，$K(\cdot)$ 为核函数，h 为带宽。本节运用常用的高斯核函数对 13 个粮食主产区耦合协同水平的动态演进进行估计，如式（5 – 23）。核函数一般要满足式（5 – 22）条件：

$$\begin{cases} \lim_{x \to \infty} k(x) \cdot x = 0 \\ K(x) \geq 0, \ \int_{-\infty}^{+\infty} K(x) dx = 1 \\ \sup K(x) < +\infty, \ \int_{-\infty}^{+\infty} K^2(x) dx < +\infty \end{cases} \tag{5 – 22}$$

$$K(x) = \frac{1}{\sqrt{2\pi}} \exp\left(-\frac{x^2}{2}\right) \tag{5 – 23}$$

（3）马尔可夫（Markov）链模型构建

为进一步研究 13 个粮食主产区耦合协同水平的动态特征，本节采用马尔可夫链估计方法。马尔可夫链是一个离散事件随机过程 $\{X(t), t \in T\}$ 的所有可能取值的集合，马尔可夫链满足：

$$p\{X(t_n) \leq x_n | X(t_1) = x_1, \cdots, X(t_{n-1}) = x_{n-1}\}$$
$$= p\{X(t_n) \leq x_n | X(t_{n-1}) = x_{n-1}\}$$
$$p_{ij} = n_{ij}/n_i \tag{5 – 24}$$

式（5 – 24）中，n_{ij} 为某主产区耦合协同水平从 $i \to j$ 类型转变次数，n_i 为 i 类型出现次数，$X(t_n)$ 是 $X(t_i) = x$ 下的条件分布函数，假设转移概率只与状态 i、j 有关，就能得到齐次的马尔可夫链。通过马尔可夫链，就可以得到一个 $N \times N$ 维的耦合协同水平状态转移概率矩阵 P，如式（5 – 25）所示：

$$P = p_{ij} = \begin{vmatrix} p_{11} & p_{12} & \cdots & p_{1j} & \cdots \\ p_{21} & p_{22} & \cdots & p_{2j} & \cdots \\ \vdots & \vdots & & \vdots & \\ p_{i1} & p_{i2} & \cdots & p_{ij} & \cdots \\ \vdots & \vdots & & \vdots & \end{vmatrix} \qquad (5-25)$$

$$p_{ij} \geqslant 0 , \quad i、j \in N , \quad \sum_{j \in N} P_{ij} = 1 , \quad i、j \in N$$

5.3.2　粮食主产区耦合协同水平的地区差距及其分解

（1）总体差距及演化态势

根据耦合协同模型测度的耦合协同水平，运用达格姆基尼系数模型测算出我国 13 个粮食主产区耦合协同水平的总体差距，并分解测算东北地区、华北地区、华东地区和华中地区的地区内差距（见表 5 – 7）。

表 5 – 7　　　我国粮食主产区耦合协同水平总体及地区内基尼系数

年份	总体	东北地区	华北地区	华东地区	华中地区
1995	0.0632	0.0232	0.0788	0.0300	0.0457
1996	0.0612	0.0567	0.0655	0.0248	0.0495
1997	0.0526	0.0253	0.0333	0.0094	0.0509
1998	0.0476	0.0440	0.0551	0.0116	0.0455
1999	0.0393	0.0373	0.0359	0.0092	0.0390
2000	0.0423	0.0033	0.0327	0.0041	0.0427
2001	0.0430	0.0255	0.0328	0.0111	0.0448
2002	0.0274	0.0210	0.0104	0.0278	0.0259
2003	0.0225	0.0129	0.0004	0.0046	0.0260
2004	0.0326	0.0389	0.0063	0.0189	0.0256
2005	0.0279	0.0287	0.0078	0.0189	0.0187
2006	0.0403	0.0258	0.0095	0.0227	0.0506
2007	0.0256	0.0285	0.0003	0.0131	0.0292

年份	总体	东北地区	华北地区	华东地区	华中地区
2008	0.0253	0.0191	0.0190	0.0082	0.0318
2009	0.0197	0.0175	0.0032	0.0123	0.0232
2010	0.0201	0.0082	0.0111	0.0192	0.0225
2011	0.0231	0.0154	0.0115	0.0230	0.0244
2012	0.0236	0.0192	0.0144	0.0232	0.0227
2013	0.0309	0.0331	0.0201	0.0202	0.0212
2014	0.0415	0.0489	0.0266	0.0160	0.0223
2015	0.0335	0.0347	0.0284	0.0143	0.0147
2016	0.0256	0.0289	0.0038	0.0166	0.0232
2017	0.0274	0.0308	0.0055	0.0174	0.0251

图 5 - 2 反映了我国粮食主产区总体差距的演化态势。总体看来，在 1995~2017 年，我国粮食主产区耦合协同水平的地区差距呈现出波动下降的态势，但是在 2017 年有"翘尾"的情况出现。相较于 1995 年，2017 年我国粮食主产区耦合协同水平的总体差距年均下降 1.9707%，总体差距持续缩小。我国粮食主产区耦合协同水平总体差距的演化态势大致可以分为三个阶段：波动下降、双倒"V"式波动。1995~2003 年，粮食主产区耦合协同水平的总体基尼系数从 0.0632 一直下降到 0.0225，年均下降达 4.4502%，差距缩小的速度较快。2003~2009 年，粮食主产区耦合协同水平的总体基尼系数呈先上升后下降的走势，呈倒"V"形状，具体从 2003 年的阶段性谷值 0.0225 爬坡式上涨到了 2006 年的 0.0403，涨幅达到 79.11%。总体差距经历了三年的扩大后，从 2006 年的 0.0403 下降到 2009 年的新低值 0.0197。2009~2017 年，总体差距同样呈倒"V"形状，波动区间在 [0.0197，0.0415]。基尼系数先从 2009 年的 0.0197 上升到 2014 年的 0.0415，上升幅度达到 110.66%。随后，总体差距出现缩小的态势，基尼系数下降到了 2017 年的 0.0274，但值得注意的是，2017 年基尼系数有上升的风险。

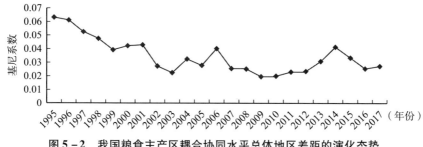

图5－2 我国粮食主产区耦合协同水平总体地区差距的演化态势

（2）地区内差距及演化态势

图5－3反映了我国粮食主产区东北、华北、华东和华中地区耦合协同水平的地区内差距及演化态势。

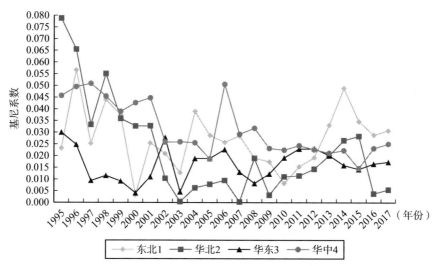

图5－3 我国粮食主产区耦合协同水平地区内差距的演化态势

从整体上看，我国东北产区耦合协同水平的地区内差距最大，华北地区的耦合协同水平的地区内差距缩小的速率最快，华中地区表现出先下降后稳定的演进态势，而华东地区则一直保持平稳态势。

具体来说，东北地区耦合协同水平的地区内差距呈现出先下降后上升的态势。1995～2010年为差距缩小阶段。从表5－7看到，相对于1996年的 0.0567，2010 年东北地区的基尼系数下降至 0.0033，年均降幅为 6.11%，差距明显缩小。2010~2017 年期间为差距上升阶段。在这期间，基尼系数表现为波动上升，说明了区域差距在 2010 年后有扩大的趋势。

华北地区耦合协同水平的基尼系数表现为连年下降的态势，地区内差距朝着不断缩小的趋势演进。研究期内，华北地区基尼系数从 0.0788 下降至 0.0055，年均降幅为 4.23%，差距明显缩小。其中，1995~2007 年，地区差距逐年缩小，2007 年更是到达谷值 0.003，几乎处于平衡的状态。值得注意的是，2007~2015 年，基尼系数打破了之前的下降走势，转头出现了波动式上涨，一直上涨至 2015 年的 0.0284。但在 2016 年、2017 年，区域差距再次延续下降的态势。

华中地区耦合协同水平的地区内差距波动性较大，但总的趋势表现为先下降后平稳。1995~2002 年，地区内基尼系数的维持在 [0.039，0.059] 区间，地区差距较平稳。但在 2002~2006 年，基尼系数经历了从 2002 年的 0.0259 上涨至 2006 年的阶段峰值 0.0506。地区内差距在经历短暂的扩大后，从 2006 年开始，差距变化继续了缩小的趋势，基尼系数在大部分时间内维持在 [0.020，0.025] 的区间。

华东地区的地区内差距则表现为比较平稳的趋势。在研究期内，地区内基尼系数的均值为 0.0164，在四个地区内属于较低的水平。1995~2000 年，华东地区的基尼系数表现出明显下降，地区差距呈缩小态势。其余时期华东地区耦合协同水平的地区内差距并无出现明显的变化，基尼系数基本保持在一个较为平稳的水平。

（3）地区间差距及演化态势

根据上文划分的粮食主产区四个区域，通过达格姆基尼系数模型分解出华北—东北、华东—东北、华东—华北、华中—东北、华中—华北和华中—华东的地区间耦合协同水平差距（见表 5-8）。

图 5-4 展示了粮食主产区耦合协同水平的地区间差距的演化趋势。华北—东北地区的地区间差距呈先降后升的趋势；华东—东北地区的地区间差距则表现为下降趋势；而华东—华北地区和华中—华北地区的地区间差距均呈现先降后升再降的态势；华中—东北地区和华中—华东地区则表现为先降后稳。总体上，粮食主产区耦合协同水平的地区间差距

呈现多阶段波动的演化趋势，且各个地区间差距的变化趋势具有一定的相似性。

表 5 - 8　　　　　我国粮食主产区耦合协同水平的地区间基尼系数

年份	组间					
	华北—东北	华东—东北	华东—华北	华中—东北	华中—华北	华中—华东
1995	0.0808	0.0970	0.0867	0.0677	0.0763	0.0495
1996	0.0703	0.0838	0.0768	0.0610	0.0665	0.0571
1997	0.0563	0.0794	0.0354	0.0849	0.0534	0.0367
1998	0.0565	0.0505	0.0538	0.0590	0.0572	0.0355
1999	0.0435	0.0457	0.0363	0.0508	0.0442	0.0312
2000	0.0336	0.0486	0.0320	0.0691	0.0532	0.0358
2001	0.0429	0.0507	0.0323	0.0613	0.0473	0.0365
2002	0.0263	0.0291	0.0283	0.0282	0.0307	0.0285
2003	0.0148	0.0130	0.0053	0.0351	0.0280	0.0310
2004	0.0376	0.0481	0.0238	0.0490	0.0259	0.0235
2005	0.0360	0.0487	0.0196	0.0345	0.0172	0.0279
2006	0.0227	0.0418	0.0289	0.0483	0.0420	0.0472
2007	0.0236	0.0252	0.0117	0.0362	0.0230	0.0267
2008	0.0229	0.0172	0.0189	0.0309	0.0292	0.0284
2009	0.0146	0.0184	0.0204	0.0222	0.0181	0.0232
2010	0.0112	0.0199	0.0213	0.0184	0.0201	0.0278
2011	0.0171	0.0226	0.0237	0.0231	0.0204	0.0301
2012	0.0250	0.0226	0.0249	0.0261	0.0204	0.0262
2013	0.0411	0.0334	0.0514	0.0302	0.0384	0.0253
2014	0.0551	0.0482	0.0757	0.0461	0.0662	0.0231
2015	0.0474	0.0389	0.0690	0.0336	0.0583	0.0176
2016	0.0354	0.0261	0.0272	0.0314	0.0242	0.0224
2017	0.0378	0.0278	0.0274	0.0341	0.0260	0.0238

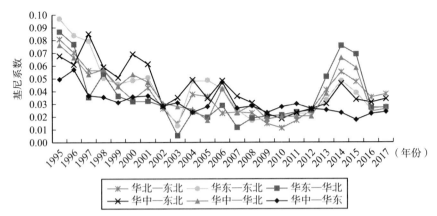

图 5 - 4 　我国粮食主产区耦合协同水平地区间差距的演化态势

具体来看，1995～2017年，华北—东北地区的地区间基尼系数年均降幅为2.419%，地区间差距在逐步缩小。1995～2000年，地区间基尼系数经历了五连降，从1995年的0.0808下降至2000年的0.0336。2000年以后，基尼系数偶有波动，但基本维持在0.03的水平，说明了华北—东北地区的地区间差距保持相对稳定的状态。

研究期内，华东—东北地区的地区间差距表现出逐年缩小的良好状态。基尼系数从1995年的0.097波动式下降至2017年的0.0278。其中，1995～2008年，基尼系数降幅较大，年均降幅达到了6.328%，地区间差距缩小明显。2008～2014年，基尼系数经历了小幅上涨的状况，差距出现轻微扩大。但从2014年起，地区间差距延续了总体缩小的趋势。

华东—华北地区和华中—华北地区的地区间基尼系数均呈现"先降后升再降"的波动走势。具体来看，在1995～2007年，华东—华北地区的地区间基尼系数处于下降阶段，从基期的0.0867一直下降到2007年的0.0117，下降趋势明显。但在2007～2014年，地区间差距却出现大幅上涨的情况，从2007年的谷值0.0117一路上涨到0.0757，年均涨幅竟高达12.078%。随后的3年间，基尼系数回落到0.274，差距再次缩小；华中—华北地区的地区间差距变化与华东—华北地区相类似。1995～2005年，地区间基尼系数从0.0763一路下降到0.0172。2005年地区间基尼系数出现拐点。随后地区间差距经历了逐步扩大的状况，直到基尼系数上涨至 2014 年的 0.0662，期间年均涨幅竟达到了 8.224%。但在 2014 年后，地区间差距再次缩小至 0.026。

华中—东北地区和华中—华东地区的地区间基尼系数则表现为先降后稳的态势。1995～2010 年，华中—东北地区的地区间基尼系数从 0.0677 波动式下降到 0.0184，地区间差距明显缩小。随后，基尼系数基本稳定在 (0.02，0.04) 区间；而具有相似走势的华中—华东地区，1995～2004 年，基尼系数年均降幅度达 5.836%，从基期的 0.0495 直线下降到 2004 年的 0.0235。随后，华中—华东地区的地区间差距变化较为稳定，基尼系数也基本处于 (0.02，0.03) 区间内。

（4）总体差距来源与贡献度

在运用达格姆基尼系数模型测算出粮食主产区总体差距的基础上，进一步分解出主产区总体差距的来源及其贡献度（见表 5－9）。

表 5－9　　　　我国粮食主产区耦合协同水平的差距及其贡献度

年份	地区内		地区间		超变密度	
	来源	贡献率（%）	来源	贡献率（%）	来源	贡献率（%）
1995	0.0115	18.22	0.0383	60.49	0.0135	21.29
1996	0.0130	21.31	0.0315	51.44	0.0167	27.25
1997	0.0103	19.54	0.0298	56.68	0.0125	23.78
1998	0.0110	23.12	0.0165	34.77	0.0200	42.10
1999	0.0091	23.15	0.0174	44.26	0.0128	32.59
2000	0.0078	18.41	0.0291	68.72	0.0054	12.87
2001	0.0095	22.08	0.0222	51.66	0.0113	26.26
2002	0.0067	24.60	0.0097	35.52	0.0109	39.88
2003	0.0047	20.82	0.0143	63.68	0.0035	15.50
2004	0.0070	21.51	0.0154	47.35	0.0101	31.14
2005	0.0055	19.84	0.0180	64.47	0.0044	15.69
2006	0.0102	25.40	0.0139	34.61	0.0161	39.99
2007	0.0065	25.48	0.0091	35.63	0.0100	38.89
2008	0.0065	25.79	0.0090	35.47	0.0098	38.73

年份	地区内		地区间		超变密度	
	来源	贡献率（%）	来源	贡献率（%）	来源	贡献率（%）
2009	0.0051	25.79	0.0077	38.89	0.0070	35.32
2010	0.0050	25.06	0.0077	38.17	0.0074	36.77
2011	0.0059	25.60	0.0086	37.17	0.0086	37.23
2012	0.0059	25.18	0.0084	35.61	0.0093	39.21
2013	0.0065	20.97	0.0159	51.39	0.0085	27.64
2014	0.0074	17.83	0.0251	60.63	0.0089	21.54
2015	0.0054	16.26	0.0228	68.18	0.0052	15.55
2016	0.0060	23.31	0.0119	46.58	0.0077	30.11
2017	0.0064	23.49	0.0127	46.40	0.0082	30.11

图 5-5 展示了我国粮食主产区耦合协同水平总体差距的来源及贡献度的变化。1995~2017 年，地区内差距对我国粮食主产区耦合协同水平地区差距的贡献度最小，而地区间差距和超变密度的贡献度则呈现互斥的波动形态。其中，地区间差距的贡献度在大部分时间内高于超变密度的贡献度。

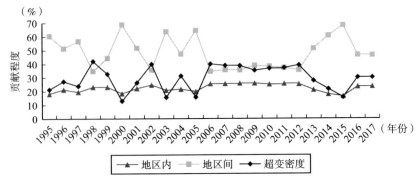

图 5-5 我国粮食主产区耦合协同水平差距来源及贡献度的演化

具体来说，研究期内，地区内差距对耦合协同水平总体差距的贡献度仅上升了 5.27%，基本处于稳定的状态。在 2015 年，贡献度降至最小值 16.26%。但之后，地区内差距的贡献度连续上升至 2017 年的 23.49%。这说明了地区内差距对总体差距的影响进一步扩大。

地区间差距对我国粮食主产区耦合协同水平总体差距的贡献度年均下降 0.6405%。但 1995~2005 年，其贡献度的均值达到了 52.64%，说明在 2005 年以前，地区间差距是总体基尼系数变动的最主要影响因素。2005~2017 年，地区间差距的贡献度均值则为 44.06%，说明地区间差距的贡献作用有所弱化。相反，超变密度差距对我国粮食主产区耦合协同水平的地区差距的贡献度平均每年上升 0.4012%。2012 年后，超变密度差距的贡献度从 39.21% 下降到 2015 年的 15.55%，对总体基尼系数的影响显著弱化，但 2016 年之后又迅速上升至 30.11%，有进一步增强的趋势。

超变密度的差距贡献度在大部分时间内处于地区内和地区间的贡献度区间值内。除了 1998 年、2002 年、2006~2008 年和 2011~2012 年高于区域间差距贡献度外，其余时间超变密度均低于地区间差距贡献度。此外，通过趋势对比发现，地区间和超变密度的贡献度演化关系表现出互斥形态。总体差距在大部分时间内主要源自地区间差距，超变密度居其次。可见，地区间差距的缩小有利于粮食主产区耦合协同水平的平衡。

5.3.3　粮食主产区耦合协同水平的核密度（Kernel）非参数估计结果分析

达格姆基尼系数模型没有反映粮食主产区总体耦合协同水平的绝对差距及其演进过程。通过核密度估计模型，以 1995 年、2000 年、2005 年、2010 年、2015 年和 2017 年为时间节点，深入分析粮食主产区耦合协同水平的分布特征（见图 5-6）。

整体而言，密度函数中心逐年向右移动，波峰高度表现为先较大幅度升高后连续下降的趋势，波峰宽度变化先变窄后变宽，波峰数量有所减少。这表明粮食主产区耦合协同水平逐年提高，但其绝对差距在研究期内总体有扩大态势且高值粮食主产区数量有所上升。

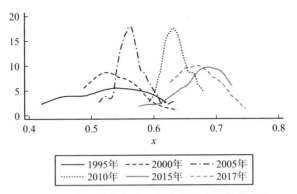

图5-6 我国粮食主产区耦合协同水平的核密度

具体来说，相比1995年，2000年的密度函数中心无明显移动，但波峰变得更加陡峭，波宽变窄，出现了右拖尾的情况。这说明2000年我国粮食主产区耦合协同水平的绝对差距有所减弱，也说明了部分耦合协同水平高的主产区与水平较低的主产区之间的差距在逐步扩大；与2000年相比，2005年核密度曲线的波峰高度明显上升，且波峰数量有所增加。这说明耦合协同水平的绝对差距在缩小，但出现了多级分化的现象；对比2005年的核密度曲线中心发现，2010年进一步向右移动，波峰的高度和宽度虽无明显变化，但波峰数量由多峰演化为双峰。这说明粮食主产区耦合协同水平有所提高，地区差距无扩大趋势，但由原本的多极分化特征演化为两极分化；相比2010年，2015年核密度曲线的波峰高度明显下降，但波峰宽度有所增大，且出现左拖尾现象。这表明这一期间我国粮食主产区耦合协同水平的地区差距呈增大态势且低值地区数量增多；但在2017年，密度函数中心出现左移，由左拖尾演化为右拖尾，说明这两年粮食主产区耦合协同水平有所下降，但高值地区数量有所增加。

5.3.4 粮食主产区耦合协同水平的马尔可夫链结果分析

结合我国粮食主产区粮食安全与农业生态安全耦合协同水平状况，将耦合协同水平划分为5种类型。研究期内，耦合协同水平低于样本数据20分位的粮食主产区为低水平主产区，用类型Ⅰ表示，区间为［0.420，

0.5367）；耦合协同水平位于样本数据的 20 分位 ~ 40 分位之间称为中低水平主产区，用类型 Ⅱ 表示，区间为 [0.5367，0.5643）；耦合协同水平位于样本数据的 40 分位 ~ 60 分位之间称为中等水平主产区，用类型 Ⅲ 表示，区间为 [0.5643，0.6083）；耦合协同水平位于样本数据的 60 分位 ~ 80 分位之间称为中高水平主产区，用类型 Ⅳ 表示，区间为 [0.6083，0.6489）；耦合协同水平高于样本数据的 80 分位称为高水平主产区，用类型 Ⅴ 表示，区间为 [0.6489，1）。

表 5 - 10 展示了我国粮食主产区耦合协同水平的转移概率计算结果，充分展示了在样本考察期内耦合协同水平的内部动态性信息。具体而言，粮食主产区耦合协同水平的马尔可夫链转移概率矩阵分布表现出以下几个特征：第一，所有对角线上的转移概率数值较高，说明粮食主产区耦合协同水平的状态转化可能性较低；第二，耦合协同状态向上一级转化的概率普遍要大于向下一级转化的概率，说明粮食主产区耦合协同水平的演进趋势良好。其中，当年年末处于类型 Ⅰ 的主产区有 28.81% 和 5.08% 的概率向类型 Ⅱ 和类型 Ⅲ 演化，处于类型 Ⅱ 的则有 41.66% 的概率向更高类型的状态演化。而处于类型 Ⅳ 的主产区，它向上级和下级演化的概率基本持平。只有处于类型 Ⅴ 的主产区有 20% 的概率从高水平产区退化为中高水平产区；第三，正处于低水平和中低水平产区几乎没有可能直接向高水平类型进阶；第四，处于高水平主产区的"惯性"较强，向中高水平状态退化的可能性较低，仅为 20%。

表 5 - 10　　粮食主产区耦合协同水平的 Markov 链转移概率矩阵分布

$t/t+1$	类型 Ⅰ	类型 Ⅱ	类型 Ⅲ	类型 Ⅳ	类型 Ⅴ
类型 Ⅰ	0.6610	0.2881	0.0508	0	0
类型 Ⅱ	0.1833	0.4	0.3833	0.0333	0
类型 Ⅲ	0.05	0.25	0.3667	0.3	0.0333
类型 Ⅳ	0	0.0175	0.1579	0.5088	0.3158
类型 Ⅴ	0	0	0	0.2	0.8

表 5 - 11 展示了我国粮食主产区耦合协同水平的阶段演进概率计算结果。由表可知，我国粮食主产区耦合协同水平会发生进阶式变化，低、中低和中等水平阶段的概率有上升的趋势，而中高和高水平阶段的概率则略有下降。以 2017 年为基期，2020 年耦合协同水平处于各水平阶段的概率分别为 3.04%、5.81%、10.15%、28.04% 和 52.96%。到 2025 年，处于中等及以下水平阶段的主产区的概率全面上升，分别为 5.08%、7.66% 和 11.79%。相反，演进为中等以上阶段主产区的概率分别下降了 0.55 个百分点和 4.8 个百分点；而到了 2030 年，演进为中等及以下水平阶段主产区的概率再次上升，分别为 6.10%、8.63% 和 12.30%。相比 2025 年，2030 年处于中高和高水平阶段主产区的概率再次下降了 0.52 和 2.16 个百分点。通过 10 年的预测可以发现，虽然中等及以下水平阶段的概率有上升的势头，但该类水平阶段的概率占比较低，相对而言，未来粮食主产区主要还是处于中高和高水平阶段。

表 5 - 11　　　　　粮食主产区耦合协同水平的阶段演进概率预测　　　　单位：%

状态/预测年份	2020	2021	2022	2023	2024	2025	2026	2027	2028	2029	2030
I	3.04	3.59	4.04	4.43	4.78	5.08	5.34	5.57	5.77	5.94	6.10
II	5.81	6.23	6.65	7.03	7.37	7.66	7.91	8.13	8.32	8.49	8.63
III	10.15	10.53	10.87	11.16	11.40	11.61	11.79	11.95	12.08	12.20	12.30
IV	28.04	28.09	27.97	27.81	27.64	27.49	27.36	27.24	27.14	27.05	26.97
V	52.96	51.56	50.47	49.57	48.81	48.16	47.60	47.11	46.69	46.32	46.00

表 5 - 12 显示了 1995～2017 年粮食主产区耦合协同水平的初始分布和稳态分布。从初始分布来看，粮食主产区耦合协同水平的状态主要处于中等及以下阶段，处于中等以上的状态阶段较少。从稳态分布来看，未来粮食主产区耦合协同水平的长期稳定状态大概率处于中等及以上阶段状态。其中，向高水平状态进阶的可能性最高，达到 43.92%。其次，有 26.45% 是处于中高水平状态，有 12.96% 是处于中等水平状态。而中低水

平和低水平分布较少，分别为 9.58% 和 7.09%。通过对比初始分布和稳态分布可知，稳态分布中处于中等及以下水平的主产区明显下降，中等以上水平的主产区则大幅上涨。其中，高水平阶段的主产区占比从 0 上升至43.92%，中高水平阶段的主产区占比也从 7.69% 上升至 26.45%。而中等、中低和低水平主产区所占比例分别下降了 10.11%、13.50% 和39.06%。这说明未来粮食主产区的趋势是向中等及以上水平耦合协同状态进阶。长期来看，我国粮食主产区粮食安全与农业生态安全的协同发展状况将持续向好。

表 5-12　　　　　粮食主产区耦合协同水平的初始分布和稳态分布

	初态和稳态（状态个数/总数）				
分布	I	II	III	IV	V
初态分布	0.461538	0.230769	0.230769	0.076923	0
稳态分布	0.070931	0.095802	0.129614	0.264469	0.439185

5.4　本章小结

　　一是粮食安全与农业生态安全存在相互影响相互制约的复杂关系。一方面，粮食安全是农业生态安全的出发点，其各个环节都可能影响到农业生态安全形势。在食不果腹的年代，人们为了生存需要，会利用一切手段进行粮食生产，而不会考虑农业生态系统价值损失的问题。所以，粮食安全的正向发展是持续优化农业生态环境的前提和动力。另一方面，农业生态环境的质量决定了粮食安全的发展潜力。从正面影响来看，生态系统健康程度与粮食生产潜力存在正向相关的关系。所以，提高生态系统服务价值和发展农业科学技术，有助于稳定粮食产出，解决农业生产环境的代际公平问题，有效缓解粮食安全面临的资源困境。从负面影响来看，石油密集型的农业生产模式会引发许多深层次的农业生态问题，这将会削弱和限制我国粮食生产资源安全性。而农业生态脆弱性也会对粮食可供量、稳定性和粮食获取能力造成不良影响。因此，农业生态安全是粮食安全的基础保障，没有农业生态环境的支撑，可持续的粮食安全只是一句空谈。

二是农业生态安全水平与粮食安全水平动态走势具有趋同性，但偏离有扩大的趋势。在农业生态安全发展上，13 个粮食主产区的发展轨迹可以分为下降型、波动型、稳健型和攀升型四种类型，但大多数主产区保持了良好的上升态势。在粮食安全发展上，13 个粮食主产区均显著提升。其中，黑龙江的粮食安全发展迅猛，与 1995 年相比增长了 239.2%，而四川的粮食安全发展水平处于落后位置，仍有很大的发展空间。对比发现，粮食安全与农业生态安全的综合水平均表现出良好的上涨势头，但总体发展趋势是由粮食安全滞后型转变为农业生态安全滞后型，且粮食安全与农业生态安全之间的差距有逐步扩大的迹象。

三是粮食主产区粮食安全与农业生态安全耦合协同性总体向好，但2015 年后有所下降，且部分主产区差异显著。从时间演化来看，大部分粮食主产区两大系统的耦合协同水平时间演化规律表现出稳步上升的状态，只有个别主产区存在耦合协调水平在个别年份下降的情况。值得注意的是，2015 年之后，部分主产区耦合协同水平出现回落的状况。这是因为近年来粮食主产区的粮食增产情况较为理想，而农业生态环境的发展步伐处于相对落后的位置，导致耦合协同水平有所下降。从空间演化来看，粮食主产区两大系统耦合协同水平的空间演化呈现出四个特征：第一，粮食主产区耦合协同等级在濒临失调至中级协同四个等级范围内波动；第二，粮食主产区耦合协同等级的演化分布呈现由"南高北低"到"南北齐升"的变化趋势；第三，华中地区和华东地区的主产区耦合协同发展趋势优异，而华北地区则差强人意；第四，北方主产区两个系统配合协同情况有所改善，正逐步缩小了与南方产区的差距。

四是粮食主产区粮食安全与农业生态安全耦合协同水平的总体差距呈现波动式下降的态势，但 2016 年后存在"翘尾"的状况，绝对差距在研究期内有进一步扩大风险，处于高值的主产区偏离程度加大。达格姆基尼系数实证结果表明，从地区内差距来看，东北地区内部差距较为突出，华北地区内部差距缩小的速率最快。从地区间差距来看，各个地区间差距的变化趋势具有相似性，大体呈现扩大—缩小—再扩大的走势，但 2015

后的地区间差距有不同程度的缩小。从差距来源与贡献度来看，地区间差距是影响总体差距变化的主要因素，而地区内差距的贡献最低；核密度估计的结果显示：函数中心向右移动、波峰先高后低、波峰宽度由窄变宽、存在拖尾现象。这说明了协同发展逐年提高，高值主产区数量上升，但总体差距有扩大的风险。

五是马尔可夫链预测结果表明，我国粮食主产区耦合协同水平分布状态比较稳定，跨阶段演进的可能性较低，但中等及以下阶段发生的概率有所上升。从预测的时间维度看，虽然中等及以下水平阶段的概率有上升的势头，但该类水平阶段的概率占比较低，总体而言，粮食主产区未来的发展趋势主要还是处于中高和高水平阶段。此外，对比马尔可夫链的初态和稳态发现，高水平粮食主产区所占的比例上升了 43.92%，中高水平主产区所占的比例则上升了 18.75%，而中等、中低和低水平主产区所占的比例分别下降了 10.11%、13.50% 和 39.06%。从长期来看，我国粮食主产区耦合协同水平会逐步向中等以上水平发展。

第6章 |||

▓▓▓结论及对策启示

一是进一步完善全国粮食主体功能分区。总体来看，我国粮食生产功能区划分恰当，全国人均粮食产量逐年提升。但粮食主产区、主销区及产销平衡区三大功能区粮食生产效率不均衡，地区间存在较大差异，其中，粮食产销平衡区差异化最为显著。粮食生产投入产出效率有效的省份较少。部分省区存在农业机械化规模化程度低、有效灌溉面积不足、农田肥力较弱、农田分散碎片化、经营渠道少等问题，造成粮食生产的低效率。主产区产粮优势突出，承担着我国粮食调出的重任。近年来，粮食主产区粮食溢出率和粮食主销区流入率大幅增加，粮食主销区已完全依赖外调，致使粮食主产区粮食调出压力逐年增加。粮食净调出省份主要为东北三省，而作为传统农业大省的中部地区以及四川的粮食调出却逐年减少，甚至完全无余粮调出。要进一步优化粮食分区政策，强化粮食安全职能分工，明确粮食主产区、粮食主销区、粮食产销平衡区粮食安全定位，在稳定粮食主产区产粮地位基础上，进一步挖掘主销区和产销平衡区粮食安全保障潜能，适当减轻和缓减粮食主产区的粮食安全保障压力。由此可见，粮食安全功能分区是我国实现粮食安全最核心的政策举措。

二是进一步巩固粮食主产区粮食产能地位。粮食主产区粮食主体功能地位依然突出，历年粮食安全贡献度均高于90%，其中东北产区贡献度历年最高，2010年后高达50%左右，对实现我国粮食安全发挥着中流砥柱作用。但主产区粮食产能分化趋势明显，2018年各产区贡献度由高到低依次为东北产区＞华中产区＞华北产区＞华东产区＞西南产区，粮食供给具有明显向中部、北方地区集聚的态势，部分传统产粮大省粮食安全主体地位存在下降趋势。其中湖北、湖南受农用地非农化影响，产粮能力并不突出；四川粮食产需处于不平衡状态，逐步丧失粮食外调能力；黄淮海流域农业与生态发展不均衡，土地产能严重透支。因此，要分类指导不同产区粮食生产，加快划定重要农产品生产保护区，因地制宜地发展区域特色农业，打造高效、可持续生态农业新示范。优先在粮食主产区建立稳产高产、生态友好的高标准农田，调整主产区种植结构、优化种植生产布局。提高对粮食主产区的生产补贴力度，提升粮食补贴政策的精准性，分区域、分经营主体、分品种等对粮食生产进行协整管理，粮食补贴政策向主产区内的产粮大县、农村合作社等主要生产经营主体倾斜，同时转变补贴方式，由以农户为单位转移到以耕地经营面积为单位，进一步刺激粮食生产，提高积极性。鼓励农业科技创新，大力推进"互联网＋"等现代农业，加快物联网、云计算、大数据等现代信息技术在农业生产中的运用，通过农机购置补贴等政策提高农业机械利用率，提升农业机械化水平。

三是进一步优化区域粮食调配能力。缓解粮食主产区粮食增产压力，优化资源配置。一方面，统筹利用国际国内两个市场、两种资源，适度扩大进口。在立足粮食基本自给，确保口粮绝对安全的基础上，充分利用国际农业资源，适度进口重要农产品，有利于缓解主产区的资源环境压力。建立长期稳定、多层次的全球粮食贸易关系，要积极发展新的进口来源渠道，与新的国家开展粮食贸易合作，增加中长期粮食贸易合同的比例，建立新的稳定的粮食国际贸易伙伴关系。努力减少进口来源过于集中带来的粮食安全风险，通过外交政策、国际合作等方式开发多层次的粮食进口途径，确定粮食进口的稳定性。加速培育我国国际化的大型粮食企业，鼓励其在海外市场尤其是有巨大自然资源优势和粮食生产潜力的国家进行直接投资。通过对海外市场粮食种植的投资与开发，形成新的粮食进口渠道，进而逐步成为稳定有效的粮食贸易合作伙伴。另一方面，提高粮食主销区粮食自给能力和产销平衡区的粮食综合生产能力。粮食主销区和产销平衡区要切实承担起粮食生产责任，提高粮食自给率，降低粮食主产区粮食调出水平。同时提高国家粮食宏观调控能力，逐步改善区域粮食供需错配现象。

四是进一步强化耕地资源保护。粮食主产区存在耕地面积缩减、污染加重两大问题，造成粮食安全的耕地压力突出。东部和中部地区平均耕地质量较高，尤以鄂、湘两省分布较为集中，东北和西部地区平均耕地质量偏低。我国66%的耕地分布在山地、丘陵、高原地区，而盆地、平原和其他地区的耕地仅占34%；加上用地结构、农作物种植结构不合理，撂荒大范围存在，导致耕地利用效率低下、粮食产能低。13个主产省份中江苏、河北、四川三省耕地面积锐减尤为明显。主产区内南方重金属污染比北方更严重，主要表现为镉、镍、铜等金属元素污染。为实现主产区耕地资源稳定、可持续性利用，必须加快改造中低产田以补充耕地资源和提高耕地质量。强化耕地保护与污染治理，对于没有被污染的耕地，应该严格按照现有的环保法律法规对耕地进行保护，明确污染源头，规范工业生产和农业活动，从源头上防治污染；对于已经被污染的耕地，应借助现有的科学技术手段将污染范围精确到地方，查明耕地污染来源，结合当地的地理区位条件，制定出适宜的耕地治理方案，有针对性地进行治理。

五是进一步加强粮食主产区生态保护。首先，粮食主产区粮食产能、农田生态系统供给当量价值与耕地面积存在偏离与失调现象，生态系统服务价值与生态效率差异显著，粮食生产活动带来的生态服务价值与生态效率损失问题突出，生态用地和农业用地矛盾正在显现，生态系统的食物生产和原材料供给服务价值对整个陆地生态系统的 ESV 贡献率偏低。生态服务价值最高的省份集中在我国生态脆弱性问题较严峻的内蒙古、黑龙江、吉林三省；中东部四省（山东、河南、河北、安徽）生态系统服务价值量偏低，区域粮食生产与生态环境协调性较差，粮食生态安全问题突出。要积极发挥人的主观能动性，强化政府部门的农业生态保护观念，因地制宜，做到两手一起抓、两手都抓好；培养农业经营主体的农业生态环境保护意识，从鼓励、宣传、培育和示范这四个方面入手，借助相关公共交流平台展示农业方面的现状和问题，培育一批新型职业农民，建立生态友好型种植示范区，鼓励集约化粮食生产方式。其次，粮食主产区生态服务价值与粮食总产的空间聚集效应越来越弱，粮食单产由空间分异逐渐演变成空间聚集，表明区域粮食总产与生态服务价值之间的影响越来越弱，相邻省份应增强区域生态保护合作，培养跨省（区）协同发展意识，走绿色农业发展道路。最后，生态服务价值、粮食产能局部双变量空间自相关不协调，除黑龙江、四川二省生态价值和粮食产能呈现"高—高"价值聚集外，其余省份均表现出不同程度的粮食—生态产出空间不协调，粮食产量与生态服务价值的空间负相关性较强，应建立生态补偿机制，深化农业供给侧改革。一方面，大力发展绿色农业科技，建立包括新品种技术、资源节约技术、清洁生产技术、生态修复技术、信息技术等有机结合的绿色粮食生产科技创新体系；另一方面，鼓励规模化经营方式，整合多方资源，坚持绿色粮食生产，进一步弱化"小而散"的粮食种植模式导致的环境恶化情况。

六是进一步强化农业生态赤字管理。粮食主产区粮食安全的生态承载力始终小于生态足迹，生态赤字在波动中变化，2015 年和 2016 年 EFI 值处于赤字稳定的弱不可持续状态。从粮食作物种植结构来看，玉米和稻谷类粮食作物是生态足迹的主要贡献源。粮食安全的生态足迹与生态承载力在 13 个粮食主产区差异明显，空间分布不均衡，其中生态赤字最为严重的地区主要集中在河南、安徽和江苏。粮食主产区粮食安全的生态足迹指数空间正相关显著，同时存在空间异质性，粮食产能空间关联性不强。生态足迹指数与粮食产能"高—高"聚集区主要分布在东北三省；"低—高"聚集区主要分布于内蒙古地区；"高—低"聚集区主要包括山东、河南、江苏、安徽。内蒙古粮食产能显著低于邻近省份，但具有优越的生态环境支撑，粮食生产潜力大，而以山东为中心发展起来的"高—低"聚集区，粮食生产的生态环境基础遭受不可逆的损毁，严重透支了中长期的粮食生产潜力，粮食生产重心逐渐向生态足迹指数较高的北部移动。粮食安全的生态足迹与生态承载力预测结果表明，主产区在 2017～2025 年，将逐步实现从生态赤字向生态平衡或生态盈余的过渡，但仅仅是从弱不可持续向弱可持续状态转变，远未达到强可持续水平，粮食安全前景不容乐观，主产区生态安全保护任重而道远。粮食主产区生态安全保护要根据各省实际情况因地制宜，优化粮食作物种植结构。例如，在山东和河南两个农药化肥严重超标的生态赤字区，可适度缩减作为生态足迹主要贡献源的玉米的生产，扩大需肥量少的大豆种植面积。支持各省种植具有耕地生态比较优势的粮食作物，以永久基本农田和主体功能区规划为基础，合理划定稻谷、小麦、玉米粮食作物的生产功能区和大豆等粮食作物生产保护区。

七是进一步强化双安全管理。粮食主产区内部要通过建立有效的反馈联动机制和双重主体考核机制来解决耦合协同水平的区域不平衡性问题，推动区域耦合协同水平良性发展。一方面，粮食主产区要加强对粮食安全与农业生态安全协同发展情况的动态监管，通过建立信息化、标准化、组织化的粮食生产模式来弱化人为因素导致的区域差距；另一方面，粮食主产区在合理量化非自然因素对农业环境不良影响的基础上，要因地制宜、科学制定"粮食生产与农业生态环境"双重考核机制。粮食主产区不能仅关注农业生产的显性成本，也要关注隐性成本，明确粮食生产活动的生态底线，充分权衡农业生产活动的经济效益和生态效益，尽可能地弱化粮食生产对农业生态环境的负外部性作用。首先，从农业主体的利益出发，对积极向绿色粮食生产方式转变以及牺牲经济利益来优化农业生态环境的农业经营主体给予适当的经济补偿。其次，从政府部门的角度出发，专门设立农业生态环境补偿专项资金，稳步转变和扩大各主产区的粮食生产方式和规模。对于生态环境较为脆弱的粮食主产区，如吉林、辽宁、河北、河南和内蒙古等产区，要权衡好双重主体的实际情况，分散区域的粮食生产和供应压力，通过行政手段强制执行定期定量的休耕停耕、退耕还林等生态补偿措施，力求在短时间内对农业生态环境进行有效修复，并充分挖掘自然潜力，从而降低粮食安全和农业生态安全耦合协同水平的区域不平衡性。总而言之，粮食主产区要从农业经营主体、粮食生产主体、农业决策部门、科技研发部门等多角色、多部门出发，通过统筹规划、观念灌输、技术推广等多种手段降低粮食生产过程带来的负外部性作用，促使粮食安全系统与农业安全系统迈向更优的协同状态。

八是进一步推进差异化农业生态治理。黄淮海粮食主产区包括河北、河南与山东三省，区域人口基数大，人均耕地面积少，农业生态环境较为严峻，粮食安全与粮食的生态安全问题较为突出。因此，河北、河南与山东三省应严控"生态红线"与"耕地红线"，以绿色农业为导向，加强生态培育，强化责任主体，提升粮食生产效率，逐步实现绿色农业现代化。东北粮食主产区包括辽宁、吉林与黑龙江三省，区域生态资源丰富，具有巨大的经济价值与生态价值。因此，黑龙江应注重提升粮食生产效率，将"生态安全"置于"粮食安全"同等地位，走农业可持续发展道路；辽宁、吉林应继续加强土地资源保护，注重开展环境综合治理，对生态资源的开发利用不能超过资源的可再生能力，维护生态平衡。长江流域粮食主产区包括四川、湖南、湖北、江西、江苏与安徽六省，除安徽外，其他省份生态资源优势明显，粮食生产活动有可靠的生态资源支撑。因此，长江流域各省份应承担更多的粮食安全责任，逐渐转变粮食生产"北粮南调"格局，同时应加强生态补偿，强化区域粮食安全与生态安全主体责任。安徽省应加强生态培育，改善农业生产环境与生产效率，走农业与生态系统服务功能相协调的路子。北方内蒙古粮食主产区生态环境脆弱，水资源严重匮乏且分布不均。因此，内蒙古应注重将"生态扶贫"与"经济扶贫"相结合，加强对生态环境培育的市场经济激励机制，在确保农民收入提高的同时也要维持生态环境良性循环。对于低效农田应逐步退耕还林，推进粮食安全保障主体力量由北向南转移。

附表1

2007～2016 年粮食主产区粮食产量

单位：万吨

年份	2007	2008	2009	2010	2011	2012	2013	2014	2015	2016
河北	2 841.6	2 905.8	2 910.2	2 975.9	3 172.6	3 246.6	3 365	3 360.2	3 363.8	3 460.2
内蒙古	1 810.7	2 131.3	1 981.7	2 158.2	2 387.5	2 528.5	2 773	2 753	2 827	2 780.3
辽宁	1 835	1 860.3	1 591	1 765.4	2 035.5	2 070.5	2 195.6	1 753.9	2 002.5	2 100.6
吉林	2 453.8	2 840	2 460	2 842.5	3 171	3 343	3 551	3 532.8	3 647	3 717.2
黑龙江	3 462.9	4 225	4 353	5 012.8	5 570.6	5 761.5	6 004.1	6 242.2	6 324	6 058.5
江苏	3 132.2	3 175.5	3 230.1	3 235.1	3 307.8	3 372.5	3 423	3 490.6	3 561.3	3 466
安徽	2 910.4	3 023.3	3 069.9	3 080.5	3 135.5	3 289.1	3 279.6	3 415.8	3 538.1	3 417.4
江西	1 904	1 958.1	2 002.6	1 954.7	2 052.8	2 084.8	2 116.1	2 143.5	2 148.7	2 138.1
山东	4 148.8	4 260.5	4 316.3	4 335.7	4 426.3	4 511.4	4 528.2	4 596.6	4 712.7	4 700.7
河南	5 245.2	5 365.5	5 389	5 437.1	5 542.5	5 638.6	5 713.7	5 772.3	6 067.1	5 946.6
湖北	2 185.4	2 227.2	2 309.1	2 315.8	2 388.5	2 441.8	2 501.3	2 584.2	2 703.3	2 554.1
湖南	2 692.2	2 805	2 902.7	2 847.5	2 939.4	3 006.5	2 925.7	3 001.3	3 002.9	2 953.2
四川	3 027	3 140	3 194.6	3 222.9	3 291.6	3 315	3 387.1	3 374.9	3 442.8	3 483.5
主产区	37 649.2	39 917.5	39 710.2	41 184.1	43 421.6	44 609.8	45 763.4	46 021.3	47 341.2	46 776.4
全国	50 160.3	52 870.9	53 082.1	54 647.7	57 120.8	58 958	60 193.8	60 702.6	62 143.9	61 625

① 附表1～附表8原始数据采集自《中国统计年鉴》（2008～2017年）。附表9～附表25原始数据采集自《中国农村统计年鉴》（2008～2017年）。

附表 2

2007～2016 年粮食主产区稻谷产量

单位：万吨

年份	2007	2008	2009	2010	2011	2012	2013	2014	2015	2016
河北	57.6	55.6	57.5	54.2	60.2	49.8	58.8	4.2	54.5	54.7
内蒙古	60.2	70.5	64.8	74.8	77.9	73.3	56.0	52.4	53.2	63.2
辽宁	505	505.6	506	457.8	505.1	507.8	506.9	451.5	467.7	484.6
吉林	500	579	505	568.5	623.5	532	563.3	587.6	630.1	654.1
黑龙江	1 417.9	1 518	1 574.5	1 843.9	2 062.1	2 171.2	2 220.6	2 251	2 199.7	2 255.3
江苏	1 761.1	1 771.9	1 802.9	1 807.9	1 864.2	1 900.1	1 922.3	1 912	1 952.5	1 931.4
安徽	1 356.4	1 383.5	1 405.6	1 383.4	1 387.1	1 393.5	1 362.3	1 394.6	1 459.3	1 401.8
江西	1 806.4	1 862.1	1 905.9	1 858.3	1 950.1	1 976	2 004	2 025.2	2 027.2	2 012.6
山东	110.2	110.4	112	106.4	104	103.4	103.6	101	95.1	88.1
河南	436.5	443.1	451	471.2	474.5	492.6	485.8	528.6	531.5	542.2
湖北	1 485.9	1 533.7	1 591.9	1 557.8	1 616.9	1 651.4	1 676.6	1 729.5	1 810.7	1 693.5
湖南	2 425.7	2 528	2 578.6	2 506	2 575.4	2 631.6	2 561.5	2 634	2 644.8	2 602.3
四川	1 419.7	1 497.6	1 520.2	1 512.1	1 527.1	1 536.1	1 549.5	1 526.5	1 552.6	1 558.2
主产区	13 342.6	13 859	14 075.9	14 202.3	14 828.1	15 018.8	15 071.2	15 248.1	15 478.9	15 342
全国	18 603.4	19 189.6	19 510.3	19 576.1	20 100.1	20 423.6	20 361.2	20 650.7	20 822.5	20 707.5

附表 3　2007～2016 年粮食主产区小麦产量

单位：万吨

年份	2007	2008	2009	2010	2011	2012	2013	2014	2015	2016
河北	1 193.7	1 221.9	1 229.8	1 230.6	1 276.1	1 337.7	1 387.2	1 429.9	1 435	1 433.3
内蒙古	175.6	154	171.2	165.2	170.9	188.4	180.4	153.9	158.3	169.9
辽宁	5.3	4.9	4.5	3.7	3.7	3.2	2.7	2.8	2.7	2.2
吉林	1.6	1.8	1	1.2	1.3	0	0	0.1	0.1	0.1
黑龙江	68.8	89.5	116.3	92.5	103.8	70	38.9	46.6	21.8	29
江苏	973.8	998.2	1 004.4	1 008.1	1 023.2	1 048.8	1 101.3	1 160.4	1 174	1 119.6
安徽	1 111.3	1 167.9	1 177.2	1 206.7	1 215.7	1 294	1 332	1 393.6	1 411	1 385.9
江西	2	1.9	1.9	2.1	2.2	2.3	2.5	2.6	2.6	2.6
山东	1 995.6	2 034.2	2 047.3	2 058.6	2 103.9	2 179.5	2 218.8	2 263.8	2 346.6	2 344.6
河南	2 980.2	3 051	3 056	3 082.2	3 123	3 177.4	3 226.4	3 329	3 501	3 466
湖北	353.2	329.2	331.7	343.1	344.8	370.8	416.8	421.6	420.9	428.2
湖南	3.2	3.2	6.4	9.9	10.2	8.6	11	10.3	9.4	5.9
四川	451.7	426.8	423.3	427.7	436	437	421.3	423.2	426.3	413.4
主产区	9 316	9 484.5	9 571	9 631.6	9 814.8	10 117.7	10 339.3	10 637.8	10 909.7	10 800.7
全国	10 929.8	11 246.4	11 511.5	11 518.1	11 740.1	12 102.4	12 192.6	12 620.8	13 018.5	12 884.5

附表4

2007～2016年粮食主产区玉米产量

单位：万吨

年份	2007	2008	2009	2010	2011	2012	2013	2014	2015	2016
河北	1 421.8	1 442.2	1 465.2	1 508.7	1 639.6	1 649.5	1 703.9	1 670.7	1 670.4	1 753.6
内蒙古	1 155.3	1 410.7	1 341.3	1 465.7	1 632.1	1 784.4	2 069.7	2 186.1	2 250.8	2 139.8
辽宁	1 167.8	1 189	963.1	1 150.5	1 360.3	1 423.5	1 563.2	1 170.5	1 403.5	1 465.6
吉林	1 800	2 083	1 810	2 004	2 339	2 578.8	2 775.7	2 733.5	2 805.7	2 833
黑龙江	1 442	1 822	1 920.2	2 324.4	2 675.8	2 887.9	3 216.4	3 343.4	3 544.1	3 127.4
江苏	197.3	203	216.2	218.5	226.2	230.2	216.4	239	252.2	233.9
安徽	250	286.6	304.7	312.7	362.6	427.5	426	465.5	496.3	462
江西	6.4	6.6	7.3	8.4	10.5	12.6	12	12.3	12.8	13
山东	1 816.5	1 887.4	1 921.5	1 932.1	1 978.7	1 994.5	1 967.1	1 988.3	2 050.9	2 065
河南	1 582.5	1 615	1 634	1 634.8	1 696.5	1 747.8	1 796.5	1 732.1	1 853.7	1 745.9
湖北	205.1	226.4	244.1	261	276.2	282.6	270.8	293.7	332.9	296.6
湖南	116.3	128	159.9	168.1	188.5	197.3	185	188.6	188.8	188.7
四川	602.8	637	643	669	701.6	701.3	762.4	751.9	765.7	793.2
主产区	11 763.8	12 936.9	12 630.5	13 657.9	15 087.6	15 917.9	16 965.1	16 775.6	17 627.8	17 117.7
全国	15 230	16 591.4	16 397.4	17 724.5	19 278.1	20 561.4	21 848.9	21 564.6	22 463.2	21 955.2

附表 5　2007～2016 年粮食主产区豆类产量

单位：万吨

年份	2007	2008	2009	2010	2011	2012	2013	2014	2015	2016
河北	42.8	45.9	34.9	33.5	35.7	32.5	30.9	34.8	29.5	32
内蒙古	156.2	155.7	143.2	166	171.3	162.9	138.3	98.5	103	120
辽宁	36.2	52.9	32.1	37	37	34.2	31.3	25.7	27.2	30.7
吉林	92.1	106.6	85	112.9	101.3	52.6	58.8	55.5	48.6	62.5
黑龙江	442.7	667	618.5	601.9	577.8	479.6	400.2	469.6	437.3	522.5
江苏	81.6	86.6	87.2	85.2	82.8	81.2	72.2	70.4	73.5	72.6
安徽	121.5	130	127.2	121.9	115	120.5	114	122.2	134	135
江西	27.1	26.7	26.9	27.9	28.7	29.8	30.7	31.9	33.1	33.8
山东	42.5	41.9	41.9	41.1	43.3	39.9	40.4	41.7	38.8	38.4
河南	91.8	96.2	93	93.3	95.2	84.6	78.8	59	53.8	56.6
湖北	45.3	45	44.5	44.3	39.5	32.2	31.7	36.4	28.7	28.9
湖南	34.6	35.2	38.1	40.3	41.1	38.4	35.4	36.4	34.3	36.5
四川	105.8	116.3	100.3	98.3	96.2	93.6	92.1	96.2	99.9	105.8
主产区	1 320.2	1 606	1 472.8	1 503.6	1 464.9	1 282	1 154.8	1 178.3	1 141.7	1 275.3
全国	1 720.1	2 043.3	1 930.3	1 896.5	1 980.4	1 730.5	1 595.3	1 625.5	1 589.8	1 730.8

附表6

2007～2016 年粮食主产区薯类产量

单位：万吨

年份	2007	2008	2009	2010	2011	2012	2013	2014	2015	2016
河北	82.8	101.4	73.4	98.1	104.6	111.5	112.4	100.5	103.9	106.3
内蒙古	153.9	195.7	161.3	171	204	184.7	201.1	161.4	147	168
辽宁	50.8	47.5	41.7	51.3	65	49.8	41.6	53.5	48	52.8
吉林	24.5	28.4	27	75.5	54.5	68.7	48.4	56.5	59.5	53.1
黑龙江	48.8	56.5	92.9	126.2	134.7	134	108	107.1	100.3	100.8
江苏	42.2	41.7	42.6	39.5	38.6	39.3	37.8	33.9	32.9	32.8
安徽	48.2	46.6	46.7	47.4	46.5	45.4	38.3	33.5	32.7	29.9
江西	61.2	59.1	59.5	57.1	59.9	62.2	65.5	70	71.4	74.5
山东	176.5	179	186.3	189.3	188.1	185.8	190.6	193.4	173.9	157.2
河南	130	143	136.1	136.6	139.3	122.6	112.1	108.7	110.8	113.1
湖北	80.1	81	84.8	97.4	99.8	94	95.7	93.2	99.4	96.7
湖南	106.3	104.5	114.2	118	118.8	124.8	126.8	125.1	118.8	111.5
四川	397.7	408.1	462.1	467.7	441.7	480.4	479.7	494.5	516.3	531.1
主产区	1403	1492.5	1528.6	1675.1	1695.5	1703.2	1658	1631.3	1614.9	1627.8
全国	2807.8	2980.2	2995.5	3114.1	3273.1	3292.8	3329.3	3336.4	3326.1	3356.2

附表 7　　2007～2016 年粮食主产区耕地面积

单位：万吨

年份	2007	2008	2009	2010	2011	2012	2013	2014	2015	2016
河北	6 315.1	6 317.3	6 561.4	6 551.6	6 565	6 558.3	6 551.2	6 535.5	6 525.5	6 520.5
内蒙古	7 146.3	7 147.2	9 189.3	9 187.6	9 189.4	9 186.9	9 199	9 230.7	9 238	9 257.9
辽宁	4 085.2	4 085.3	5 041.9	5 031.2	5 013.2	4 998.9	4 989.7	4 981.7	4 977.4	4 974.5
吉林	5 535	5 534.6	7 030.4	7 017.4	7 021.2	7 013.7	7 006.5	7 001.4	6 999.2	6 993.4
黑龙江	11 838.4	11 830.1	15 865.9	15 858	15 849.1	15 845.9	15 864.1	15 860	15 854.1	15 850.1
江苏	4 763.8	4 763.8	4 612.9	4 595.5	4 587.8	4 584.7	4 581.6	4 574.2	4 574.9	4 571.1
安徽	5 728.2	5 730.2	5 907	5 894.9	5 886.5	5 881.3	5 883.1	5 872.1	5 872.9	5 867.5
江西	2 826.7	2 827.1	3 089.1	3 085	3 085.3	3 083.5	3 087.3	3 085.4	3 082.7	3 082.2
山东	7 507.1	7 515.3	7 668.3	7 658.1	7 646.9	7 635.7	7 633.5	7 620.6	7 611	7 606.9
河南	7 926	7 926.4	8 192	8 177.5	8 161.9	8 156.8	8 140.7	8 117.9	8 105.9	8 111
湖北	4 663.4	4 664.1	5 323	5 312.3	5 301.5	5 290	5 281.7	5 261.7	5 255	5 245.3
湖南	3 789	3 789.4	4 135	4 137.5	4 138	4 146.2	4 149.5	4 149	4 150.2	4 148.7
四川	5 950.1	5 947.4	6 720	6 720.1	6 735.6	6 732.1	6 734.2	6 734.2	6 731.4	6 732.9
主产区	78 074.3	78 078.2	89 336.2	89 226.5	89 181.4	89 114	89 102.8	89 024.4	88 978.2	88 962
全国	121 735.2	121 715.9	135 384.6	135 268.3	135 238.6	135 158.4	135 163.4	135 057.3	134 998.7	134 920.9

附表 8　　2007～2016 年粮食主产区粮食播种面积

单位：千公顷

年份	2007	2008	2009	2010	2011	2012	2013	2014	2015	2016
河北	6 168.2	6 158.1	6 216.5	6 282.2	6 286.1	6 302.4	6 315.9	6 332	6 392.5	6 327.4
内蒙古	5 119.9	5 254.5	5 424	5 498.7	5 561.5	5 589.4	5 617.3	5 651	5 726.7	5 784.8
辽宁	3 127.2	3 035.9	3 124.1	3 179.3	3 169.8	3 217.3	3 226.4	3 235.1	3 297.4	3 231.4
吉林	4 334.7	4 391.2	4 427.7	4 492.2	4 545.1	4 610.3	4 789.9	5 000.7	5 078	5 021.7
黑龙江	10 820.5	10 988.9	11 391	11 454.7	11 502.9	11 519.5	11 564.4	11 696.4	11 765.2	11 804.7
江苏	5 215.6	5 267.1	5 272	5 282.4	5 319.2	5 336.6	5 360.8	5 376.1	5 424.6	5 432.7
安徽	6 477.8	6 561.1	6 605.6	6 616.4	6 621.5	6 622	6 625.3	6 628.9	6 632.9	6 644.5
江西	3 525.3	3 578.1	3 604.6	3 639.1	3 650.1	3 675.9	3 690.9	3 697.3	3 705.6	3 686.2
山东	6 936.5	6 955.6	7 030.1	7 084.8	7 145.8	7 202.3	7 294.6	7 440	7 492.1	7 511.5
河南	9 468	9 600	9 683.6	9 740.2	9 859.9	9 985.2	10 081.8	10 209.8	10 267.2	10 286.2
湖北	3 981.4	3 906.7	4 012.5	4 068.4	4 122.1	4 180.1	4 258.4	4 370.4	4 466	4 436.9
湖南	4 531.3	4 588.8	4 799.1	4 809.1	4 879.6	4 908	4 936.6	4 975.1	4 944.7	4 890.6
四川	6 450	6 430.9	6 419.4	6 402	6 440.5	6 468.2	6 469.9	6 467.4	6 453.9	6 453.9
主产区	76 156.4	76 716.9	78 010.2	78 549.5	79 104.1	79 617.2	80 232.2	81 080.2	81 646.8	81 512.5

附表 9　2007～2016 年粮食主产区农药使用量

单位：吨

年份	2007	2008	2009	2010	2011	2012	2013	2014	2015	2016
河北	83 520	85 078	86 486	84 615	83 006	84 831	86 720	86 329	83 328	81 691
内蒙古	17 497	19 136	22 329	24 302	24 474	29 924	31 332	30 875	32 961	32 339
辽宁	50 331	52 454	54 088	69 375	56 565	59 053	60 035	60 294	59 875	56 264
吉林	37 718	40 526	42 374	42 784	45 595	51 239	51 011	59 517	62 285	58 523
黑龙江	81 706	62 422	66 843	73 755	77 958	80 511	84 016	87 381	82 949	82 474
江苏	96 792	93 837	92 305	90 126	86 500	83 675	81 157	79 531	78 100	76 184
安徽	99 142	111 535	110 423	116 645	117 475	116 741	117 774	113 974	111 048	105 704
江西	88 833	96 662	97 593	106 530	99 537	100 413	99 922	94 764	93 873	92 188
山东	165 721	173 461	169 043	164 924	164 812	161 955	158 384	156 350	151 004	148 640
河南	117 992	119 128	121 409	124 867	128 747	128 289	130 058	129 866	128 748	127 107
湖北	135 561	138 428	138 902	139 969	139 524	139 524	127 152	126 099	120 685	117 401
湖南	109 142	112 750	115 352	118 762	120 431	122 980	124 298	124 277	122 353	118 661
四川	60 322	60 772	61 891	62 184	61 910	60 317	59 954	59 385	58 912	58 038
主产区	1 144 277	1 166 189	1 179 038	1 218 838	1 206 534	1 219 452	1 211 813	1 208 642	1 186 121	1 155 214

附表 10

2007～2016 年粮食主产区化肥使用量

单位：万吨

年份	2007	2008	2009	2010	2011	2012	2013	2014	2015	2016
河北	311.9	312.4	316.2	322.9	326.3	329.3	331	335.6	335.5	331.8
内蒙古	140.3	154.1	171.4	177.2	176.9	189	202.4	222.7	229.4	234.6
辽宁	127.5	128.8	133.6	140.1	144.6	146.9	151.8	151.6	152.1	148.1
吉林	154.4	163.8	174.2	182.8	195.2	206.7	216.8	226.7	231.2	233.6
黑龙江	175.2	180.7	198.9	214.9	228.4	240.3	245	251.9	255.3	252.8
江苏	342	340.8	344	341.1	337.2	331	326.8	323.6	320	312.5
安徽	305	307.4	312.8	319.8	329.7	333.5	338.4	341.4	338.7	327
江西	132.7	133	135.8	137.6	140.8	141.3	141.6	142.9	143.6	142
山东	500.3	476.3	472.9	475.3	473.6	476.3	472.7	468.1	463.5	456.5
河南	569.7	601.7	628.7	655.2	673.7	684.4	696.4	705.8	716.1	715
湖北	299.9	327.7	340.3	350.8	354.9	354.9	351.9	348.3	333.9	328
湖南	219.6	223.4	231.6	236.6	242.5	249.1	248.2	247.8	246.5	246.4
四川	238.2	242.8	248	248	251.2	253	251.1	250.2	249.8	249
主产区	3 516.7	3 592.9	3 708.4	3 802.3	3 875	3 935.7	3 974.1	4 016.6	4 015.6	3 977.3

附表11 2015年粮食主产区陆地生态系统服务价值

单位：10⁷元

陆地生态系统	林地	草地	园地	耕地	湿地	水体	未利用地	ESV	耕地ESV贡献率（%）
河北	15 894.70	603.14	2 142.99	6 645.02	6 637.30	3 479.26	638.80	36 041.22	18.44
内蒙古	98 623.16	81 512.24	159.02	10 195.63	38 456.11	12 424.20	3 485.69	244 856.05	4.16
辽宁	35 847.75	8.54	2 132.54	9 000.20	17 474.53	2 742.77	523.78	67 730.13	13.29
吉林	54 411.26	701.19	331.61	14 105.39	13 840.54	7 534.77	498.72	91 423.49	15.43
黑龙江	100 658.64	2 334.05	3 979.11	22 866.75	51 391.80	7 433.72	942.90	189 606.96	12.06
江苏	12 714.58	0.33	1 670.93	10 089.16	30 394.04	10 541.00	739.16	66 149.19	15.25
河南	16 226.47	0.56	705.31	10 314.76	5 526.70	3 464.00	287.27	36 525.07	28.24
山东	14 066.99	13.30	2 819.22	11 845.49	18 698.04	3 794.12	370.57	51 607.72	22.95
湖北	42 664.00	4.96	2 041.90	5 743.12	16 820.69	6 700.64	332.94	74 308.25	7.73
湖南	54 223.04	30.02	2 518.78	6 252.08	10 642.13	9 007.94	363.26	83 037.25	7.53
江西	54 426.35	1.58	1 255.75	4 717.93	9 630.36	6 679.94	263.17	76 975.07	6.13
安徽	16 787.44	0.92	1 095.86	5 196.99	8 954.30	4 198.89	191.51	36 425.90	14.27
四川	64 583.09	17 239.32	1 963.14	4 251.79	12 904.31	3 584.83	827.54	105 354.00	4.04
合计	581 127.46	102 450.14	22 816.15	121 224.30	241 370.85	81 586.09	9 465.33	1 160 040.32	10.45

附表 12　　　　　2009 年粮食主产区陆地生态系统服务价值

单位：10⁷ 元

陆地生态系统	林地	草地	园地	耕地	湿地	水体	未利用地	ESV	耕地 ESV 贡献率（%）
河北	17 825.46	1 412.93	2 125.36	7 562.43	8 979.21	4 305.94	838.95	43 050.27	17.57
内蒙古	80 893.31	93 076.56	176.55	6 865.54	28 263.33	6 078.81	3 009.00	218 363.10	3.14
辽宁	35 707.08	1 010.13	2 940.83	8 004.45	16 566.84	2 906.60	753.42	67 889.35	11.79
吉林	57 400.66	3 376.44	634.07	11 686.40	18 266.15	8 243.35	638.68	100 245.75	11.66
黑龙江	84 573.48	4 021.71	186.31	14 596.39	36 884.56	6 105.16	1 269.93	147 637.54	9.89
江苏	9 706.15	3.75	2 018.44	12 082.74	29 448.42	11 757.71	912.21	65 929.41	18.33
河南	17 524.90	30.25	1 156.66	11 593.88	6 328.79	3 990.98	538.67	41 164.12	28.17
山东	17 892.53	99.22	5 009.60	14 845.86	24 433.89	5 290.81	574.06	68 145.98	21.79
湖北	39 455.94	124.47	2 044.85	6 335.76	12 311.61	4 124.69	856.67	65 253.99	9.71
湖南	66 198.98	301.34	2 420.45	7 435.31	16 684.32	11 737.13	657.33	105 434.86	7.05
江西	63 037.62	10.75	1 273.44	5 142.27	12 595.33	7 915.65	505.21	90 480.27	5.68
安徽	16 700.45	53.89	1 112.31	5 434.70	5 906.62	4 412.65	267.13	33 887.76	16.04
四川	94 518.90	32 224.52	2 868.82	6 326.06	10 607.95	5 272.09	1 231.38	153 049.72	4.13
合计	601 435.47	135 745.96	23 967.67	117 911.78	227 277.04	82 141.56	12 052.63	1 200 532.12	9.82

附表 13

2003 年粮食主产区陆地生态系统服务价值

单位：10^7 元

陆地生态系统	林地	草地	园地	耕地	湿地	水体	未利用地	ESV	耕地 ESV 贡献率（%）
河北	11 145.90	1 121.55	1 349.91	5 581.44	6 987.63	3 350.76	675.69	30 212.89	18.47
内蒙古	51 027.74	95 083.88	179.43	6 670.91	28 606.8	6 152.65	3 083.73	190 805.1	3.50
辽宁	41 297.80	1 405.58	3 932.13	8 918.16	21 750.1	3 815.96	1 008.94	82 128.7	10.86
吉林	69 068.29	4 246.67	801.12	15 310.82	22 898.5	10 334.16	806.10	123 465.7	12.40
黑龙江	63 949.92	3 438.57	155.24	9 889.45	30 529.9	5 053.23	1 077.73	114 094.1	8.67
江苏	3 482.58	15.94	1 572.44	10 279.75	24 566.5	9 808.57	778.37	50 504.18	20.35
河南	6 426.07	20.35	767.58	6 828.65	4 294.6	2 592.37	54.21	21 626.42	31.58
山东	11 025.40	98.91	4 169.85	10 309.53	20 003.9	4 331.56	496.58	50 435.78	20.44
湖北	34 539.25	162.09	2 154.48	6 096.35	12 920.0	7 753.96	911.34	64 537.51	9.45
湖南	48 649.40	257.53	2 099.11	6 359.08	14 109.2	9 925.55	564.93	81 964.79	7.76
江西	45 360.39	8.04	973.46	3 016.49	9 917.6	6 232.78	405.53	65 914.28	4.58
安徽	9 331.38	46.05	714.42	3 377.40	3 748.49	2 800.27	171.86	20 189.87	16.73
四川	60 797.30	26 052.45	2 248.14	5 012.77	8 561.68	4 255.10	1 001.78	107 929.2	4.64
合计	456 101.4	131 957.6	21 117.3	97 650.79	208 895.	76 406.92	11 036.8	1 003 808.6	9.73

附表 14　　　　　　　　　**2015 年社会发展异质系数**

地区	城镇化率（%）	恩格尔系数（%）	社会发展系数 L_t	支付意愿系数 T
内蒙古	59.51	33.62	0.63	1.08
辽宁	67.05	33.69	0.70	1.22
吉林	54.81	31.10	0.58	0.99
黑龙江	58.01	35.50	0.61	1.05
江苏	65.21	35.52	0.68	1.18
河南	45.20	33.82	0.48	0.82
山东	55.01	33.70	0.58	1.00
湖北	55.67	38.25	0.58	1.01
湖南	49.28	36.77	0.52	0.89
江西	50.22	40.00	0.53	0.91
安徽	49.15	39.35	0.52	0.89
四川	46.30	41.55	0.49	0.84
河北	49.33	32.15	0.52	0.89
全国	54.77	36.34	0.58	0.99

附表 15　　　　　　　　　**2015 年空间异质系数**

地区	粮食产量（万吨）	粮食面积（千公顷）	粮食亩产量（吨/公顷）	森林面积（万公顷）	活立木总蓄积量（万立方米）	空间异质系数
内蒙古	2 827.01	5 726.67	4.94	2 487.90	148 415.92	0.94
辽宁	2 002.50	3 297.42	6.07	557.31	25 972.07	0.97
吉林	3 647.04	5 077.95	7.18	763.87	96 534.93	1.13
黑龙江	6 323.96	11 765.23	5.38	1 962.13	177 720.97	1.01
江苏	3 561.34	5 424.64	6.57	162.10	8 461.42	1.01
河南	6 067.10	10 267.15	5.91	359.07	22 880.68	1.00
山东	4 712.70	7 492.10	6.29	254.60	12 360.74	0.98
湖北	2 703.28	4 466.03	6.05	713.86	31 324.69	0.96

续表

地区	粮食产量（万吨）	粮食面积（千公顷）	粮食亩产量（吨/公顷）	森林面积（万公顷）	活立木总蓄积量（万立方米）	空间异质系数
湖南	3 002.93	4 944.65	6.07	1 011.94	37 311.50	0.94
江西	2 148.71	3 705.60	5.80	1 001.81	47 032.40	0.96
安徽	3 538.12	6 632.90	5.33	380.42	21 710.12	0.95
四川	3 442.80	6 453.90	5.33	1 703.74	177 576.04	1.02
河北	3 363.81	6 392.48	5.26	439.33	13 082.23	0.88
全国	62 143.92	113 342.93	5.48	20 768.73	1 643 280.62	1.00

附表 16　　　　　　　　2009 年社会发展异质系数

地区	城镇化率（%）	恩格尔系数（%）	社会发展系数 L_t	支付意愿系数 T
内蒙古	53.40	35.15	0.56	1.11
辽宁	60.35	37.35	0.63	1.25
吉林	53.32	34.22	0.56	1.11
黑龙江	55.50	33.35	0.58	1.15
江苏	55.60	37.75	0.58	1.15
河南	37.70	35.10	0.40	0.78
山东	48.32	34.81	0.51	1.00
湖北	46.00	42.60	0.48	0.95
湖南	43.20	43.75	0.45	0.89
江西	43.18	43.10	0.45	0.89
安徽	42.10	40.25	0.44	0.87
四川	38.70	41.25	0.41	0.80
河北	43.74	34.65	0.46	0.91
全国	48.34	38.75	0.51	1.00

附表 17　　　　　　　　　2009 年空间异质系数

地区	粮食产量（万吨）	粮食面积（千公顷）	粮食产（吨/公顷）	森林面积（万公顷）	活立木总蓄积量（万立方米）	空间异质系数
内蒙古	1 981.70	5 424.00	3.65	2 366.40	136 073.62	0.88
辽宁	1 591.00	3 124.10	5.09	511.98	21 174.91	0.94
吉林	2 460.00	4 427.70	5.56	736.57	88 244.21	1.09
黑龙江	4 353.01	11 391.00	3.82	1 926.97	165 191.60	0.94
江苏	3 230.10	5 272.00	6.13	107.51	5 022.59	1.02
河南	5 389.00	9 683.60	5.57	336.59	18 051.16	1.00
山东	4 316.30	7 030.10	6.14	254.46	8 627.99	0.98
湖北	2 309.10	4 012.50	5.75	578.82	23 121.55	0.98
湖南	2 902.70	4 799.10	6.05	948.17	38 177.20	0.99
江西	2 002.56	3 604.60	5.56	973.63	45 045.51	0.98
安徽	3 069.87	6 605.60	4.65	360.07	16 258.35	0.92
四川	3 194.60	6 419.40	4.98	1 659.52	168 753.49	1.04
河北	2 910.17	6 216.50	4.68	418.33	10 183.91	0.86
全国	53 082.08	108 986.00	4.87	19 545.22	1 491 268.19	1.00

附表 18　　　　　　　　　2003 年社会发展异质系数

地区	城镇化率（%）	恩格尔系数（%）	社会发展系数 L_t	支付意愿系数 T
内蒙古	44.10	38.40	0.55	1.09
辽宁	56.47	41.30	0.71	1.39
吉林	51.10	39.85	0.64	1.26
黑龙江	52.60	38.15	0.66	1.30
江苏	46.00	39.85	0.58	1.14
河南	26.93	40.92	0.34	0.66
山东	41.50	37.81	0.52	1.03

续表

地区	城镇化率（%）	恩格尔系数（%）	社会发展系数 L_t	支付意愿系数 T
湖北	41.71	44.97	0.52	1.03
湖南	33.38	43.86	0.42	0.82
江西	32.33	46.00	0.40	0.80
安徽	31.75	45.12	0.40	0.78
四川	29.85	46.40	0.37	0.74
河北	31.89	37.57	0.40	0.79
全国	40.53	41.35	0.51	1.00

附表 19　　　　　　　　**2003 年社会发展异质系数**

地区	粮食亩产量（吨/公顷）	森林面积（万公顷）	活立木总蓄积量（万立方米）	空间异质系数
内蒙古	3.36	1 474.85	98 163.48	0.91
辽宁	5.46	451.05	16 136.90	1.00
吉林	5.63	706.98	78 656.81	1.14
黑龙江	3.10	1 760.31	141 069.30	0.90
江苏	5.31	46.24	865.77	0.91
河南	4.00	209.01	5 258.50	0.85
山东	5.36	191.52	1 480.99	0.81
湖北	5.40	482.84	13 223.82	0.96
湖南	5.39	823.97	19 890.46	0.95
江西	4.75	889.78	22 308.38	0.91
安徽	3.60	317.05	8 295.77	0.82
四川	4.78	1 330.15	144 621.65	1.08
河北	4.02	336.13	5 948.19	0.81
全国	4.33	15 894.09	1 126 659.14	1.00

附表 20　　　　　　　2003 年粮食主产区陆地生态系统面积　　　　　　单位：千公顷

地区	林地	园地	草地	耕地	湿地	水体	未利用地
内蒙古	1 474. 85	7. 33	6 622. 21	686. 3	424. 5	110. 2649	1 802. 81562
辽宁	451. 05	60. 7	36. 99	346. 7	121. 96	25. 8421	222. 987274
吉林	706. 98	11. 59	104. 74	557. 84	120. 34	65. 59	166. 930016
黑龙江	1 760. 31	6. 04	228. 08	969. 0077	431. 48	86. 2544	600. 07
江苏	46. 24	29. 57	0. 51	485. 834	167. 47	80. 753	209. 1
河南	209. 01	32. 08	1. 45	718. 72	62. 41	47. 5308	213. 826509
山东	191. 52	102. 38	4. 14	637. 461	178. 41	46. 6564	174. 559794
湖北	482. 84	42. 57	5. 46	303. 35	92. 73	67. 2122	257. 790319
湖南	823. 97	50. 25	10. 51	383. 37	122. 69	104. 2396	193. 526855
江西	889. 78	26. 99	0. 38	210. 618	99. 88	75. 8091	160. 904277
安徽	317. 05	34. 31	3. 77	408. 473	65. 39	58. 9973	118. 092866
四川	1 330. 15	69. 52	1 373. 43	390. 37	96. 17	57. 7244	443. 517099
河北	336. 13	57. 54	81. 5	599. 13	108. 19	62. 6561	412. 378665
合计	9 019. 88	530. 87	8 473. 17	6 697. 1737	2 091. 62	889. 5282	4 976. 49930

附表 21　　　　　　　　　2003 年当量生态服务价值

地区	粮食总产量 （千吨）	粮食播 种面积 （千公顷）	稻谷产量 （万吨）	小麦产量 （万吨）	玉米产量 （万吨）	每个当量的 生态服务价值 （元/公顷）
内蒙古	13 607	4 052	45	79	888. 7	395. 9
辽宁	14 983	2 743	351. 4	6. 2	907. 2	747. 7
吉林	22 596	4 014	318. 2	6	1 615. 3	772. 0
黑龙江	25 123	8 115	842. 8	39. 7	830. 9	352. 4
江苏	24 719	4 660	1 404. 6	608. 7	197. 3	824. 1
河南	35 695	8 923	240. 2	2 292. 5	766. 3	622. 1
山东	34 355	6 415	77. 9	1 565	1 411	783. 23

续表

地区	粮食总产量（千吨）	粮食播种面积（千公顷）	稻谷产量（万吨）	小麦产量（万吨）	玉米产量（万吨）	每个当量的生态服务价值（元/公顷）
湖北	19 210	3 558	1 341.3	165.4	167.5	821.19
湖南	24 427	4 530	2 070.2	16.5	128.6	860.33
江西	14 503	3 051	1 360.5	2.9	6.3	794.88
安徽	22 148	6 157	963.7	642.8	260.6	522.32
四川	30 541	6 387	1 471.9	426.2	517.3	649.19
河北	23 878	5 944	41.1	1 018.8	1 073.6	588.22
全国	430 695	99 410	16 065.6	8 648.8	11 583	617.51
粮食主产区	305 785	68 548.7	10 528.8	6 869.7	8 770.6	643.82

附表 22　　　　　　2009 年粮食主产区陆地生态系统面积　　　　单位：万公顷

地区	林地	园地	草地	耕地	湿地	水体	未利用地
内蒙古	2 366.4	7.3	6 560.9	714.9	424.5	110.2649	1 781.04
辽宁	511.98	59.6	34.9	408.53	121.96	25.8421	218.55
吉林	736.57	11.5	104.4	533.781	120.34	65.59	165.81
黑龙江	1 926.97	6	220.8	1 183.8	431.48	86.2544	585.52
江苏	107.51	31.6	0.1	476.38	167.47	80.753	204.39
河南	336.6	31.4	1.4	792.64	62.41	47.5308	209.32
山东	254.46	100.7	3.4	751.53	178.41	46.6564	165.17
湖北	578.82	42.4	4.4	330.84	92.73	67.2122	254.25
湖南	948.17	49	10.4	379.07	122.69	104.2396	190.47
江西	973.63	27.8	0.4	282.71	99.88	75.8091	157.85
安徽	360.1	33.9	2.8	417.1222	65.39	58.9973	116.69
四川	1 669	71.6	1 371.1	397.61	96.17	57.7244	439.92
河北	418.33	70.5	79.9	631.73	108.19	62.6561	398.28
合计	11 188.54	543.3	8 394.9	7 300.6432	2 091.62	889.5282	4 887.26

附表 23　　　　　　　　　　2009 年当量生态服务价值

地区	粮食总产量 （千吨）	粮食播 种面积 （千公顷）	稻谷产量 （万吨）	小麦产量 （万吨）	玉米产量 （万吨）	每个当量的 生态服务价值 （元/公顷）
内蒙古	19 817	5 424	64.8	171.2	1 341.3	703.1
辽宁	15 910	3 124	506	4.5	963.1	1 192.5
吉林	24 600	4 428	505	1	1 810	1 294.1
黑龙江	43 530	11 391	1 574.5	116.3	1 920.2	815.7
江苏	32 301	5 272	1 802.9	1 004.4	216.2	1 546.4
河南	53 890	9 684	451	3 056	1 634	1 341.09
山东	43 163	7 030	112	2 047.3	1 921.5	1 441.56
湖北	23 091	4 013	1 591.9	331.7	244.1	1 471.06
湖南	29 027	4 799	2 578.6	6.4	159.9	1 592.04
江西	20 026	3 605	1 905.9	1.9	7.3	1 491.41
安徽	30 699	6 606	1 405.6	1 177.2	304.7	1 164.14
四川	31 946	6 419	1 520.2	423.3	643	1 072.61
河北	29 102	6 217	57.5	1 229.8	1 465.2	1 093.93
全国	530 821	108 986	19 510.3	11 511.5	16 397.4	1 131.65
粮食主产区	460 213	78 010	14 075.9	9 571	12 630.5	1 206.63

附表 24　　　　　　　2015 年粮食主产区陆地生态系统面积　　　　　单位：万公顷

地区	林地	草地	园地	耕地	湿地	水体	未利用地
辽宁省	557.31	0.32	46.86	498.05	139.48	26.44	164.73
黑龙江省	1 962.13	109.63	109.63	1 586.60	514.33	89.85	371.78
江苏省	162.10	0.01	30.11	457.85	198.95	83.33	190.64
安徽省	380.42	0.05	35.10	419.20	104.18	59.00	87.80
江西省	1 001.81	0.07	32.61	309.11	91.01	76.24	98.00
河南省	359.07	0.03	22.06	812.46	62.79	47.53	128.59
湖南省	1 011.94	1.35	66.44	415.32	101.97	104.24	137.16
河北省	439.33	40.17	83.72	653.77	94.19	59.63	357.14

续表

地区	林地	草地	园地	耕地	湿地	水体	未利用地
内蒙古自治区	2 487.90	4 954.75	5.67	915.50	498.07	103.00	1 779.00
吉林省	763.87	23.72	6.58	704.86	99.76	65.59	141.63
山东省	254.60	0.58	72.12	763.13	173.75	42.58	135.68
湖北省	713.86	0.20	48.29	342.05	144.50	69.52	112.70
四川省	1 703.74	1 095.85	73.20	399.25	174.78	58.64	441.60

附表 25 　　　　　　　　2015 年当量生态服务价值

地区	粮食总产量（千吨）	粮食播种面积（千公顷）	稻谷产量（万吨）	小麦产量（万吨）	玉米产量（万吨）	每个当量的生态服务价值（元/公顷）
内蒙古	28 270	5 727	53.2	158.3	2 250.8	1 389
辽宁	20 025	3 297	467.7	2.7	1 403.5	1 933
吉林	36 470	5 078	630.1	0.1	2 805.7	2 264
黑龙江	63 240	11 765	2 199.7	21.8	3 544.1	1 720
江苏	35 613	5 425	1 952.5	1 174	252.2	2 340
河南	60 671	10 267	531.5	3 501	1 853.7	1 960
山东	47 127	7 492	95.1	2 346.6	2 050.9	2 005
湖北	27 033	4 466	1 810.7	420.9	332.9	2 192
湖南	30 029	4 945	2 644.8	9.4	188.8	2 278
江西	21 487	3 706	2 027.2	2.6	12.8	2 212
安徽	35 381	6 633	1 459.3	1 411	496.3	1 856
四川	34 428	6 454	1 552.6	426.3	765.7	1 573
河北	33 638	6 393	54.5	1 435	1 670.4	1 643
全国	621 439	113 343	20 822.5	13 018.5	22 463.2	1 767
粮食主产区	473 412	78 010	15 478.9	10 909.7	17 627.8	2 001

参 考 文 献

[1] 柏东亮，王颖，王树涛，门明新．廊坊市土地利用与区域经济空间耦合关系 [J]．水土保持通报，2015，35 (3)：278 - 282.

[2] 卜伟，曲彤，朱晨萌．中国的粮食净进口依存度与粮食安全研究 [J]．农业经济问题，2013，34 (10)：49 - 56.

[3] 蔡运龙，傅泽强，戴尔阜．区域最小人均耕地面积与耕地资源调控 [J]．地理学报，2002 (2)：127 - 134.

[4] 曹淑艳，谢高地，陈文辉，郭红．中国主要农产品生产的生态足迹研究 [J]．自然资源学报，2014，29 (8)：1336 - 1344.

[5] 曹淑艳，谢高地．基于投入产出分析的中国生态足迹模型 [J]．生态学报，2007 (4)：1499 - 1507.

[6] 曹万林．区域生态公平及其影响因素研究 [J]．统计与决策，2019 (7)：105 - 108.

[7] 陈百明，周小萍．中国粮食自给率与耕地资源安全底线的探讨 [J]．经济地理，2005 (2)：145 - 148.

[8] 陈飞，侯杰，于丽丽，等．全国地下水超采治理分析 [J]．水利规划与设计，2016 (11)：3 - 7.

[9] 陈国阶．论生态安全 [J]．重庆环境科学，2002 (3)：1 - 3 + 18.

[10] 陈江．粮食安全观视阈下粮食主产区利益补偿新思路 [J]．学术交流，2016 (10)：121 - 126.

[11] 陈璐，胡月，韩学平，郭翔宇．国家粮食安全中主产区粮食生产及其贡献的量化对比分析 [J]．中国土地科学，2017，31 (9)：34 - 42.

[12] 陈明华，仲崇阳，张晓萌．中国人口老龄化的区域差异与极化趋

势：1995~2014 [J]. 数量经济技术经济研究, 2018, 35 (10): 111-125.

[13] 陈明星. 粮食安全的生态风险及防范对策研究 [J]. 中国粮食经济, 2009 (7): 24-27.

[14] 成升魁, 李云云, 刘晓洁, 等. 关于新时代我国粮食安全观的思考 [J]. 自然资源学报, 2018, 33 (6): 911-926.

[15] 成升魁, 汪寿阳. 新时期粮食安全观与粮食供给侧改革 [J]. 中国科学院院刊, 2017, 32 (10): 1074-1082.

[16] 崔奇峰, 周宁, 孙翠清. 主产区粮食生产贡献度及地区比较优势分析——以水稻、小麦和玉米为例 [J]. 农业经济与管理, 2013 (2): 35-42+56.

[17] 崔胜辉, 洪华生, 黄云凤, 等. 生态安全研究进展 [J]. 生态学报, 2005 (4): 861-868.

[18] 崔亚平. 中国工业化、城镇化与粮食安全 [J]. 农业经济, 2011 (3): 20-21.

[19] 丹尼斯米都斯, 梅多斯, 李宝恒. 增长的极限: 罗马俱乐部关于人类困境的报告 [M]. 吉林: 吉林人民出版社, 1997.

[20] 丁华, 汪俊枝. 粮食安全背景下主产区的现实困境和选择 [J]. 粮食流通技术, 2010 (6): 1-4.

[21] 丁金梅, 杨奎, 马彩虹, 文琦. 中国粮食产量时空格局演变研究 [J]. 干旱区地理, 2017, 40 (6): 1290-1297.

[22] 丁声俊. 国家粮食安全及安全体系建设 [J]. 国家行政学院学报, 2001 (4): 66-71.

[23] 付恭华, 王莹, 鄢帮有. 生态农业与中国未来的粮食安全 [J]. 江西农业大学学报 (社会科学版), 2013, 12 (3): 289-294.

[24] 付恭华, 鄢帮有. 中国未来的粮食安全与生态可持续性问题研究——基于粮食生产过程生态足迹的实证分析 [J]. 长江流域资源与环境, 2013 (12): 1550-1556.

[25] 傅泽强, 蔡运龙, 杨友孝, 等. 中国粮食安全与耕地资源变化的相关分析 [J]. 自然资源学报, 2001 (4): 313-319.

[26] 富兰克林·H·金著; 程存旺, 石嫣译. 四千年农夫 [M]. 北

京：东方出版社，2011.

［27］盖兆雪，孙萍，张景奇. 环境约束下的粮食主产区耕地利用效率时空演变特征［J］. 经济地理，2017，37（12）：163－171.

［28］高欣，张安录. 农地流转、农户兼业程度与生产效率的关系［J］. 中国人口·资源与环境，2017，27（5）：121－128.

［29］戈德史密斯著；程福祐译. 生存的蓝图［M］. 北京：中国环境科学出版社，1987.

［30］谷家川，查良松. 皖江城市带农田生态系统碳排放动态研究［J］. 长江流域资源与环境，2013，22（1）：81－87.

［31］郭慧. 宁夏粮食安全问题及对策研究［D］. 中央民族大学，2016.

［32］郭书田. 中国粮食供求与国际贸易［J］. 中国农村观察，1997（3）：26－30.

［33］郭珍. 石油农业、污水灌溉与耕地污染防治［J］. 南通大学学报（社会科学版），2016，32（5）：111－116.

［34］海全胜，宁小莉，霍擎，等. 基于压力状态响应模型的达茂旗生态安全现状评价［J］. 西南师范大学学报（自然科学版），2015，40（11）：115－123.

［35］何玲，贾启建，李超，等. 基于生态系统服务价值和生态安全格局的土地利用格局模拟［J］. 农业工程学报，2016，32（3）：275－284.

［36］何玲，贾启建，李超，许皞. 基于生态系统服务价值与粮食安全的生态安全底线核算［J］. 应用生态学报，2016，27（1）：215－224.

［37］何悦，漆雁斌. 城镇化发展对粮食生产技术效率的影响研究——基于我国13个粮食主产区的面板数据［J］. 中国农业资源与区划，2019，40（3）：101－110.

［38］洪涛. 粮食安全观也需与时俱进［J］. 中国农村科技，2017（10）：12.

［39］胡鞍钢，地力夏提·吾布力，鄢一龙. 粮食安全"十三五"规划基本思路［J］. 清华大学学报（哲学社会科学版），2015，30（5）：158－165＋198－199.

［40］胡聪，邓正苗，谢永宏，等.1984 年以来湖南省耕地压力与粮食安全初步研究［J］.农业现代化研究，2015，36（2）：259 - 264.

［41］胡靖.中国粮食安全：公共品属性与长期调控重点［J］.中国农村观察，2000（4）：24 - 30 + 80.

［42］胡喜生.福州土地生态系统服务价值空间异质性及其与城市化耦合的关系［D］.福建农林大学，2012.

［43］胡喜生，洪伟，吴承祯.土地生态系统服务功能价值动态估算模型的改进与应用——以福州市为例［J］.资源科学，2013，35（1）：30 - 41.

［44］胡元坤.论农业发展新阶段的粮食安全问题［J］.中国农村经济，2001（3）：16 - 17 + 57.

［45］胡岳岷.初论农村新型合作经济组织——关于长春市的个案调查与研究［J］.当代经济研究，2006（10）：57 - 60.

［46］华树春，钟钰.粮食供给侧改革与保障粮食安全［J］.农村经济，2019（12）：20 - 25.

［47］黄季焜，杨军，仇焕广.新时期国家粮食安全战略和政策的思考［J］.农业经济问题，2012，33（3）：4 - 8.

［48］黄建欢，杨晓光，胡毅.资源、环境和经济的协调度和不协调来源——基于 CREE - EIE 分析框架［J］.中国工业经济，2014（7）：17 - 30.

［49］黄雨，田明华.虚拟耕地视角下中国粮食贸易对耕地压力的影响［J］.当代经济研究，2018（3）：81 - 87.

［50］贾贵浩.提高主产区粮食生产能力面临的问题与对策［J］.宏观经济研究，2011（3）：82 - 87.

［51］姜会明，孙雨，王健，吉宇琴.中国农民收入区域差异及影响因素分析［J］.地理科学，2017，37（10）：1546 - 1551.

［52］姜俊红，金玲，朱朝荣，等.农业活动对农田生态系统物种多样性的影响［J］.中国农学通报，2005（7）：385 - 386 + 408.

［53］姜松，王钊，黄庆华等.粮食生产中科技进步速度及贡献研究——基于 1985～2010 年省级面板数据［J］.农业技术经济，2012

（10）：40 - 51.

［54］蒋和平，詹琳．减缓粮食主产区持续增产压力的政策建议［J］．中国农业信息，2015（14）：3 - 4.

［55］蒋黎，朱福守．我国主产区粮食生产现状和政策建议［J］．农业经济问题，2015，36（12）：17 - 24.

［56］金成晓，邵鲁．我国粮食安全状况的实证分析［J］．江西社会科学，2009（8）：94 - 100.

［57］近藤康男，阪本楠彦，梶井功，等．日本农业经济学家对我国农业现代化问题的一些意见和建议［J］．农业经济丛刊，1981（2）：50 - 54.

［58］康涌泉．基于粮食安全保障的粮食主产区利益补偿制度研究［J］．河南师范大学学报（哲学社会科学版），2013，40（4）：74 - 76.

［59］孔涛，Jonathan Unger，刘鹏凌．农村承包地调整的实证研究——通过村民小组数据的分析［J］．农业经济问题，2014，35（11）：87 - 97 + 111 - 112.

［60］孔祥斌，张凤荣．中国农户土地利用阶段差异及其对粮食生产和生态的影响［J］．地理科学进展，2008（2）：112 - 120.

［61］匡远配，曾福生．试论粮食主产区和主销区之间协调机制的建立［J］．安徽农业科学，2005（9）：1739 - 1740.

［62］雷玉桃，谢建春．论退耕还林背景下的粮食安全保障机制［J］．粮食问题研究，2003（6）：29 - 31.

［63］黎东升，曾靖．经济新常态下我国粮食安全面临的挑战［J］．农业经济问题，2015（5）：42 - 47 + 110.

［64］李博，杨持，林鹏．生态学［M］．北京：高等教育出版社，1999.

［65］李丰．基于产销平衡视角的区域粮食安全保障体系研究［J］．江苏社会科学，2015（6）：50 - 56.

［66］李福夺．粮食安全贡献度的测算实证［J］．统计与决策，2016（12）：50 - 52.

［67］李根明，孙虎，耿海波，等．耕地压力评价模型的建立及应用［J］．农业系统科学与综合研究，2007（4）：464 - 4.

[68] 李柯瑶. 基于粮食安全视角的食品和生态安全问题研究 [J]. 中国农业资源与区划, 2016, 37 (5): 120 - 124.

[69] 李名升, 李治, 佟连军. 经济—环境协调发展的演变及其地区差异分析 [J]. 经济地理, 2009, 29 (10): 1634 - 1639.

[70] 李腾飞, 亢霞. "十三五" 时期我国粮食安全的重新审视与体系建构 [J]. 农业现代化研究, 2016, 37 (4): 657 - 662.

[71] 李天健, 王润红. 中国城镇居民收入差距的演变: 1995 - 2016年 [J]. 宏观经济研究, 2018 (12): 67 - 78 + 92.

[72] 李天杰, 郧文聚, 赵烨, 等. 土地质量、生产能力与粮食安全相关研究的现状及展望 [J]. 资源·产业, 2006 (1): 19 - 23.

[73] 李晓, 谢永生, 李文卓, 张应龙. 黄淮海冲积平原区粮食生产生态成本探究 [J]. 中国农业科学, 2011, 44 (11): 2294 - 2302.

[74] 李轩. 重构中国粮食安全的认知维度、监测指标及治理体系 [J]. 国际安全研究, 2015 (3): 68 - 95.

[75] 李玉平, 蔡运龙. 区域粮食安全状况测算方法研究——以河北省为例 [J]. 干旱区资源与环境, 2008 (8): 159 - 164.

[76] 李治国, 张竞竞, 郭志富. 基于耕地压力指数的河南省粮食安全状况研究 [J]. 地域研究与开发, 2014, 33 (2): 141 - 145.

[77] 列宁全集 (第30卷) [M]. 北京: 人民出版社, 1957.

[78] 林永钦, 齐维孜, 祝琴. 基于生态足迹的中国可持续食物消费模式 [J]. 自然资源学报, 2019, 34 (2): 338 - 347.

[79] 林正雨, 何鹏, 李晓, 等. 基于耕地压力指数的四川省粮食安全状况研究 [J]. 中国农业资源与区划, 2015, 36 (7): 19 - 24.

[80] 刘爱民, 薛莉, 成升魁, 等. 我国大宗农产品贸易格局及对外依存度研究——基于虚拟耕地资源的分析和评价 [J]. 自然资源学报, 2017, 32 (6): 915 - 926.

[81] 刘炳胜, 王敏, 李灵, 王然, 孟俊娜. 中国建筑产业链两阶段综合效率、纯技术效率、规模效率及其影响因素 [J]. 运筹与管理, 2019, 28 (2): 174 - 183.

[82] 刘定惠, 杨永春. 区域经济 - 旅游 - 生态环境耦合协调度研

究——以安徽省为例 [J]. 长江流域资源与环境, 2011, 20 (7): 892 -
896.

[83] 刘海龙, 石培基, 李生梅, 童华丽, 聂晓英, 魏伟. 河西走廊
生态经济系统协调度评价及其空间演化 [J]. 应用生态学报, 2014, 25
(12): 3645 - 3654.

[84] 刘亮, 章元, 高汉. 劳动力转移与粮食安全 [J]. 统计研究,
2014, 31 (9): 58 - 64.

[85] 刘某承, 李文华. 基于净初级生产力的中国各地生态足迹均衡
因子测算 [J]. 生态与农村环境学报, 2010, 26 (5): 401 - 406.

[86] 刘某承, 李文华, 谢高地. 基于净初级生产力的中国生态足迹
产量因子测算 [J]. 生态学杂志, 2010, 29 (3): 592 - 597.

[87] 刘慕华, 肖国安. 土地生态视角下中国粮食综合生产可持续能
力研究 [J]. 科学决策, 2019 (10): 22 - 53.

[88] 刘钦普, 濮励杰. 中国粮食主产区化肥施用时空特征及生态经
济合理性分析 [J]. 农业工程学报, 2019, 35 (23): 142 - 150.

[89] 刘笑然. 论中国粮食安全 [J]. 中国粮食经济, 2010 (8):
23 - 27.

[90] 刘笑彤, 蔡运龙. 基于耕地压力指数的山东省粮食安全状况研
究 [J]. 中国人口·资源与环境, 2010, 20 (S1): 334 - 337.

[91] 刘秀丽, 张勃, 咎国江, 何旭强, 张调风. 基于生态足迹的甘肃
省耕地资源可持续利用与情景预测 [J]. 干旱区地理, 2013 (1): 84 - 91.

[92] 刘旭华, 王劲峰. 空间权重矩阵的生成方法分析与实验 [J].
地球信息科学, 2002 (2): 38 - 44.

[93] 刘彦随, 王介勇, 郭丽英. 中国粮食生产与耕地变化的时空动
态 [J]. 中国农业科学, 2009, 42 (12): 4269 - 4274.

[94] 刘影, 肖池伟, 李鹏, 姜鲁光. 1978 ~ 2013 年中国粮食主产区
"粮 - 经" 关系分析 [J]. 资源科学, 2015, 37 (10): 1891 - 1901.

[95] 刘渝, 张俊飚. 中国水资源生态安全与粮食安全状态评价 [J].
资源科学, 2010, 32 (12): 2292 - 2297.

[96] 龙方. 论新世纪中国粮食安全的战略目标 [J]. 求索, 2007

（10）：16 – 19.

［97］娄源功. 基于国家粮食安全的专项储备粮规模研究［J］. 农业技术经济，2003（4）：6 – 12.

［98］娄源功. 中国粮食安全的宏观分析与比较研究［J］. 粮食储藏，2003（3）：3 – 6.

［99］芦蔚叶，姜志德，张应龙，等. 保障粮食安全造成的生态价值损失评估模型及应用［J］. 生态学报，2012，32（8）：2561 – 2570.

［100］陆慧. 发展中国家的粮食安全评价指标体系建立［J］. 对外经贸实务，2008（3）：35 – 38.

［101］吕新业，冀县卿. 关于中国粮食安全问题的再思考［J］. 农业经济问题，2013，34（9）：15 – 24.

［102］栾维新，崔红艳. 基于 GIS 的辽河三角洲潜在海平面上升淹没损失评估［J］. 地理研究，2004（6）：805 – 814 + 880.

［103］罗光强. 我国粮食主产区粮食安全责任实现的路径及对策［J］. 经济纵横，2012（1）：84 – 87.

［104］罗海平，黄晓玲. 我国粮食主产区粮食生产中的水资源利用及影响研究［J］. 农业经济，2020（2）：3 – 5.

［105］罗海平. 基于偏离 – 份额法的我国粮食主产区粮食产量结构与增长效益研究：1980 ~ 2012［J］. 云南财经大学学报，2014，30（5）：23 – 30.

［106］罗海平，吕晞. 粮食主产区的产量结构、增长效益与粮食安全的实证研究［J］. 统计与决策，2016（10）：116 – 119.

［107］罗海平，宋焱. 基于偏离 – 份额法的我国粮食主产区农业产值结构与增长效益研究：1980 年 ~ 2012 年［J］. 经济经纬，2015，32（6）：29 – 34.

［108］罗海平，宋焱，彭津琳. 基于 Costanza 模型的我国粮食主产区生态服务价值评估研究［J］. 长江流域资源与环境，2017，26（4）：585 – 590.

［109］罗海平，王妍华，朱勤勤. 生态安全视阈下的我国粮食安全问题：态势及风险防控［J］. 农业经济，2018（11）：3 – 5.

[110] 罗海平, 余兆鹏, 朱勤勤. 基于粮食调出的我国粮食主产区粮食安全贡献度研究: 1985 - 2015 [J]. 农业经济, 2019 (2): 3 - 5.

[111] 罗海平, 周静逸, 余兆鹏. 基于耕地压力的我国粮食主产区粮食安全预警及对策研究——1985 ~ 2015 年数据比较 [J]. 农业经济, 2018 (12): 3 - 5.

[112] 罗海平, 朱勤勤, 罗逸伦, 等. 耕地生态足迹与生态承载力研究——基于中国粮食主产区 2007 ~ 2016 年面板数据 [J]. 华东经济管理, 2019, 33 (5): 68 - 75.

[113] 罗海平, 邹楠, 潘柳欣, 等. 生态足迹视域下中国粮食主产区粮食生产安全态势的时空属性研究: 2007 - 2025 [J]. 江苏农业学报, 2019, 35 (6): 1468 - 1475.

[114] 罗翔, 曾菊新, 朱媛媛, 张路. 谁来养活中国: 耕地压力在粮食安全中的作用及解释 [J]. 地理研究, 2016, 35 (12): 2216 - 2226.

[115] 罗翔, 张路, 朱媛媛. 基于耕地压力指数的中国粮食安全 [J]. 中国农村经济, 2016 (2): 83 - 96.

[116] 罗孝玲, 吴奇超, 杨怀东. 粮食期货价格指数的编制与粮食安全预警系统的研究 [J]. 开发研究, 2006 (6): 31 - 35.

[117] 罗贞礼. 土地利用生态安全评价指标的系统聚类分析 [J]. 湖南地质, 2002 (4): 252 - 254.

[118] 马静, 张红旗, 李慧娴等. 粮食国际贸易对我国水土资源利用的影响分析 [J]. 资源科学, 2008 (11): 1723 - 1728.

[119] 马九杰, 崔卫杰, 朱信凯. 农业自然灾害风险对粮食综合生产能力的影响分析 [J]. 农业经济问题, 2005 (4): 14 - 17 + 79.

[120] 马九杰, 张象枢. 粮食安全衡量及预警指标体系研究 [J]. 管理世界, 2001 (1): 154 - 162.

[121] 马克思恩格斯全集 (第 24 卷) [M]. 北京: 人民出版社, 1972.

[122] 马楠, 徐玉霞, 许小明, 马凯. 基于能值生态足迹模型的陕西省生态安全评价 [J]. 河南科学, 2018, 36 (12): 1994 - 1999.

[123] 马树庆, 王琪. 区域粮食安全的内涵、评估方法及保障措施 [J]. 资源科学, 2010, 32 (1): 35 - 41.

[124] 梅方权. 21 世纪前期中国粮食发展分析 [J]. 中国软科学, 1995 (11): 98 - 101.

[125] 孟斌, 王劲峰, 张文忠, 刘旭华. 基于空间分析方法的中国区域差异研究 [J]. 地理科学, 2005, 25 (4): 11 - 18.

[126] 倪国华, 郑风田. 粮食安全背景下的生态安全与食品安全 [J]. 中国农村观察, 2012 (4): 52 - 58 + 94.

[127] 倪国华, 周昊. 我国三大主粮的分区域布局与供给曲线分析 [J]. 山西农业大学学报 (社会科学版), 2019, 18 (2): 1 - 8.

[128] 聂英. 中国粮食安全的耕地贡献分析 [J]. 经济学家, 2015 (1): 83 - 93.

[129] 欧阳志云, 朱春全, 杨广斌, 等. 生态系统生产总值核算: 概念、核算方法与案例研究 [J]. 生态学报, 2013, 33 (21): 6747 - 6761.

[130] 潘岩. 关于确保国家粮食安全的政策思考 [J]. 农业经济问题, 2009 (1): 25 - 28.

[131] 彭代彦, 文乐. 农村劳动力老龄化、女性化降低了粮食生产效率吗——基于随机前沿的南北方比较分析 [J]. 农业技术经济, 2016 (2): 32 - 44.

[132] 彭少麟, 郝艳茹, 陆宏芳, 王伯荪. 生态安全的涵义与尺度 [J]. 中山大学学报 (自然科学版), 2004 (6): 27 - 31.

[133] 蒲艳萍. 劳动力流动对西部农村经济发展的影响——基于西部 289 个自然村的调查问卷分析 [J]. 中国经济问题, 2010 (6): 48 - 56.

[134] 齐月, 李俊生, 闫冰, 等. 化学除草剂对农田生态系统野生植物多样性的影响 [J]. 生物多样性, 2016, 24 (2): 228 - 236.

[135] 钱镇, 臧云鹏. 中美贸易战中谈粮食问题 [J]. 中国投资, 2018 (17): 117 - 119.

[136] 秦波, 卢德成. 粮食生产数量安全阈值研究及展望 [J]. 农业展望, 2017, 13 (9): 45 - 51.

[137] 邱建军, 张士功, 李哲敏, 任天志. 农业生态环境安全与生态农业发展 [J]. 中国农业资源与区划, 2005 (6): 42 - 46.

[138] 邱孟龙, 王琦, 陈俊坚, 等. 东莞市耕地环境质量的压力 - 状

态 - 响应分析与评价 [J]. 农业环境科学学报, 2015, 34 (3): 524 - 531.

[139] 曲福田, 朱新华. 不同粮食分区耕地占用动态与区域差异分析 [J]. 中国土地科学, 2008 (3): 34 - 40.

[140] 曲格平. 关注生态安全之一: 生态环境问题已经成为国家安全的热门话题 [J]. 环境保护, 2002 (5): 3 - 5.

[141] 冉启英, 李宁. 基于压力 - 状态 - 响应模型的生态安全评价——以新疆为例 [J]. 生态经济, 2015, 31 (7): 114 - 117.

[142] 冉圣宏, 吕昌河, 贾克敬, 等. 基于生态服务价值的全国土地利用变化环境影响评价 [J]. 环境科学, 2006, 27 (10): 2139 - 2144.

[143] 饶应祥, 陆红生, 徐勋光, 等. 如何测算人均耕地警界值 [J]. 中国土地科学, 1999 (6): 30 - 32.

[144] 山红梅, 杨珂欣, 胡海涛, 柳朝红. 我国邮政业综合技术效率评价及其影响因素——基于 DEA 和 Tobit 回归模型的分析 [J]. 地域研究与开发, 2019, 38 (1): 11 - 16.

[145] 尚强民. 关于粮食自给率的讨论——兼析粮食供求形势新变化 [J]. 中国粮食经济, 2013 (10): 15 - 18.

[146] 邵立民. 我国粮食安全与粮食流通体系研究 [J]. 中国农业资源与区划, 2007 (4): 1 - 4.

[147] 宋辉, 谢栌乐. 河北省山区县生态足迹投入产出模型构建与应用 [J]. 统计与管理, 2015 (5): 37 - 38.

[148] 宋利娜, 张玉铭, 胡春胜, 等. 华北平原高产农区冬小麦农田土壤温室气体排放及其综合温室效应 [J]. 中国生态农业学报, 2013, 21 (3): 297 - 307.

[149] 宋焱. 我国粮食主产区粮食生产与生态环境的协调性研究 [D]. 南昌大学, 2018.

[150] 苏晓燕, 张蕙杰, 李志强, 等. 基于多因素信息融合的中国粮食安全预警系统 [J]. 农业工程学报, 2011 (5): 183 - 189.

[151] 宿桂红, 常春水. 中国粮食主产区粮食生产现状分析 [J]. 新疆农垦经济, 2010 (11): 6 - 9.

[152] 孙宝民. 中国粮食供需的预测指标体系及模型设计 [J]. 经济

问题，2012（3）：39－43.

［153］孙晶晶，赵凯，牛影影. 三大粮食功能区社会经济发展水平评价及其差异分析——基于粮食主产区利益补偿视角［J］. 农业现代化研究，2017，38（4）：581－588.

［154］孙致陆，贾小玲，李先德. 中国与"一带一路"沿线国家粮食贸易演变趋势及其虚拟耕地资源流量估算［J］. 华中农业大学学报（社会科学版），2019（1）：24－32＋163.

［155］谭术魁，张路，齐睿. 基于系统动力学的区域耕地压力指数研究［J］. 自然资源学报，2012，27（5）：757－76.

［156］田红宇，祝志勇. 中国粮食生产效率及影响因素分析——基于 DEA－Tobit 两步法研究［J］. 中国农业资源与区划，2018，39（12）：161－168.

［157］田建民. 粮食安全长效机制的构建与实证研究［D］. 华中农业大学，2010.

［158］田建民，孟俊杰. 我国现行粮食安全政策绩效分析［J］. 农业经济问题，2010，31（3）：11－15＋110.

［159］田克明，王国强. 我国农用地生态安全评价及其方法探讨［J］. 地域研究与开发，2005（4）：79－82.

［160］田玲玲，罗静，董莹，刘和涛，曾菊新. 湖北省生态足迹和生态承载力时空动态研究［J］. 长江流域资源与环境，2016，25（2）：316－325.

［161］佟光霁，邢策，焦晋鹏. 新常态下粮食主产区粮食生产安全的保障措施研究［J］. 学习与探索，2017（9）：131－136.

［162］童彦，潘玉君，施玉. 基于耕地压力指数的云南粮食产能安全动态分析［J］. 农业现代化研究，2012，33（1）：100－103.

［163］汪希成，吴昊. 我国粮食供求结构新变化与改革方向［J］. 社会科学研究，2016（4）：130－135.

［164］王大为，蒋和平. 基于农业供给侧结构改革下对我国粮食安全的若干思考［J］. 经济学家，2017（6）：78－87.

［165］王耕，王利，吴伟. 区域生态安全概念及评价体系的再认识

[J]. 生态学报, 2007 (4): 1627-1637.

[166] 王国敏, 张宁. 中国粮食安全三层次的逻辑递进研究 [J]. 农村经济, 2015 (4): 3-8.

[167] 王怀成, 张连马, 蒋晓威. 泛长三角产业发展与环境污染的空间关联性研究 [J]. 中国人口·资源与环境, 2014, 24 (S1): 55-59.

[168] 王济民, 张灵静, 欧阳儒彬. 改革开放四十年我国粮食安全: 成就、问题及建议 [J]. 农业经济问题, 2018 (12): 14-18.

[169] 王洁蓉, 何蒲明. 粮食主产区利益补偿对粮食安全的影响研究 [J]. 农业经济, 2017 (2): 10-12.

[170] 王立锋, 董艳玲. 粮食安全视角下农业供给侧结构性改革问题研究 [J]. 现代管理科学, 2017 (11): 21-23.

[171] 王锐, 王新华. 2003年以来我国粮食进出口格局的变化、走向及战略思考 [J]. 华东经济管理, 2015, 29 (12): 83-87.

[172] 王冼民, 杨锋, 杨少瑕, 陈小丽. 粮食安全视角下的农业资源与环境要素的效用分析 [J]. 中国农业资源与区划, 2017, 38 (2): 72-75.

[173] 王亚君, 胡耀辉, 于寒松. 基于DEA方法测算的中国大豆生产的经济效率 [J]. 农业经济, 2017 (11): 16-18.

[174] 王一杰, 邸菲, 辛岭. 我国粮食主产区粮食生产现状、存在问题及政策建议 [J]. 农业现代化研究, 2018 (1): 37-47.

[175] 魏后凯, 王业强. 中央支持粮食主产区发展的理论基础与政策导向 [J]. 经济学动态, 2012 (11): 49-55.

[176] 魏君英, 孙淑萍. 粮食安全与生态安全的博弈 [J]. 长江大学学报 (自科版) 农学卷, 2007 (3): 113-116.

[177] 魏晓旭, 赵军, 魏伟, 颉斌斌. 基于县域单元的中国生态经济系统协调度及空间演化 [J]. 地理科学进展, 2014, 33 (11): 1535-1545.

[178] 翁鸣. 努力提升中国粮食竞争力 [N]. 环球时报, 2019-03-15 (15).

[179] 吴国庆. 区域农业可持续发展的生态安全及其评价研究——以浙江省嘉兴市为例 [J]. 中国农业资源与区划, 2001 (4): 29-33.

［180］吴建寨，李波，张新时．生态系统服务价值变化在生态经济协调发展评价中的应用［J］．应用生态学报，2007（11）：2554－2558.

［181］吴开亚，金菊良．区域生态安全评价的熵组合权重属性识别模型［J］．地理科学，2008，28（6）：754－758.

［182］吴隆杰．基于生态足迹指数的中国可持续发展动态评估［J］．中国农业大学学报，2005（6）：94－99.

［183］吴隆杰，杨林，苏昕，徐建明．近年来生态足迹研究进展［J］．中国农业大学学报，2006（3）：1－8.

［184］肖笃宁，陈文波，郭福良．论生态安全的基本概念和研究内容［J］．应用生态学报，2002（3）：354－358.

［185］肖笃宁．从1995年国际景观生态学大会看当前国内外景观生态学发展的现状［J］．地球科学进展，1996（4）：58－62.

［186］肖荣波，欧阳志云，韩艺师，等．海南岛生态安全评价［J］．自然资源学报，2004（6）：769－775.

［187］肖杨，毛显强．区域景观生态风险空间分析［J］．中国环境科学，2006（5）：623－626.

［188］肖玉，谢高地，安凯．莽措湖流域生态系统服务功能经济价值变化研究［J］．应用生态学报，2003，14（5）：676－680.

［189］谢高地，鲁春霞，冷允法，等．青藏高原生态资产的价值评估［J］．自然资源学报，2003，18（2）：189－196.

［190］谢高地，鲁春霞，肖玉，等．青藏高原高寒草地生态系统服务价值评估［J］．山地学报，2003，21（1）：50－55.

［191］谢高地，甄霖，鲁春霞，等．一个基于专家知识的生态系统服务价值化方法［J］．自然资源学报，2008，23（5）：911－919.

［192］谢新源，陈悠，李振山．国内外生态足迹研究进展［J］．四川环境，2008（1）：66－72.

［193］辛岭，高睿璞，蒋和平．我国粮食主产区粮食综合生产能力评价［J］．中国农业资源与区划，2018，39（9）：37－45.

［194］徐建玲，查婷俊．基于城镇化视角的省域粮食安全研究——以江苏省为例［J］．资源科学，2014，36（11）：2353－2360.

[195] 徐永金，黄纪心，苗珊珊. 主产区、产销平衡区和主销区粮食产量影响因素的实证分析 [J]. 江苏农业科学，2018，46（20）：362 - 365.

[196] 徐勇，王雅鹏. 城市化加速期粮食安全要素的研究 [J]. 中国农学通报，2006（5）：465 - 467.

[197] 徐中民，张志强，程国栋，陈东景. 中国1999年生态足迹计算与发展能力分析 [J]. 应用生态学报，2003（2）：280 - 285.

[198] 薛平平，张为付. 江苏粮食消费变化及其对我国粮食安全的贡献度分析 [J]. 农业现代化研究，2019，40（2）：206 - 214.

[199] 严士清，徐敏. 粮食产量与耕地面积间的动力学方法分析 [J]. 农机化研究，2005（2）：60 - 62.

[200] 杨建利，靳文学. 粮食主产区利益补偿机制研究 [J]. 农村经济，2015（5）：9 - 13.

[201] 杨建利，雷永阔. 我国粮食安全评价指标体系的建构、测度及政策建议 [J]. 农村经济，2014（5）：23 - 27.

[202] 杨锦英，韩晓娜，方行明. 中国粮食生产效率实证研究 [J]. 经济学动态，2013（6）：47 - 53.

[203] 杨静，陈亮，冯卓. 国际农业垄断资本对发展中国家粮食安全影响的分析——兼对保障中国粮食安全的思考 [J]. 中国农村经济，2017（4）：75 - 87.

[204] 杨晓东. 世界粮食贸易的新发展及其对中国粮食安全的影响 [D]. 吉林大学，2018.

[205] 杨学利，张少杰. 当前我国粮食安全现状及对策研究 [J]. 经济纵横，2010（6）：46 - 49.

[206] 杨依天. 我国粮食生产面临的问题 [J]. 地理教育，2006（1）：23 - 24.

[207] 姚辰，於忠祥，唐欢，等. 论高标准基本农田建设与粮食安全 [J]. 安徽农业大学学报（社会科学版），2013，22（3）：1 - 5 + 77.

[208] 姚成胜，滕毅，黄琳. 中国粮食安全评价指标体系构建及实证分析 [J]. 农业工程学报，2015，31（4）：1 - 10.

[209] 姚小薇，曾杰，李旺君. 武汉城市圈城镇化与土地生态系统服

务价值空间相关特征 [J]. 农业工程学报, 2015, 31 (9): 249 - 256.

[210] 尹风雨, 龚波. 中国粮食自给率现状及其测算方法改进研究 [J]. 湖南科技大学学报 (社会科学版), 2017, 20 (2): 122 - 127.

[211] 于婷, 郝信波. 主产区农业生态效率时空特征及改善路径研究 [J]. 生态经济, 2018, 34 (9): 104 - 110.

[212] 曾福生, 刘俊辉. 区域异质性下中国农业生态效率评价与空间差异实证——基于组合 DEA 与空间自相关分析 [J]. 生态经济, 2019, 35 (3): 107 - 114.

[213] 翟虎渠. 关于中国粮食安全战略的思考 [J]. 农业经济问题, 2011, 32 (9): 4 - 7 + 110.

[214] 翟虎渠. 坚持依靠政策、科技与投入确保我国粮食安全 [J]. 农业经济问题, 2004 (1): 24 - 26.

[215] 翟虎渠. 粮食安全的三层内涵 [J]. 瞭望新闻周刊, 2004 (13): 60.

[216] 翟书斌, 蔺长平. 中国现代粮食流通产业支持政策研究 [J]. 粮食科技与经济, 2013, 38 (4): 14 - 16.

[217] 张德元. 中部崛起: 必须建立对粮食主产区的补偿机制 [J]. 调研世界, 2005 (6): 33.

[218] 张凤荣, 张晋科, 张迪, 等. 1996 ~ 2004 年中国耕地的粮食生产能力变化研究 [J]. 中国土地科学, 2006 (2): 8 - 14.

[219] 张红宇, 李伟毅. 人地矛盾、"长久不变" 与农地制度的创新 [J]. 经济研究参考, 2011 (9): 33 - 47.

[220] 张慧, 王洋. 中国耕地压力的空间分异及社会经济因素影响——基于 342 个地级行政区的面板数据 [J]. 地理研究, 2017, 36 (4): 731 - 742.

[221] 张慧, 肖国安. 生态视角下中国粮食可持续安全状况评价及其影响因素分析 [J]. 湘潭大学学报 (哲学社会科学版), 2017, 41 (2): 78 - 83.

[222] 张立新, 朱道林, 谢保鹏, 等. 中国粮食主产区耕地利用效率时空格局演变及影响因素——基于 180 个地级市的实证研究 [J]. 资源科学, 2017, 39 (4): 608 - 619.

［223］张利国．新中国成立以来我国粮食主产区粮食生产演变探析［J］．农业经济问题，2013，34（1）：20-26.

［224］张鹏，钟昱．我国粮食安全的多维思考：一个文献综述［J］．当代经济管理，2012，34（10）：6-11.

［225］张启楠，张凡凡，陈学军．粮食主产区生产效率及其影响因素研究——基于三阶段 DEA-Tobit 模型的分析［J］．价格理论与实践，2018（8）：187-190.

［226］张启楠，张凡凡，陈学军．我国粮食主产区生产效率测算研究［J］．价格理论与实践，2018（9）：155-158.

［227］张少杰，杨学利．基于可持续发展的中国粮食安全评价体系构建［J］．理论与改革，2010（2）：82-84.

［228］张士功．中国耕地资源的基本态势及其近年来数量变化研究［J］．中国农学通报，2005（6）：374-378.

［229］张宪洲，何永涛，沈振西，等．西藏地区可持续发展面临的主要生态环境问题及对策［J］．中国科学院院刊，2015，30（3）：306-312.

［230］张晓京．WTO《农业协议》下的粮食安全——基于发达与发展中国家博弈的思考［J］．华中农业大学学报（社会科学版），2012（2）：91-97.

［231］张效军，欧名豪，高艳梅．耕地保护区域补偿机制研究［J］．中国软科学，2007，22（12）：47-55.

［232］张秀生，张树淼．关于我国粮食安全的几点认识［J］．宏观经济管理，2015（2）：63-64.

［233］张玉玲，吴宜进，原惠绣．长江流域生态安全与可持续发展研究［J］．国土资源导刊，2007（2）：16-19.

［234］张元红，刘长全，国鲁来．中国粮食安全状况评价与战略思考［J］．中国农村观察，2015（1）：2-14+29+93.

［235］赵波．中国粮食主产区利益补偿机制的构建与完善［J］．中国人口·资源与环境，2011，21（1）：85-90.

［236］赵建强．基于改进旅游生态足迹模型的生态系统旅游可持续发展能值评价研究［J］．生态经济，2016，32（11）：108-111.

［237］赵锦梅，张德罡，刘长仲．东祁连山土地利用方式对土壤持水能力和渗透性的影响［J］．自然资源学报，2012，27（3）：422 - 429.

［238］郑克强，金恩焘，宋焱，罗海平．我国粮食安全与生态安全空间包容性研究——以粮食主产区为例［J］．山东社会科学，2019（2）：124 - 129.

［239］周博，翟印礼，钱巍，余志刚．农业可持续发展视角下的我国粮食安全影响因素分析——基于结构方程模型的实证分析［J］．农村经济，2015（11）：15 - 19.

［240］周立，潘素梅，董小瑜．从"谁来养活中国"到"怎样养活中国"——粮食属性、AB 模式与发展主义时代的食物主权［J］．中国农业大学学报（社会科学版），2012，29（2）：20 - 33.

［241］朱红波，张安录．中国耕地压力指数时空规律分析［J］．资源科学，2007（2）：104 - 108.

［242］朱立志．对新时期我国生态农业建设的思考［J］．中国科学院院刊，2013，28（3）：322 - 328.

［243］朱丽莉，钟钰．我国粮食生产效率与区域差异的实证观察［J］．统计与决策，2015（17）：93 - 96.

［244］朱勤勤．基于生态足迹的我国粮食主产区粮食安全可持续性研究［D］．南昌大学，2019.

［245］朱泽．国际农产品贸易自由化与我国农业政策的应对［J］．战略与管理，1998（1）：26 - 34.

［246］《中国的粮食安全》白皮书［J］．中国粮食经济，2019（11）：34 - 43.

［247］Alexandra Rudolph，Lukas Figge. Determinants of Ecological Footprints：What is the Role of Globalization？［J］. Ecological Indicators，2017，81（1）：348 - 361.

［248］Anselin L. Local Indicators of Spatial Association LISA［J］. Geographical Analysis，1995，27（2）：93 - 115.

［249］Anselin L.，Syabri I.，Smirnov O.. Visualizing Multivariate Spatial Correlation with Dynamically Linked Windows［C］//Ansenlin L，REY

S. New Tools for Spatial Data Analysis: Proceedings of the Specialist Meeting. Center for Spatially Integrated Social Science (CSISS), University of California, Santa Barbara, CD – ROM, 2002.

［250］ Aparicio G. , Ángel Luis González – Esteban, Pinilla V. , et al. . The World Periphery in Global Agricultural and Food Trade, 1900 – 2000 ［J］. Documentos de Trabajo (DT – AEHE), 2018, 10 (3): 978 – 1007.

［251］ Baer – Nawrocka Agnieszka, Sadowski Arkadiusz. Food Security and Food Self-sufficiency around the World: A Typology of Countries ［J］. PloS one, 2019, 14 (3): 27 – 41.

［252］ Barrett C. B. . Food Security and Food Assistance Programs ［J］. Social Science Electronic Publishing, 2005, 2, part 2 (02): 2103 – 2190.

［253］ Bayliss – Smith T. . Food Security and Agricultural Sustainability in the New Guinea Highlands: Vulnerable People, Vulnerable Places ［J］. Ids Bulletin, 2010, 22 (3): 5 – 11.

［254］ Brown L. R. . Who will Feed China? ［M］. New York: WWNortn & Company, 1995.

［255］ Brown L. R. . Who will Feed China? Wake-up Call for a Small Planet ［J］. London England Earthscan Publications, 1995.

［256］ Bullock J. M. , Dhanjal – Adams K. L. , Milne A. . Resilience and Food Security: Rethinking an Ecological Concept ［J］. Journal of Ecology, 2017, 105 (4): 880 – 884.

［257］ Cafiero C. . Advances in Hunger Measurement: Traditional FAO Methods and Recent Innovations ［J］. Global Food Security, 2012 (1): 45 – 48.

［258］ Cciccd. China County to Combat Desertification ［M］. Beijing: China forestry Publishing house, 1996, 18 – 31.

［259］ Common M. , Perrings C. . Towards an Ecological Economics of Sustainability ［J］. Ecological Economics, 1992, 6, 7 – 34.

［260］ Costanza R. , D'Arge R. , R De Groot, et al. The Value of the World's Ecosystem Services and Natural Capital ［J］. Nature, 1997, 387 (6630): 253 – 260.

[261] Daily G. C. , Soderqvist T. , Aniyar S. , et al. The Value of Nature and the Nature of Value [J]. Science, 2000, 289 (5478): 395 – 396.

[262] Egoh B. , Rouget M. , Reyers B. , et al. Integrating Ecosystem Services into Conservation Assessment: A Review [J]. Ecological Economics, 2007, 63: 714 – 721.

[263] Elisée Ouédraogo, Stroosnijder L. , Mando A. , et al. Agroecological Analysis and Economic Benefit of Organic Resources and Fertiliser in till and no-till Sorghum Production after a 6 – year Fallow in Semi-arid West Africa [J]. Nutrient Cycling in Agroecosystems, 2007, 77 (3): 245 – 256.

[264] Fatta – Kassinos D. , Kalavrouziotis I. K. , Koukoulakis P. H. , et al. The Risks Associated with Wastewater Reuse and Xenobiotics in the Agroecological Environment [J]. Science of the Total Environment, 2011, 409 (19): p. 3555 – 3563.

[265] Feifei Sun, Yun Dai, Xiaohua Yu. Air Pollution, Food Production and Food Security: A Review from the Perspective of Food System [J]. Journal of Integrative Agriculture, 2017, 16 (12): 2945 – 2962.

[266] Fikre L. O. , Gezahegn B. Y. , Fikadu M. A. , et al. Why does Food Insecurity Persist in Ethiopia? Trends, Challenges and Prospects of Food Security in Ethiopia [J]. Journal of Development & Agricultural Economics, 2017, 9 (12): 341 – 354.

[267] Frison E. , Clément C. The Potential of Diversified Agroecological Systems to Deliver Healthy Outcomes: Making the Link between Agriculture, Food Systems & Health [J]. Food Policy, 2020, 96: 101851.

[268] Genovaite Liobikiene, Xueli Chen, Dalia Streimikiene, et al. The Trends in Bioeconomy Development in the European Union: Exploiting Capacity and Productivity Measures Based on the Land Footprint Approach [J]. Land Use Policy, 2019, 91 (104): 375 – 397.

[269] Glover J. D. , Reganold J. P. , Bell L. W. . Increased Food and Ecosystem Security via Perennial Grains [J]. Science, 2010, 328 (5986): 1638 – 1639.

[270] Haberl H. , Erb K. H. , Krausmann F. . How to Calculate and Interpret Ecological Footprints for Long Periods of Time: The Case of Austria 1926 – 1995 [J]. Ecological Economics, 2001, 38 (1): 25 – 45.

[271] Hansen J. W. . Is Agricultural Sustainability a Useful Concept? [J]. Agricultural Systems, 1996, 50 (2): 117 – 143.

[272] Huang J. K. , Wei W. , Cui Q. . The Prospects for China's Food Security and Imports: Will China Starve the World via Imports? [J]. Journal of Integrative Agriculture, 2017, 16 (12): 2933 – 2944.

[273] Kent G. . Food Trade [J]. Ending Hunger Worldwide, 2011, 81 (10): 74 – 97.

[274] Lautenbach S. , Kugel C. , Lausch A. , et al. Analysis of Historic Changes in Regional Ecosystem Service Provisioning Using Land Use Data [J]. Ecological Indicators, 2011, 11: 676 – 687.

[275] Lenzen M. , Murray S. A. . A Modified Ecological Footprint Method and its Application to Australia. Ecological Economics, 2001, 37 (2): 229 – 255.

[276] Linlin Xiao, Xiaohuan Yang, Hongyan Cai, et al. Cultivated Land Changes and Agricultural Potential Productivity in Mainland China [J]. Sustainability, 2015, 7 (9): 37 – 42.

[277] Liuzzo Gaetano, Bentley Stefano, Giacometti Federica, et al. Food Safety Objectives, Criteria, Ranking and Hierarchization [J]. Italian Journal of Food Safety, 2018, 7 (4): 73 – 95.

[278] Lonergan S. . Human Security, Environmental Security and Sustainable Development [M]. Environment and Security. Palgrave Macmillan UK, 2000.

[279] Mancini M. S. , Galli A. , Coscieme L. Exploring Ecosystem Services Assessment through Ecological Footprint Accounting [J]. Ecosystem Services, 2018 (30): 228 – 235.

[280] Mancini M. S. , Galli A. , Niccolucci V. . Ecological Footprint: Refining the carbon Footprint Calculation [J]. Ecological Indicators, 2015,

61: 390 -403.

[281] Manda J. , Alene A. D. , Gardebroek C. , et al. Adoption and Impacts of Sustainable Agricultural Practices on Maize Yields and Incomes: Evidence from Rural Zambia [J]. Journal of Agricultural Economics, 2016, 67 (1): 130 -153.

[282] Mason M. , Zeitoun M. . Questioning Environmental Security [J]. Geographical Journal, 2013, 179 (4): 294 -297.

[283] Miina Porkka, Matti Kummu, Stefan Siebert, et al. From Food Insufficiency towards Trade Dependency: A Historical Analysis of Global Food Availability [J]. PLoS ONE, 2017, 8 (12): 17 -26.

[284] Mittermeier R. A. , Myers N. , Thomsen J. B. , et al. Biodiversity Hotspots and Major Tropical Wilderness Areas: Approaches to Setting Conservation Priorities [J]. Conservation Biology, 1998, 12 (3): 516 -520.

[285] Myers N. . Tropical Forests: The Main Deforestation Fronts [J]. Environmental Conservation, 1993, 20 (1): 9 -16.

[286] Nonhebel S. . Global Food Supply and the Impacts of Increased Use of Biofuels. Energy, 2012, 37 (1): 115 -121.

[287] Obi C. . Oil, Environmental Conflict and National Security in Nigeria: Ramifications of the Ecology-security Nexus for Sub-regional Peace [J]. 29 Program for Arms Control, Disarmament, and International Security (ACDIS): University of Illinois at Urbana -Champaign, 1997.

[288] O'Neill J. , Martinezalier J. C. , Munda G. . Theories and Methods in Ecological Economics: A Tentative Classification [J]. Economics & Philosophy, 2001.

[289] P. Lynn Kennedy, Andrew Schmitz, G. . Cornelis van Kooten. Food Security and Food Storage [M]. Reference Module in Food Science, 2018.

[290] Prakash P. , Patil S. S. , Konda C. R. , et al. Input Use and Production Pattern of Paddy Cultivation under Leased-in Land in Tungabhadra Project Area [J]. Karnataka Journal of Agricultural Sciences, 2013, 26 (2): 46 -68.

[291] Prosekov A. Y. , Ivanova S. A. . Food Security: The Challenge of the Present [J]. Geoforum, 2018 (91): 73 – 77.

[292] Rakotoarisoa M. A. , Iafrate M. , Paschali M. . Why has Africa Become a Net Food Importer? Explaining Africa Agricultural and Food Trade Deficits [M]. Food Policy, 2012.

[293] Rask K. J. , Rask N. Economic Development and Food Production-consumption Balance: A Growing Global Challenge [J]. Food Policy, 2011, 36: 186 – 196.

[294] Sarath Kodithuwakku, Jeevika Weerahewa, Houcine Boughanmi. Food and Agricultural Trade in the GCC: An Opportunity for South Asia? 2016, 12 (3): 301 – 330.

[295] Slocombe D. S. . Implementing Ecosystem-based Management: Development of Theory, Practice, and Research for Planning and Managing a Region [J]. Bioscience, 1993, 43 (9): 612 – 622.

[296] Su S. , Chen X. , Degloria S. D. , et al. Integrative Fuzzy Set Pair Model for Land Ecological Security Assessment: A Case Study of Xiaolangdi Reservoir Region, China [J]. Stochastic Environmental Research & Risk Assessment, 2010, 24 (5): 639 – 647.

[297] Tsou J. , Gao Y. , Zhang Y. , et al. Evaluating Urban Land Carrying Capacity Based on the Ecological Sensitivity Analysis: A Case Study, in Hangzhou, China [J]. Remote Sensing, 2017, 9 (6): 529.

[298] Turner K. , Lenzen M. , Wiedmann T. . Examining the Global Environmental Impact of Regional Consumption Activities – Part 1: A Technical Note on Combining Input-output and Ecological Footprint Analysis [J]. Ecological Economics, 2007, 62 (1): 37 – 44.

[299] Tyczewska Agata, Woźniak Ewa, Gracz Joanna, et al. Towards Food Security: Current State and Future Prospects of Agrobiotechnology [J]. Trends in Biotechnology, 2018, 36 (12): 1219 – 1229.

[300] Vogt W. . Road to Survival [J]. Soil Science, 1948, 67 (1): 75.

[301] Wainger L. A. , King D. M. , Mack R. N. , et al. Can the Concept

of Ecosystem Services be Practically Applied to Improve Natural Resource Management Decisions [J]. Ecological Economics, 2010, 69: 978 –987.

[302] Wheeler T. , Von B. J. . Climate Change Impacts on Global Food Security [J]. Science, 2013, 341 (6145): 508 –513.

[303] William Rees. Ecological Footprints and Appropriated Carrying Capacity: What Urban Economics Leaves Out [J]. Environment and Urbanization, 1992, 4 (2): 121 –130.

[304] Zahoor Haq, Meilke K. . Do the BRICs and Emerging Markets Differ in Their Agrifood Imports? [J]. Journal of Agricultural Economics, 2010, 61 (1): 1 –14.

后　　记

　　本书是国家社会科学基金项目（项目批准号：17BJL066）最终成果。本书围绕13个粮食主产区粮食和生态的"双安全"目标，从时间动态、空间演化以及未来预期三个维度，按照粮食主产区粮食产能和效率、耕地资源承载与压力、生态系统服务价值、生态足迹、粮食安全与生态安全系统耦合测度逐层递推地实证剖析了粮食主产区粮食安全和生态安全包容属性及时空演化规律，对我国实现粮食生态"双安全"具有较大的创新价值和警示意义。

　　感谢课题组成员胡学英（中共江西省委党校）、刘欢（江西科技学院）、宋焱、朱勤勤、余兆鹏、周静逸、邹楠、艾主河、何志文、吕晞等同志的辛勤付出。感谢潘柳欣、李卓雅、王佳铖、万明辉等同学对本书初稿排版、文字校对等的辛勤付出。感谢国家社会科学基金五位匿名评审专家对本书提出的宝贵意见。最后要特别感谢经济科学出版社负责本书的编辑、编审、编校等同志辛勤而卓越的工作！本书的出版受到南昌大学中国中部经济发展研究中心和南昌大学经济管理学院的大力支持，在此表示感谢。

罗海平

2021 年 4 月 12 日于玉兰苑